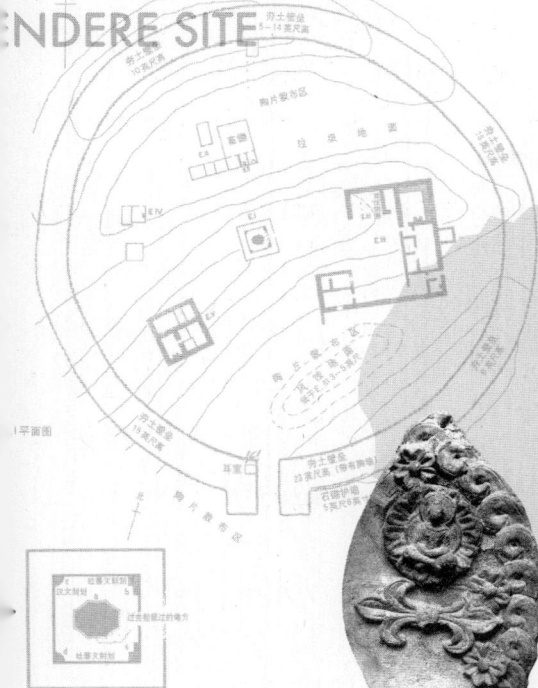

900—1901

NIYA SITE AND

ENDERE SITE

主编：巫新华

西域游历丛书

03

尼雅遗址与安迪尔遗址

SIR AUREL STEIN

[英] 奥雷尔·斯坦因 著

肖小勇 译

GUANGXI NORMAL UNIVERSITY PRESS

广西师范大学出版社

·桂林·

尼雅遗址与安迪尔遗址
NIYA YIZHI YU ANDI'ER YIZHI

图书在版编目（CIP）数据

尼雅遗址与安迪尔遗址 / （英）奥雷尔·斯坦因著；
肖小勇译. —桂林：广西师范大学出版社，2020.4
（2024.5 重印）
（西域游历丛书）
ISBN 978-7-5598-2713-5

Ⅰ. ①尼… Ⅱ. ①奥…②肖… Ⅲ. ①文化遗址—考
察—尼雅（考古地名） Ⅳ. ①K878.04

中国版本图书馆 CIP 数据核字（2020）第 047842 号

广西师范大学出版社出版发行

（广西桂林市五里店路 9 号　邮政编码：541004）
（网址：http://www.bbtpress.com）
出版人：黄轩庄
全国新华书店经销
广西广大印务有限责任公司印刷
（桂林市临桂区秧塘工业园西城大道北侧广西师范大学出版社
集团有限公司创意产业园内　邮政编码：541199）
开本：787 mm × 1 092 mm　1/32
印张：9.875　　字数：210 千
2020 年 4 月第 1 版　　2024 年 5 月第 3 次印刷
印数：10 001~12 000 册　　定价：56.00 元

如发现印装质量问题，影响阅读，请与出版社发行部门联系调换。

出版说明

　　1900—1901 年、1906—1908 年、1913—1916 年，英籍匈牙利人奥雷尔·斯坦因先后到我国新疆及河西地区进行考古探险，并先后出版了这三次考古报告：《古代和田——中国新疆考古发掘的详细报告》《西域考古图记》《亚洲腹地考古图记》。这三部著作是斯坦因的代表作，较全面地记述了我国新疆汉唐时期的遗迹和遗物，以及敦煌石窟宝藏与千佛洞佛教艺术，揭开了该地区古代文明面貌和中西文明交流融合的神秘面纱。此外，斯坦因还详细描述了深居亚洲腹地的中国新疆和河西地区的自然环境，以及山川、大漠、戈壁、雅丹、盐壳等地貌的种种奇妙景观。斯坦因的著作为人们打开了此前"未知世界"的大门，当时在国际上引起了巨大轰动，西方列强的学者们对此垂涎欲滴，纷至沓来，形形色色的探险家也紧随其后，蜂拥而至。

　　斯坦因的这三次考古探险活动，足迹遍布塔里木盆地、吐鲁番盆地和天山以北东部地区，所到之处，几乎盗掘了我国汉唐时期所有重要的古遗址和遗迹，对遗址和遗迹造成了严重破坏，所出文物也几乎被席卷一空，并运往英属印度和英国本土。此外，斯坦因在河西敦煌以及内蒙古额济纳旗黑城等地也进行了大肆的盗掘和劫掠，其中尤以对敦煌石窟宝藏的劫掠最为臭名昭著。可以说，在20世纪30年代之前，斯坦因是我国西部地区古遗址最大的盗掘者和破坏者，是劫掠中国古代文物的第一大盗。斯坦因的上述著作是西方列强侵犯我国主权的铁证，同时也为那段令国人屈辱的历史留下了真实的记录。因此，我们在阅读斯坦因上述著作时，一定要牢记惨痛历史，勿忘国耻。

斯坦因上述三次考古报告都是综合性的学术性专著。为了方便一般读者更多地了解斯坦因在我国塔里木盆地、吐鲁番盆地和天山以北东部以及河西敦煌等地区的发掘工作和搜集文物的情况，我们对上述三次考古报告原著做了一些技术性处理：根据原著各章内容的关联性进行分册，删除一些专业性特别强的内容，将插图进行适当调整并重新编序等。

本册出自《古代和田——中国新疆考古发掘的详细报告》：1901年上半年，斯坦因首次发掘尼雅遗址与安迪尔遗址，获得了大量的佉卢文、汉文、婆罗米文文书，并结合出土文物释读这些文书蕴藏的历史秘密。

斯坦因第一次中亚考古探险结束。

目　录

第一章

尼雅河尽头以远的古遗址

第一节　废墟 N.I 和首次发现的写板

1月28日黎明时分，气温仍远在零华氏度以下，我匆匆赶往伊布拉音一年前捡到古佉卢文木牍的废墟。据他讲述，他将更多的木牍留在了原地。对他隐瞒这些文献的价值已不可能。他后来很后悔当时没多拿一些，所以途中我让人看住他，防止他到遗址后逃跑或对现场进行干扰。伊布拉音是一位出色的听差，他是克里雅按办根据我的提议派来为我服务的。现在我已接近遗址，那份期待与怀疑交织的心情，立刻就变成真切的喜悦。我看到了伊布拉音正领我们前往的废墟 N.I，它就在营地东面约 1 英里的地方，位于一块小台地的上面，台地高出周围侵蚀地面 12~15 英尺。从台地西坡（见图 1 的前景）往上攀登时，我立刻就在残存的粗大

图 1　尼雅遗址毁损的房屋 N.I, 发掘后自西北方向看

木料之间，捡到了3块写有佉卢文的木板。这些残存的木料表明，那里曾是废弃建筑物的一部分，不过现已被完全侵蚀了。到达台地顶部时，我惊喜地发现距离最近的房间中，流沙里散落着更多的木牍。凭借残存的墙壁，还可清楚看出这些房间的轮廓。一年前，自伊布拉音将木牍扔在这里之后，木牍上又覆盖上了一层流沙，但这层流沙很薄，无法使落在最上面的木牍免受雪的侵蚀。我们到达时，背阴处的积雪厚约1英寸。这些积雪是8天前我从克

里雅前往尼雅时在途中碰上的那场降雪。

看到自己的话得到证实，伊布拉音得意之情溢于言表，我也甚感欣慰，立即兑现了许诺给他的丰厚报偿。他立即指出，木牍的发现地并不是这个房间（图2中标作 V.a，这里只是他由于完全不知其价值而将它们扔掉的地方），而是东边隔壁室 i 的南角。那

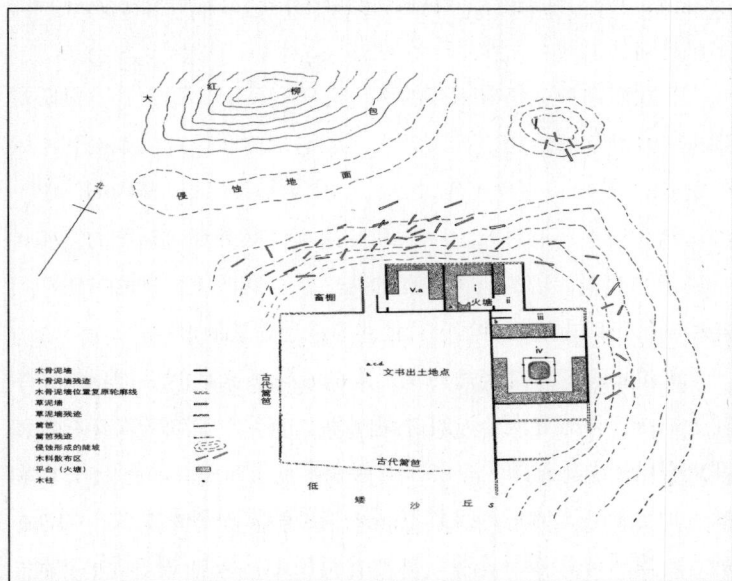

图2 尼雅河以远古代遗址 N.I 居住遗址平面图

3

里有一个约4英尺宽的小敞室a，由壁炉（完全暴露在沙子上面）与将室i和V.a分隔的墙壁构成（图3）。就在那里，当他用手挖空沙子搜寻"宝物"时，碰到了一堆木牍。他发现这些古文书似乎是按某种规律并排放置在该室那边的矮土台上的，因妨碍挖掘，所以他迅速将它们从残墙上扔到隔壁房去了。真是万幸，在他发现之后这么短的时间我就来到这里，因为由于完全暴露于风吹日晒中，这些薄木板不可能像数世纪安全埋在沙子下面那样长久保持其字迹清晰如初。事实上，一年的日晒、雨淋和雪浸，尽管程度轻微，但还是使最上面的木牍变得发白，部分完全暴露在外的字迹已消失了。

我在伊布拉音扔有木牍的那个房间安排了一个守卫，以防遭到进一步破坏或偷窃，然后让民工们清理伊布拉音最先碰到木牍的室N.i（图4）。这项工作很容易，因为房间不大，室内积沙也不深。清理正在小心进行之中，我趁这当口对废弃建筑物的结构体系进行了调查，因为后来发现的几乎所有其他建筑物的结构均与此相同，所以在这里对其进行描述应该是合适的。

此遗址总的特征与丹丹乌里克的建筑极其相似，即以使用木料为基础，不过还是有一些小的区别。有几个房间的墙壁底部通常垫有白杨木质料的大方木，有些方木甚至长达40英尺，它们构成一种地基。方木的厚度依其所承墙壁的大小与重要性而有所不同，一般从6~10英寸不等。这些方木加工、装配得很完美，民工们对古代木匠的技艺惊叹不已。在这种墙基上立木柱，它们一方

图 3　尼雅遗址室 N.i，发掘前自南面看

图 4　尼雅遗址室 N.i，首次发现简牍文书之地，发掘后自北面看

面用来支承房顶，同时也用作墙壁的框架。立柱之间还有一些较小但同样精美的中间柱，中间柱子之间规则地保持约1英尺的间隔。立柱通过柱顶上支撑的大梁连成一体，两两之间有较小的横木相连。废墟 N.I 墙壁的上部已毁，大梁已经不见。但在保存较好的大住宅 N.III 的照片中，可以清楚地看到这种大梁与曾支承大梁的榫钉。不过，在反映室 N.i 发掘后情况的图3、4中，立柱的布局则清楚可见。这种框架通常是在较小的中间柱的外侧安装一种用红柳枝编织的结实的斜纹席。席子两面涂抹一层坚硬的白灰泥，构成建筑物的墙壁。墙壁的总厚度依不同建筑物而有所不同，大致在6~8英寸。图3是发掘前从外边看到的室 N.i 的东北墙和东南墙。从照片中可以看到，由于暴露于沙子之上，涂在斜编席上的灰泥已经剥落，斜编席裸露出来。这种以斜纹红柳席构成的墙心，无疑比丹丹乌里所采用的横迭的芦苇层更结实。但是，后一结构体系在尼雅遗址早期建筑中也有所反映，稍后就要记述的废墟 N.III、N.IV 和 N.V 中的几个实例将证明这一点。

第三种墙壁更粗糙，其结构与和田至今仍很流行的那种极为相似，显然只用于畜棚、马厩和与之类似的外屋。这种墙壁以垂直安放的芦苇捆作为墙心，再在上面抹上灰泥而成。还有一种墙，是在支撑屋顶的粗大的木角柱之间，每隔一定间距即嵌入小树或粗粗砍下的树枝，以加固草构墙心。N.I 附近和遗址中大多数废弃建筑物的墙壁都是这种结构。在 N.I 未被沙子覆盖的地方，连更结实的墙壁都已完全坍塌，但原来支撑它们的许多较大的柱子依然挺立，有些高达10英尺甚至更高。柱子干裂枯萎的情况表明，它们暴露于沙漠的破坏力之下已经很久了。

随着室 N.i 被逐步清理出来，沿西南壁和通往室中心的低灰泥坐台上，写有字迹的木板和木板残块在不同位置露了出来。

接着清理的是室 N.v.a，只发现沿室内三面墙布局有低灰泥坐台。室 N.ii 同样窄小，不过依稀可见有门道与 N.i、N.iii 相通，可能只是一条过道。从中又发现3块木牍文书，其中一块保存得很好，是一块楔形双牍，连它的封泥印记和捆扎状态都仍然完好无损。

第一天的发掘就带回营地这么多写板，这远远超出了我的预想。写板保存状况很好，其中相当一部分，我甚至在现场初次匆匆检视时，就轻而易举地辨识出了其外表布局的某些主要特征。后来我忍着夜晚的酷寒在帐篷里又研究了几小时，对它们作为一种古代书写材料使用的某些方面便熟悉起来。除了从室 N.ii 发现的3块木牍和10多块椭圆形或其他罕见形状的木牍，室 N.i 发现的所有木牍都是楔形的，而且它们原来是成对的。有8对木牍仍然完全合封着，用绳子扎在一起。绳子在楔形木板的方头绕扎好后，从楔尖部一个钻通上下两牍板的孔中穿过去。一对完整的楔形木牍，表面总是挖有一个方形凹穴，并与边上的扎绳槽相通。我可以肯定，这种凹穴属于封牍，里面还保留着封泥。不仅大多数完整的成对木牍有这种封泥座，大量分开的封牍中也有几块刻有这种封泥座，有的完整，有的残缺。从封泥座可清楚看出，分散的木牍中，总共约有38块是封牍，其中许多也残存有部分扎绳。

封牍尖头的绳孔和现在就要提到的字迹的奇特布局，使我们很容易就能从 N.i 出土的其余分开的楔形木牍中，找到当初与之相对应的底牍。这些分开的木牍有许多后来又重新组合成完整的楔形双牍。的确，考虑到发现的两种楔形牍的数目极其接近，这本身就表明它们相互组成对的可能性是存在的。伊布拉音发现时，许多文书的封牍和底牍很可能仍然紧靠在一起，即使它们原来的封扎物可能已经残失。但鉴于这些文书原来的位置已被他彻底弄乱了，所以对这一点我不敢发表任何肯定的意见。我后来从室 N.i 其他位置发掘到的木牍主要是一些散片，这表明这些文书可能不是被某些早期的探索者扰乱过，就是像室 N.iv 中的那些一样，原本就是随意扔在那里。

这些珍贵木文书所采用的绝妙的封扎方法，直到后来在古垃圾堆 N.xv 旁发现的大量发现物中找到了完好的标本之后我才完全弄清楚。因此，将关于它们以及关于这种古代木"信纸"的使用的其他考古学上的技术性细节这类问题，留待后面来讨论可能会更加方便一些。这里仅对从此处发现的楔形牍作一综述，并对个别木牍加以关注就够了。每一对木牍，封牍和底牍无论大小和形状都完全相互吻合。每块木牍除封牍右手边和方头处因为要刻方形封泥座而加厚外，其厚度通常一致。封泥座的边沿突起，总是在牍的方头和尖头方向修出整齐的斜面，而上下沿则较高，用来刻捆线槽（每边有3条线槽）。封泥座有的是矩形，多数是方形，槽边依牍宽而定。由于封泥座中曾有的封泥已不存，所以绳子通过线槽和封泥座交错捆扎的情况清晰可见。

木牍的正文一律用佉卢文字母从右向左沿长边书写于内面，即封牍的背面和底牍的正面，如果照原样将封牍和底牍作对捆扎，则这两个正文书写面正好相对。正文总是从底牍正面的顶部起首，并且只有结束语写于封牍的背面，这就是为什么后者常常只有单独一行字或全部留白的原因。

有封泥的封牍正面，证实了它起到一种信封的作用，上面一律写着简短的佉卢文词目，封泥座右边有一短行佉卢文，楔尖绳孔右边也有几个字。这些词目由于暴露在外而变得很淡。但有些楔形牍上的词目尚清晰可见。

这个第一发现地值得注意的不仅是 N.i 附近出土的写板数量大，而且大部分写板保存状况都很好。出土的双牍尚合封着，因而彼此都得到了保护，里面佉卢文的黑色墨迹看起来就像刚刚写上去的一样鲜艳。伊布拉音扔掉的那些木牍，由于书写面完全暴露在外，上面的字迹显然因日晒沙磨而变淡了。同时，由于最近的一场降雪带来了水汽，致使墨水渗开而变得模糊。不过木牍上的字迹也并非完全难以辨认。奇怪的是，一些埋于沙下未被伊布拉音扰乱的木牍，由于木板变形、破裂和类似的毁坏，受到的损害反而严重得多。其原因无疑是木牍所处的位置靠近地面，因而易于受到遗址废弃后从地下泛上来的水汽的影响。有几块木牍上发现有虫眼，伊布拉音没有动过的其他一些木牍也已残损，从这些情况看，有些木牍很可能在古代即已损坏。

第一天发现的大量木牍保存状况良好，尽管字迹出自不同手笔，但仍不难看出，它们属于贵霜或印度—斯基泰（即大月氏——译者）王朝时期印度西北部碑铭所体现的那种典型的佉卢文字体。尽管那些碑铭存在使用年代问题，但该王朝衰亡于公元初的三个世纪这是肯定的。因此，那天还在收集这些数目惊人的出土文书时，我就对它们具有特殊价值深信不疑。一开始，我感到难以理解，这些陌生的文书外形出奇的相似，并且几乎全都在开始处有句相同的短套语，因而以为它们只是同一文本的复制品，也许是一篇祷文，也许是某部佛经的摘录。但在发现当晚，我对木牍匆匆进行对比研究时，立即就发现其正文的内容和形式都有很大的不同。而当我在以后几天不多的时间里继续对其进行进一步对比研究时，证据便渐渐充足起来，这促使我作出一个更为令人鼓舞的推测。

大多数木牍最先引人注意的是其上面的封泥，它使人想到，这些木牍的内容具有某种实用性——信件，或者是官方性质的文书。我意识到这些发现物的历史意义将因此而增加多少，不过这唯有等文书解读以后才能得到证实。至于解读方面的困难，杜特瑞尔·莱茵残卷提供的经验和印度西北边境不止一件佉卢文碑铭已经为我奠定了基础。我并不打算当场就尝试译解它们，因为它们书写的字迹很潦草，而且其语言和内容都不确定。后来证明即使是碑铭研究专家，在对其进行研究时也不得不审慎行事。因此，当我对文字的语音特点（单音节或复音节）、词尾变化进行一系列语言学观察，连同对几个独立的单词尝试作出识别后，最后证明其语言是一种早期印度俗语，可能与在和田汉佉二体钱的铭文和杜特瑞尔·莱茵抄本中发现的方言属同一类型，这便使我更加有理由感到满意。

至于大部分木牍内容的性质，我已不再怀疑，因为一两天后，我成功地准确译解了木牍抬头处的短套语，它总是出现在所有楔形底牍的正文开始部分，不过真是奇怪，它最初竟是令我感到疑虑的原因。其措词是"mahanuava maharaya lihati"，即"国王陛下敕谕"，这句话立即就证实了这样开头的文书是官方律令。不过即使没有这一与文书内容直接相关的证据，第一天的发现也足以证明，随着佉卢文从印度极西北部的传入，一种早期印度语言可能也随之从同一地区传到了和田。这一结果，如果不是具有深远影响的历史事件所致，那就只能是迄今仍毫无所知的民族迁移所造成的。我希望找到可以有助于说明这个问题的证据，于是便在遗址饶有兴致地寻找其他写有铭文的文物。

1月29日早上，我开始清理该建筑废墟的南厢房，不久就发现了大量我所期望的东西。由于只有很少的沙子覆盖，加上逐渐受到侵蚀，这里的墙壁遭到的毁坏甚至比前一天发掘的那排小房间更严重。如平面图所示（图2），它与那一排房间的东头垂直相连，并有一道门与之相通，从此门首先进入仅10英尺宽的小室N.iii，该室可能是一种前厅。室内有一个用灰泥筑成的坐台，坐台宽4.5英尺，自地面起高约3英尺，看起来像是供仆人使用。坐台的布局与现在新疆富裕人家住宅中所见到的那种极为相似。坐台西头和室 N.ii 南墙之间隔着一面墙壁，其用途我尚无法弄清楚。就是在这里，在标作 b 的那个凹进处，我发现了一块保存完好的木牍，它是此室出土的唯一一件文物，也是第一块形状与印度塔赫提（一端有手柄的矩形木简——译者）极其相似的木写板。这块写板令我特别感兴趣的，是它两面都写有四纵栏窄行佉卢文，看起来像是格式与杜特瑞尔·莱茵残卷相同的一种韵文，要么就是一份清单。

对 N.iii 南面大房 N.iv 的清理刚一开始，就接连从薄沙层下露出各种形状的大小写板。此房间27英尺见方，沿三面墙壁垒有高13英寸、宽4英尺的坐台（图2）。房间中部残存8根柱子，排列成长方形，说明那里很可能曾建有向上突出的屋顶，屋顶下开有通风窗以利于采光与透气，样子与在新疆寻常人家房屋的阿依旺（客厅）中见到的那种相同。[1] 由于护沙层只有约2英尺高，所以尽管那里的灰泥坐台有助于使其保持不倒，但保存下的墙柱几乎并不比这几排严重毁朽的柱子多。也是这层护沙层太薄的缘故，从南坐台靠近地表的沙子中发现的第一批写板受到的损害比 N.i 出

1　格热纳德先生绘有一户富裕人家房屋中这种阿依旺的草图，很好地显示了这种屋顶的结构，它从普通屋顶向上突出，屋檐以下四面敞开，像天窗一样，起到采光通气的作用。他还绘制了一幅现代和田官邸的平面图，将有助于说明尼雅遗址古房子其他相应的特征，如房间和过道的布局等。

土的任何一块都严重得多。写板表面已经龟裂腐朽，外形扭曲，这清楚表明了气候对其造成的影响。尤其是酷热的夏季，大风将原来起保护作用的积沙吹去，写板直接暴露于阳光之下，所遭受的影响则更大。

这些第一批发现物真是令人气馁。不过我接着发现，该室南面坐台上散落的大量写板，大多数保存尚好，即使是只有少量沙层覆盖的那些，字迹也依然尚可辨识。发现它们时，有的单独散置于地，有的则好几块堆在一起。许多木牍其他方面保存完好，但表面已被染污且褪色，这是由于地表的水汽侵蚀所致。但也有一些木牍发现时堆成一堆，情况就好得多了，这是因为它们紧靠南墙中间，尚存的墙基为它们提供了一定的保护，而离地面最近的那些木牍又对其他木牍起到防潮的作用。这堆木牍和它们附近一些小堆木牍可能不曾被动过，就像是住宅最后的主人扔下的一样。至于散落在东坐台及其下方相邻地面上的那几块木牍，情况就不同了，而后来从中心区清理出的为数众多的木牍，情形则更是不一样。

就在坐台边沿之外的地上，南面和东面也出土了一些木牍。在清理坐台与中心区柱子之间的过道时，发现中心区距地面约1英尺高处盖着一块巨大的方形红柳席，红柳席的大小与中心区本身大小相当，在它下面发现了一些窗橡。很明显，红柳席曾属于中心区上方的屋顶。屋顶在沙子堆积到1英尺厚的时候倒塌于此的，而且从中心区南头柱子旁边的红柳席上发现了20多块木牍，它们只有当屋顶上的红柳席塌落下来以后才有可能落在那里。也许是某个像现在"寻宝人"一样的废墟搜索客在访问该废弃住宅时扔在那里的。他对待被最后的房主当作"废纸"（用一个不合时代的词）留下的古木文书不大可能比伊布拉音对待他从 N.i 挖掘出的木牍更认真。席子底下我只发现4块木牍，这些木牍保存极佳，可以想见它们自早期就得到了有效的保护。其中有一块矩形底牍，上面写有13行完全清晰的字迹，为我们提供了相关内容的正文。接着在中心区发现一个椭圆形小土台，高约6英寸，从它四周围起的台边判断，是一个壁炉。

室 N.iv 出土的木牍形状与尺寸的多样性比其数量毫不逊色。类似于室 N.i 出土的那种楔形牍又在这里出现，有两件完整的可以被复原的楔形双牍，另外还有4块单独的底牍和7块封牍，均属同一类型。所有这些均发现于客厅中心区，不过其数量远不如那些形状与大小尽管有很大变化，但仍可大致称之为椭圆形（对楔形、矩形等之外的形状不很规则的各类木牍的总称——译者）的写板。其中3块形状相似，为塔赫提形，牍柄不是五边形就是圆形，如图5所示，木牍上的字迹严重褪色，牍柄孔中还保存有系绳。字行的布局与几乎所有塔赫提形牍一样，平行于长边，这表明无论哪一边是上边，牍柄都是用左手提着。

由于木牍的形状、大小和做工存在明显差异，所以不可能对这一大堆椭圆形牍进行更细的分类，不过指出其中比较常见的特征并不难。其中最明显的是一种比较窄长的木牍，这类牍中虽然

图 5　塔赫提形牍

图 6　棍棒形牍

有许多长达30英寸，但没有一块宽度超过3.5英寸，而且一些最长的木牍宽只有1.5~2英寸，所以它们的形状几乎接近于棍棒，如图6所示。N.iv 中发现的44块椭圆形木牍中，钻有绳孔的不少于26块。由于这种绳孔是用来方便提拿和存放的，所以很显然，绳孔不可能像楔形双牍那样是用来将成对的木牍捆扎成封合的文书的，也不可能是用来将一系列木牍扎成某种菩提（古代印度文书装订形式——译者）册子或卷宗的。就像用棕榈叶扎成的那样，这些木牍窄长的形状令人好奇地产生联想。这种木牍不仅大小完全不同，而且绳孔的位置也有很大差异，有的位于方头一角，有的位于尖头，还有的则位于长边的中间，等等。由此看来，它们并不是什么正规的文书。

用不着费力去解读木牍上的字迹，粗略察看一下就会发现，其内容与这些椭圆形牍的外观一样，毫无规律，事实上这也解释了这些木牍的牍形为什么会如此不一。大多数这种木牍字迹排列不规则，按不同方向分栏，通常以数字结尾；同一块木牍上的手笔和墨水也不相同，有的还有表格条目，有的有被擦除的文字，有的有括弧，有的有用墨水涂掉的字以及类似的痕迹。这些都表明，它们没有正文，也与信件或正式律令等无关，而可能是备忘录、财务账目、清单、账单，以及其他各种非正式的记录。

我们现在来讨论 N.iv 的最后两组木牍。它们的字迹和做工都更规则更精细，但发现时没有一块不令我感到困惑。有一组木牍由长 6~16 英寸的矩形牍组成，单面写字，写字面的短边一律有一条突起 0.5~1 英寸宽的沿，类似于一种书页边上的空白，如图 7 所示。突沿之间，整齐地书写有成行的字迹，字行总是与长边平行，开始部分常有一个佉卢文数字，数字之前有一个单词，我立即认出它是梵语（或古印度俗语）中的 "saṃvatsare"，即 "于……年"。接下来的词是 "mahanuava maharaya"，即 "国王陛下"，与上文已述楔形牍起首的格式相同，但其后紧接着的一词我推断是在位国王的名字，总带有属格词尾 sa。接着出现的词同样很规则，是数字与其前面的单词 "mase" 和 "divase"，即 "于……月" 和

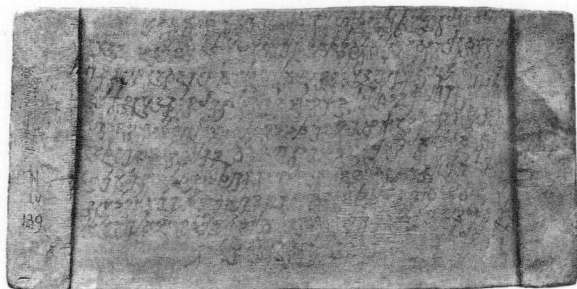

图 7　矩形牍

"于……日"。毫无疑问，这是些包含完整日期的文书，但无法解释木牍这一特别的式样或有什么特殊用途。

由于我正忙于指挥发掘，同时又要忙着取走迅速不断出土的每一件发现物并为它们编号，所以当时没有觉察到刚才所述的木牍和另一种数量更多的木牍之间存在的密切关系。这种木牍由制作精致的矩形木片组成，长3.75~8.75英寸，宽2.125~4.5英寸，相应地，最大厚度约0.75英寸。背面平整，几乎没有什么字迹。正面中部突起，一律有一个刻有线槽的方形或椭圆封泥座，沿封泥座两侧边沿横写1~3行佉卢文。这些承有封泥的奇怪木牍和带突沿的矩形文书曾合在一起，形成一种信封。

发掘完 N.iv 后，我开始清理它南面的两个小房间。这两个房间几乎已侵蚀到地面，没有发现任何遗物。这一情况有力地证明，如果不是灰泥坐台阻住了某些侵蚀作用，N.iv 将会变成什么样子。如果不是我及时赶来发掘，保存其中的文物又将是怎样一种情形。散落在北面和东面侵蚀坡上的木料表明，我清理过的所有现存废墟，只不过是一幢大型住宅的一部分。然而除从中发现的文书外，它最后的主人竟未留下任何东西。所以完全可以肯定，所有这些杂七杂八的木文书，只能是逐渐积攒起来并在此地废弃时偶尔留下的残物。我一开始就从大量文书以及其外形特征，推测该废墟是当地某官员的住宅。不过由于缺乏文献方面的证据，这一推论最多也只能是一种猜测而已。所幸由拉普森教授负责的文书解读与翻译证明上述推论是正确的。

由于所有细节均已刊布，所以我仅限于对其内容作出如下简要介绍。N.iv104+16、N.iv.108 和 N.i.105 这 3 件都是写有简单公文的双楔形牍。N.iv104+16 是写给州长毗摩和税监黎贝耶的，说一位叫沙弥伽的使者从且末经莎阇（Saca，有的读作舍凯——译者）和尼雅前往于阗（和田），要求为其派一名护送者。N.iv.108 是写给税监黎贝耶个人的，命令说应向出使于阗的监察善亲提供某种运输工具和供给。N.i.105 写的是命常以州长头衔称呼的夷利和皮特耶，去调查某个叫乌波格耶的人提出的对某种财产享有所有权的请求，并且说如若发生争执，应依法作出判决。最后，N.iv.136 是一块单独的大型楔形牍，它是税监黎贝耶本人寄给他爱兄车摩耶州长、安迦左书吏和苏左摩探长的一封措词客气的长信，大意是他急于根据"尊敬的昆格耶"的建议举行某种祭祀仪式。

N.i.104+16 和 N.iv.108 这两件楔形双牍所传达命令的特性表明，木牍的领受者税监黎贝耶是当地的某种官员，负责安排官方使者安全前行。他实际上就住在废墟 N.I 所代表的房子或其附近，从木牍 N.iv.136 的文书内容分析，这一推测的可能性更大。这块木牍既无泥封，也无任何署名或其他证明标记，所以我认为它是此官员所寄的一封信件的草稿。由于这块木牍没有任何用以捆绑的装置，而且尺寸出奇的大且不便携带，所以根本不用考虑会是一封实际发出的信件。最后，N.i.105 所寄达的收件人州长夷利和皮特耶，可能是税监黎贝耶身边的任职官员，或者可能是职位高于或低于他的官员。

　　鉴于这些文书证明最后的房主可能是某种官员，所以可以大胆猜测，那两个出土了几乎所有这些木牍的房间有着特别的用场。它们曾用作公务房是不必再作证明的了。但值得注意的是，从中发现的文书，类型上奇怪地存在着差异。我们已经看到，虽然室 N.i 出土的都是楔形牍，但室 N.iv 出土的楔形牍与其出土的各式椭圆形牍和包含正式信件的矩形牍的庞大数目比起来，却真是少得可怜。楔形牍书写区域有限，主要用于记录简单的官方律令，以确证对使者和类似人员的任命。而矩形牍和椭圆形牍则是规则的"信纸"，用于通信和记录需要保存更长时间的文档。鉴于这一差别并考虑到两个房间的相对大小，以及室 N.i 的重要位置，我倾向于相信，室 N.iv 以其宽敞的空间和良好的采光条件，曾用作保存和处理那些重要"纸张"的公务房，而室 N.i 则可能是负责日常杂务的下级职员的住处。与现在印度的"Parwānas"（可能是一种委任状——译者）相当的使者的令状，或如上述楔形牍提到的有关初步警务调查的命令，就属于此类范畴，熟悉东方"文员"日常工作的人对此一定很清楚。

古文书学材料表明，我的发现物时代属于早期。在这大量的木文书中，没有发现一张纸片，这一事实一开始就有力地证明了这一点。很明显，纸的使用要比木头方便得多，无论它在中国有多么古老，但在此古居址废弃之时，却仍未传到塔里木盆地来。不过，除木头外，可能还有另一种书写材料。因为我在室 N.ii 内外发现的不多的古陶片、灯芯草搓的绳子和木料之间，偶尔碰到有切成小片的薄羊皮，它们大概是用来书写的。然而这个问题要留待另一处丰富的古文献宝库（N.xv）的发现去验证。

我发现，室 N.iv 中的东西虽然紧靠着地表，却没有被扰乱过。这再次证明此遗址中的废墟并不像丹丹乌里克的那样，遭到"寻宝人"的大肆挖掘。但另一方面，如图1所示，我们面前的建筑物已倾覆成残垣断壁，所以不可能忽略这样的事实，即风蚀作用已在这里造成非常明显的破坏。在长达数世纪的侵蚀过程中，沙漠风所致的破坏程度可以从废墟所处的小台地及其四周地面之间12~15英尺的高差测量出来。毫无疑问，前者由于建筑物墙壁和残存物的保护，仍保持着原来的高度，而周围空旷的地面，则因受到侵蚀而不断降低高度。因为古遗址中这个地方目前的流沙不足以填满由此形成的洼地或将废墟覆盖住，所以上面建有废墟的

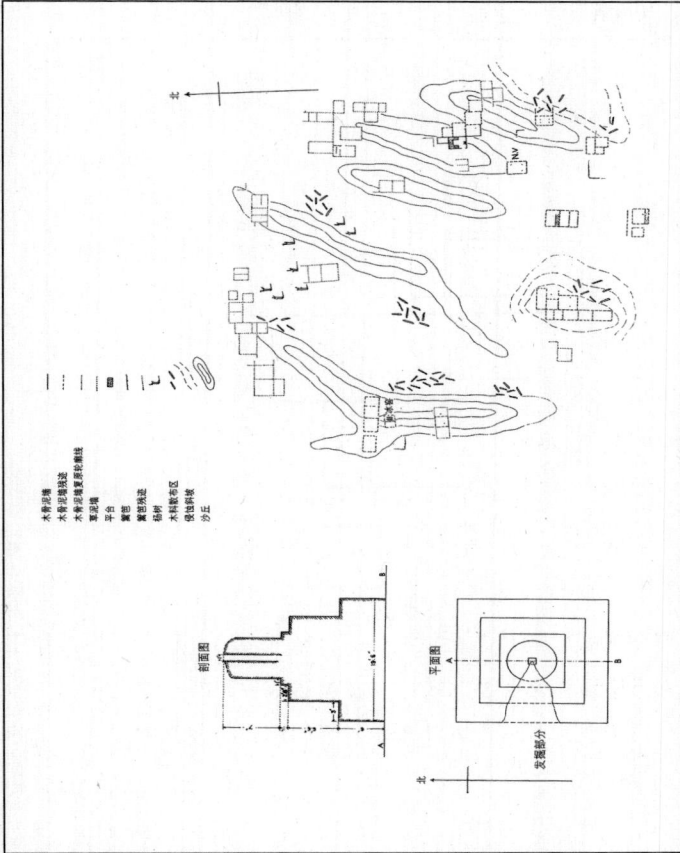

图8 尼雅河以远 N.II 遗址分布状况平面图

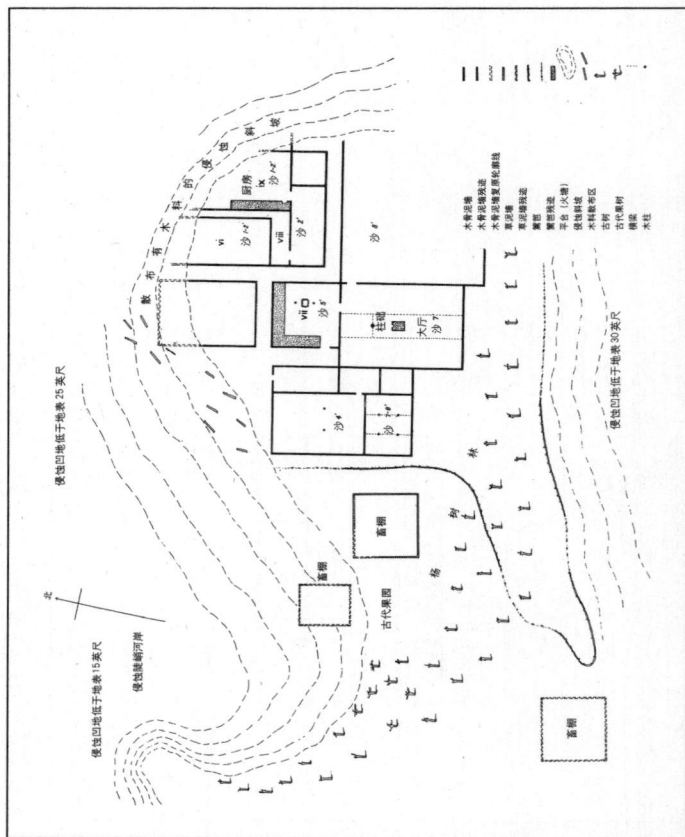

图 9　尼难河以远古代遗址 N.III 居住遗址平面图

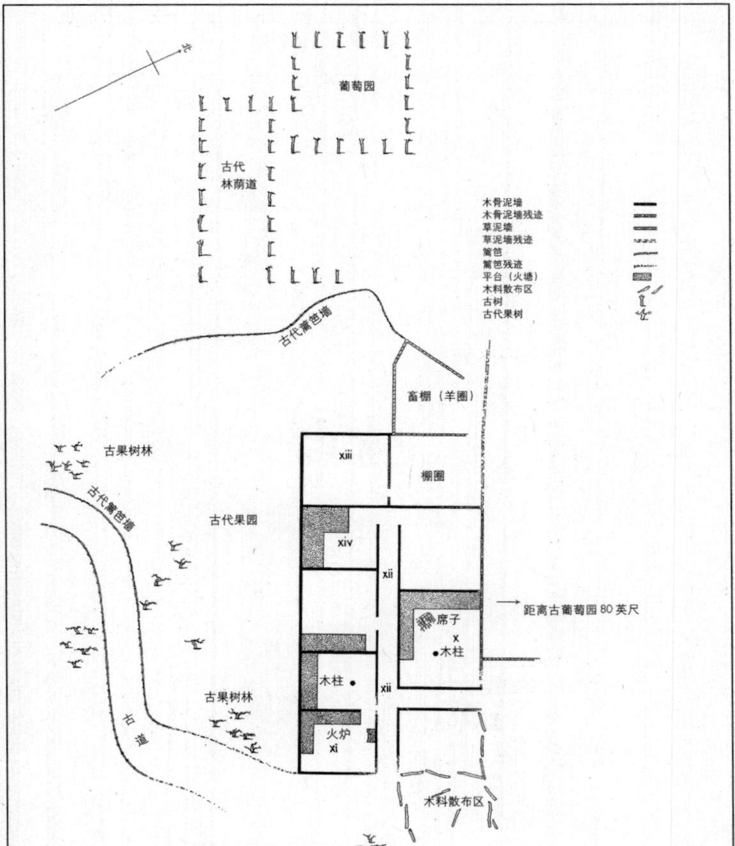

图 10 尼雅河以远古代遗址 N.IV 居住遗址平面图

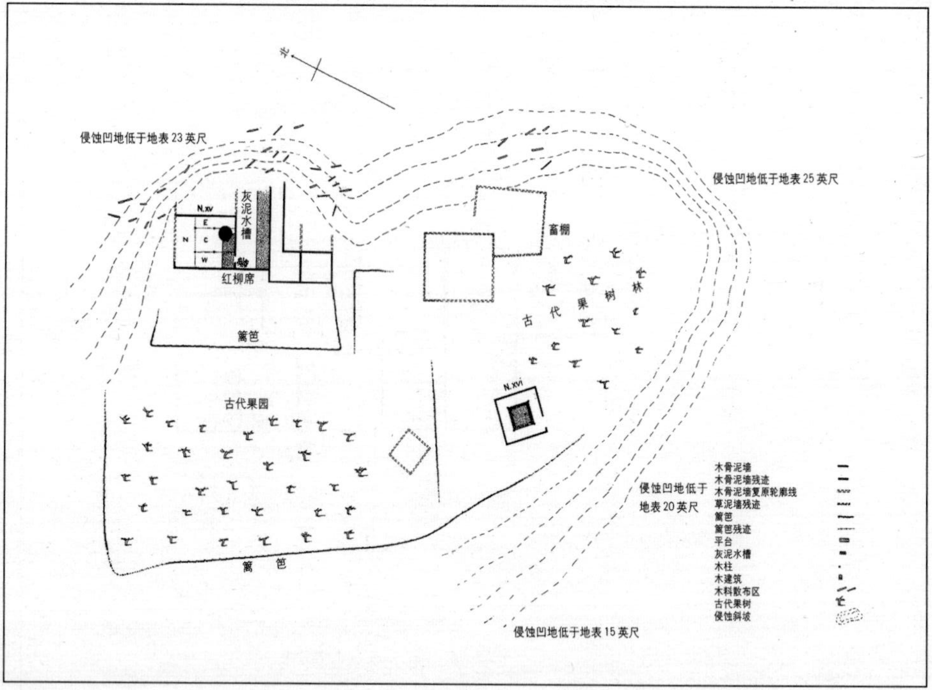

图 11 尼雅河以远古代遗址 N.V 居住遗址平面图

侵蚀凹地低于地表 25 英尺

侵蚀凹地低于地表 23 英尺

侵蚀凹地低于地表地表 20 英尺

侵蚀凹地低于地表 15 英尺

木有泥墙室
木有泥墙墙迹
木有泥墙垣残和断残迹
草泥墙残迹
篱笆
平台
灰泥水槽
木建筑
木柱
木板散布区
古代果树
侵蚀斜坡

畜棚

古代果园

红柳席

灰泥水槽

梯

篱笆

古代果园

篱笆

N.W

E

C

W

N

N.W

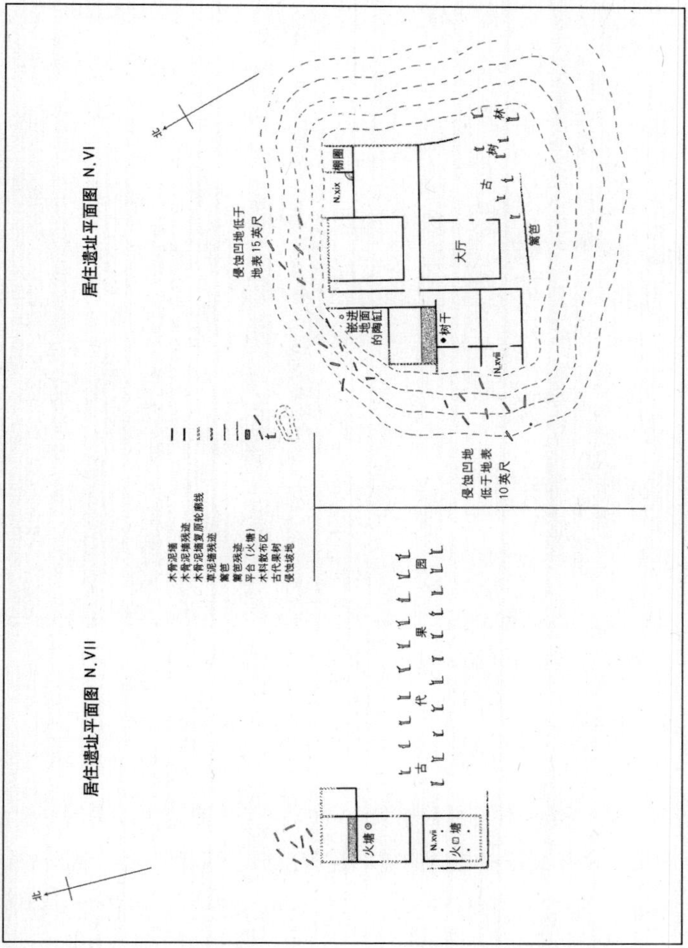

图12 尼雅河以远古代遗址 N.VI、N.VII 居住遗址平面图

图 13 尼雅遗址一组毁损的住宅 N.II，发掘后自东南方向看

高地正不断被侵蚀作用所吞噬和破坏，就像是被流水冲刷的一样。图 1 显示了这种缓慢但稳定的破坏过程最后造成的结果。从图 1 中我们看到，前景中的斜坡上散落着粗重的木料，有些地方木料则更是从斜坡上突出来处于悬空状态，它们是原建筑物因下面基土

被侵蚀而完全坍塌后所残存下来的基木和上部构件的最后遗迹。

　　我在该遗址所有其他尚存废墟周围都观察到完全类似的情形。废墟所在的地方像岛屿一样高高耸立，周围地面有些地方被侵蚀达25英尺甚至30英尺深。参考一下图8~12中的平面图和图13、

图 14　尼雅遗址带倒下的亭树的房屋废墟 N.III，自西面看

图 15　尼雅遗址带凉亭的房屋废墟 N.IV，自东北方向看

14、15），就会看到这一点。唯一的例外是废墟 N.VIII 及其附近的一些建筑，它们被深深地埋在沙丘之中，所以那里看不到前面所述的侵蚀现象。但即使是在这里，暴露出来的黄土地上也显示有地面被侵蚀而大大降低的迹象。由于这些明确的考古学证据，我毫不怀疑许多地方露出的 15~30 英尺深的宽沟，就是在这裸露的黄土地上恣意横行的风力所致。

第二节　发掘古代住宅 N.II、N.III、N.IV

到达遗址后，我立即派测量员和一些民工出去寻找其他废墟，不久他们就在遗址的不同地方发现了古住宅遗存。平面图（图 16）上标作 N.II 的大型废弃建筑群是我自己从 N.I 和营地之间稍高一些的沙丘上看到的。因为它仅位于营地东北约 0.5 英里远的地方，所以我便于 1 月 30 日开始前往考察。我发现，这里遗迹散布的区域大致为东西长 470 英尺，南北宽 430 英尺（图8），遗迹的情形表明，废墟已处于危险的侵蚀之中。如从东南面拍摄的全景照片（图 13）所示，覆盖这一区域的低沙丘之间及其上面，多处可见直立着标示古代建筑物位置的残裂木柱。但大多数废墟中的积沙仅 1~2 英尺厚甚至更少。无论何处，一清理掉积沙，立即就可清楚看到废墟里面以及墙壁在被流沙覆盖之前就已被侵蚀到了最底部很久了。看一下照片前景左侧中已清理过的建筑就能发现，久已不成其为

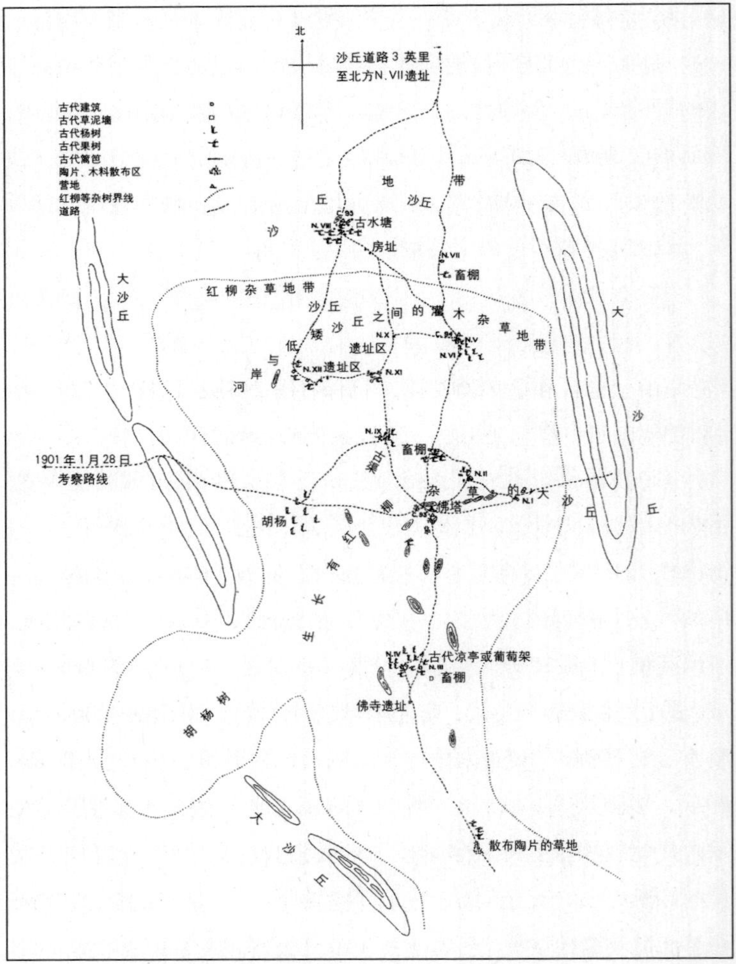

北

沙丘道路3英里
至北方 N.Ⅶ遗址

古代建筑
古代草泥墙
古代杨树
古代果树
古代篱笆
陶片、木料散布区
营地
红柳等杂树界线
道路

沙

丘

沙丘

地

带

大沙丘

丘

古水塘
N.ⅧN.Ⅷ房址

N.Ⅶ
畜棚

红柳杂草地带

低

矮

沙

丘

之

间

的

灌

木

杂

草

地

带

大

沙

丘

N.Ⅹ
N.Ⅵ
N.Ⅴ

河

岸

与

遗址区
遗址区
N.Ⅺ

N.Ⅳ
畜棚

N.Ⅲ
N.Ⅱ
佛塔

N.Ⅰ

的

1901年1月28日
考察路线

胡杨

杂

草

林

带

胡

杨

树

古代凉亭或葡萄架
畜棚

佛寺遗址

大

沙

丘

散布陶片的草地

图16 尼雅河以远古代遗址分布状况平面图

30

墙和起不到保护作用的木柱线以内幸存有古物的机会是多么小。从照片的右边可清楚看到，这一区域的边沿及其以内，许多地面已遭到严重侵蚀，在废墟的边上形成明显的陡坡。从散落在斜坡上的遗物中很容易辨认出已完全不存的建筑物塌落的木柱和基木，不难预料，这也是废墟其余部分将要面临的最后的毁坏状况。

废墟区有一些北—北东至南—南西方向的低沙丘，高6~8英尺。但对东缘附近遗址的发掘表明，即使是在这个流沙覆盖较好的地方，侵蚀也已相当严重。在一处大住宅中，有两个房间的木骨泥墙由于土台和壁炉的支撑，仍保存有2~3英尺高，但这些房间和其他房间中都空无一物。所以，当在清理其西南约50英尺处一幢单独的小建筑N.V，从薄薄的沙层下仅约1英尺深处发现相当数量木牍时，我感到格外高兴。照片中可见的三根大柱子，似乎表明存在一个中心区，它上面原来有一个向上突出的屋顶。但由于没有发现任何墙壁和坐台痕迹，所以该房间的内部布局不明。因保护条件差，不足以抵挡大气的影响，所以从这里发现的50多块木牍大多已经干缩发白，以致字迹全消。许多木牍已完全腐朽，轻轻一碰就碎解，根本不能取走。沿中心区东部发现的大量木牍中，只有那些保存有部分原有字迹的木牍能够取走。但即使是这些木牍，其表面也已全都变白、腐朽或毁损。在更西面发现的几块木牍情形与此相同。中心区的北缘积沙稍厚些，从那里发现的木牍受大气的影响没有这么严重，但其木质甚至是保存较好的地方似乎也已严重褪色。

大部分木牍属于椭圆形一类，能够带走的20块标本中，共有16块属于这一类型。这里又出现了 N.iv 所见的各种形状的木牍。字迹尚清楚的木牍中，经常见有分栏书写或写成单独短条目的字迹，可能是名单或账单。这里尤其引人注目的是椭圆形牍的长度特别长，有7块长逾14英寸，其中有两块长逾30英寸。有一块木牍还很奇怪，那就是其正面和背面两面都有分栏书写的正文，所用墨水也较别好，所以大概是后来加上去的。这块木牍的窄边还粘着一些树皮，表明这种木"信纸"有时制作得很粗糙。在没有字迹被保存下来、同时因完全腐朽而不能带走的那些木板中，我统计出有8块长度超过16英尺，其中最大的长4.5英尺，宽4.5英寸，尺寸巨大，不便携带。这种尺寸以及流行带分栏书写的字迹和分开书写的记录的椭圆形牍都表明，它们是官府保存的某种文献。发现的楔形和矩形牍数量很少，可能表明曾设于 N.V 中的官府少有书信往来。这里也发现有一个大陶罐的残片、小毡片和粗糙的布片。

　　随后又清理了6间废住宅，却无进一步收获。鉴于上述情况，我对此并不感到奇怪。每一个地方都侵蚀得很彻底，既没有墙壁残存，也没有保留下任何器物，只能通过成行的木柱，才仅仅能辨识出房间的隔墙，有几处古住宅的房间虽数量众多，但因毁坏太严重，无法弄清房间的特征和相互关系等。在第二天的发掘中，唯一有趣的发现是一个古代冰窖，它是在该区西缘一处简陋住宅的外屋中被发现的。民工们在一个小房间中见到两根未经加工过的胡杨树干并排紧挨着半埋在地下。我从克里雅带来的向导阿布杜拉对此表示，这是一个木孜罕那（即冰块贮藏室），和现在的完全一样，树干通常用来使冰块不触及地面。阿布杜拉的判断很快就得到了证实。我们发现，在两根树干之间约2英尺的空间里填满了厚厚的一层杨树叶，现在富裕的村民仍习惯用这种树叶来作贮藏供夏天使用的冰的遮盖物。

刚才提到的那处住宅中，积沙足有5英尺厚，不过由于古代的侵蚀，没有留下任何墙壁，只有发白干缩的墙柱。由于缺少墙壁，自然增加了发掘的难度，因为流沙不断流回到已清理的地方。鉴于在这种情况下发掘进展会十分缓慢，而且又几乎没有获得相应收获的希望，于是我决定在第二天工作结束后，放弃对N.II北边建筑遗迹的清理，而转到更有希望的废墟去。此时，天气已发生明显变化，因此必须加快工作进度。1月31日的最低气温还是零下3华氏度，但中午时背阴处却上升到45华氏度，而且白天正在变得越来越暖和。很明显，靠沙漠冬季的严寒来维持以冰块解决供水问题的日子没有多少个星期了。而即使是在供水问题可能并不这么严重的其他遗址，由于沙暴频发的春季的来临，可利用的时间显然也已很有限。

我选择了两处大住宅遗址作为下一个发掘点。初到的那天傍晚我曾路过这两处遗址，它们位于佛塔正南约2英里处（图16）。这两处遗址都位于由于周围地面受到侵蚀而形成的孤立的高土台上，一排排倒下的大杨树表明，它们周围曾环绕着古代果园和林荫道。房间的数量和大小以及精确的木架结构，都表明它们是结实的住宅遗迹。在东边废墟 N.III 中，我以前曾见到过地面上有一把雕刻精美的木椅残件，这是个有望获得更多收获的征兆。由于该建筑也比其他废墟被沙埋得更深，因而保存得更好，发掘工作便先从这里开始。虽然我一意识到该遗址不仅范围广大，而且十分重要，就赶紧从伊玛目·贾法尔·萨迪克召集精壮劳力来补充人手，但即便如此，清理工作还是足足持续了4天。

工作的难度主要在于废墟南部的房间中填满了很厚的积沙，不过它们却因此从侵蚀中得到很好地保存下来，如平面图（图9）所示。中央大室很宽敞，可能是会客厅。曾经横跨整个大厅支撑屋顶的4根巨大的杨木横梁仍处在原来的位置上，下面的积沙达于横梁的下缘，如图17中部所见，反映的是发掘前这部分建筑的情况。中心大厅西侧的小室也填有很深的积沙，因而木构架的保存状况比较好，如图18所示。北面的房间因侵蚀而丧失了大部分积沙，结果其墙壁仅高于墙基几英尺。

散落于北坡的大量木料残骸表明，建筑物在这个方向曾延伸得更远一些。侵蚀没有从南面侵入废墟，也主要是由于数世纪前即成群成排倒伏于此的古杨树粗大的树干在这里形成了一种保护带。许多树干即使是枯萎干裂之后，也仍有50多英尺长。如图14所示，一些树干堆在另一些树干之上，高高地伸向空中。有的则从侵蚀坡上远远地伸出来，这表明木头还保持着一定的硬度。这些倒树的重量有效地保护了它们下方的地面，同时也说明了以下

图 17　尼雅遗址大住宅废墟 N.Ⅲ，发掘前自东南方向看

图 18　尼雅遗址大住宅废墟 N.Ⅲ 的西面部分，发掘前

事实，即 N.III 所在台地形隆起的地方，为什么不仅包含有目前废弃建筑物，而且还包括相当一部分果园和曾经环绕着它的围院（图9）。

标志原地面高度的台地的边沿被陡峭地切去，形成向西北方向延伸的陡土堤（见图18的右边）。那里可清楚地看出，原地面上覆盖着一层由草料和垃圾混杂组成的覆盖层。在废墟 N.IV 的北面，几乎面对着 N.III（见图18的右边）的地方，倒伏着大树并且原来用篱笆圈了起来，我在其周围观察到有完全相同的垃圾层，那无疑是一个单独的凉亭。同样，大量倒下的粗大木头阻住了侵蚀作用对土堤的陡切。

为了防止发掘过程中东面和南面深厚的积沙对中心大厅的墙壁造成过大的压力，必须同时在墙外清理出一条宽探沟，这无疑大大增加了工作量。在此过程中，在我的监督下，又连续发掘和探查了北部的小房间。首先在室 N.vi 中发现了2块木牍，它们几乎是在受到侵蚀的北头附近地表发现的。地面由混杂有草和粪的黏土层构成，北面暴露在外。在对其进行检查时，我在看起来像是该室东北角的地方发现其中还埋着3块佉卢文木牍。3块木牍紧靠在一起，位于抹有灰泥的地面之下约1英尺处，显然是在地面铺就或修补之前就扔在那里的。在实际地面上，发现散落着6块佉卢文木牍。在掉落于西墙跟前的一块屋顶棚之下，发现了紧挨在一起的4块木牍。这些木牍全都保存得相当好。室 N.vi 出土的大部分木牍是楔形和矩形文书的封牍，不过底牍以及单块椭圆形牍也有发现。埋于地下的那些木牍含有许多盐质，表面泛出氨化污渍，因而很容易受潮。鉴于在其他房间中只零星发现几块木牍，我倾向于认为室 N.vi 曾是此古代住宅的公务房。

室 N.vi 的东面隔着一条狭长的过道，过道外边的室 N.ix 是一间厨房。沿其西墙有一个灰泥台，泥台四周有6英寸高突起的沿。有些人对这种与自己家中相类似的布局很熟悉，立刻就认出那是厨房里的壁炉，并肯定地指出，南头半圆形的凹坑用来掏灰。附近还发现的几个素面红陶大罐和一个木槽残件，为这一推测提供了支持。在东南角发现一块保存完好的楔形封牍。在壁炉或灶台近旁发现两块椭圆形木牍，其中一块写有看似清单的字迹，分栏布局，末尾处写有数字。也许这些木文书就像很多"废纸"一样是当作方便的点火材料而带进厨房来的。

通过一道门与厨房南墙相通的一个小房间是空的，但介于此房和 N.vi 之间的一个窄长的套间形室 N.viii 中，出土了一系列很古怪的遗物。从浅沙中发现一根精心旋制的杨木杆，已破成两片。木杆的一端紧紧地缠缝着一块约6英寸长的结实的骆驼皮。木杆看起来好像曾是要做成矛或类似武器的，但我无法解释那块骆驼皮的用途。这个套间想必是一间贮藏室，从中发掘出一张用红柳木粗粗雕制成的弓；一块弯曲的柳木板，看起来好像曾是椭圆形盾的一部分；一副驴鞍架和一根结实的苹果木制成的手杖，以及其他的残木杆。它们使此房间的性质变得更加明确。

用红柳木制成的那张弓仍崭新可用。我鉴定为椭圆形盾片的那块木头异常轻巧而坚韧，其中长约2英尺的部分厚约0.5英寸，然后逐渐变厚，至顶部厚为1.75英寸，从这个部位向内弯曲，以更好地防护来自下方的攻击。沿内部边沿有钻孔，以便将它系扎到另一块盾片上。驴鞍架用桑木制成，保存得很好，样式与新疆各地至今仍在使用的驴鞍架相同。至于从这里发现的两块木牍，一块是一件矩形木文书的封牍，另一块类似于标签，上面写有三栏佉卢文，每栏五短行，以数字结尾，显然包含某种清单。至此所描述的全部房间形成一个小区，与此住宅现存其余部分之间隔着一条宽约4英尺的过道。在住宅 N.IV、N.VII（图10、11）的平面图上，见过有与此类似的布局。在现在乡村住宅中也见到类似的布局，不过略微有所变化。

与此区相邻，位于过道南面的室 N.vii 构成了中心大厅的前厅。室 N.vii 20英尺见方，沿北和西面有一个灰泥坐台。如图19所示，通过一道门与大厅相通。另一道门是从西边过道进房的入口。曾用来关闭此门的单扇门板保存良好，依然安放在门框上，斜靠着室 N.vii 的南壁，仿佛它最后就是这样开着的。图20中只能看到它的顶部。在此房中心偏东发现两根圆木柱，可能曾是向上突出的天窗顶的支柱，因为就在这两根柱子之间，有一个低于地面的椭圆形小区域，无疑是一个火塘。从这个火塘冒出来的烟，可以从上面的天窗中轻易地飘散出去。火塘中有几小块颜色相同的地毯残片。在坐台西面靠近门的位置，发现一块矩形底牍，已碎成两半，不过其他方面保存很好。此外还发现一根制作精巧的

图 19 尼雅遗址毁损房屋 N.III 大厅北墙，发掘后

图 20 尼雅遗址毁损房屋 N.III 大厅南墙，发掘后

木棒，可能是用檀香木做成的，一头有乳白色的球突，另一头也做成球突形或某种捏手。捏手下钻有一个小孔，不过这还是不能表明其原来的用途。

对中心大厅的发掘花费了大量的时间，但它可能曾包含的任何可带走、具有实际价值的物品被最后的住户或造访者完全清空了。不过它的建筑和装饰细节还是给了我们某种补偿。前文我曾提到过有4根横跨于大厅长边之上并曾支撑屋顶的大梁。横跨大厅中部的那些横梁与这些建筑物中其余的主梁一样，用白杨木制成。安装在这两根中心横梁下方的枕梁，用的也是一种优质的木料。曾经支撑横梁的柱子早已倒塌，无法确认，但带有插槽的圆形大柱础仍保存在原来的位置。图21左边见到的那个造型粗犷的大柱头，以及图22右边见到的那块方形雕花木板，很可能就是这根柱子的组成部分。它们都是在东壁附近离地约4英尺高的地方发现的。

大厅墙壁高6~8英尺，只东南角附近有一小部分南墙完全坍塌。由于墙体比较高大，所以更加难以支撑并防止它在发掘过程中倒塌。木构架的布局及其表面涂抹的灰泥面与N.I的完全一样，如图19、20所示，图中看到的是北墙和南墙的大部分。纵向的墙壁用3根柱子隔断。每一段隔断中均有6根圆木柱，以支撑编席及其上面的灰泥面。奇怪的是，该遗址大多数建筑中奇特的斜编红柳席在这里只达到6英尺高度，而在它的上面则是一种横编的苇席。每对柱子之间都连着两根横木，以增加编席和灰泥的强度。

图 21　尼雅遗址毁损房屋 N.VIII 出土的木雕建筑构件

图 22　尼雅遗址毁损房屋 N.VIII 出土的古代座椅及其他木雕构件

随着清理工作的继续，粉刷有灰泥的墙面上显露出了有趣的壁画装饰。首先是在乳白色的灰泥底色上，以深红和黑色绘一条水平的涡卷纹宽带。它起始于原墙顶之下约3英尺8英寸处，显示有交替出现的五瓣花和素面双环，两者均绘成红色，直径8英寸。它们由一个涡卷装饰相连，涡卷装饰由两个背对背且中部有一条双束带的半弓形饰组成。在犍陀罗雕塑常见的花纹装饰主题中，可找到与之完全相似的装饰图案。图19中还能看到这条装饰带的痕迹。在宽带的上方和下方，绘有仅2英寸宽的黑带，带中画有类似蕨类植物叶子的简单白色花纹。从下部黑带每隔10英寸悬一条垂直饰带。每对饰带之间，画一个楔形花饰，花饰的轮廓为黑色，下边是由闭合的深红色莲花形成的垂饰。画面有点不规则，这表明壁画装饰是手工所绘，并且没有使用模版。

中心大厅中部的壁炉有一条灰泥炉沿。壁炉的北面有一个掏灰用的凹坑，从中发现的灰烬使人联想到久已消逝的生活往事。同样反映很久以前生活但更为古怪的是扔在这个灰坑里的一大块古代地毯残片（图23）。在相邻房间的壁炉中发现有这块地毯的一些较小的碎片。地毯横条和横带式布局以及简明的几何形图案装饰与印度地毯的风格很接近，就像是当代的物品。其色彩调和得也很和谐，与印度普遍使用的棉地毯类似。所有宽条上均有卐形图案，在一条红条带的底部可见部分佛塔形绿色装饰，它们明显是印度式的。再结合地毯的总的样式，表明不仅和田的雕塑和绘

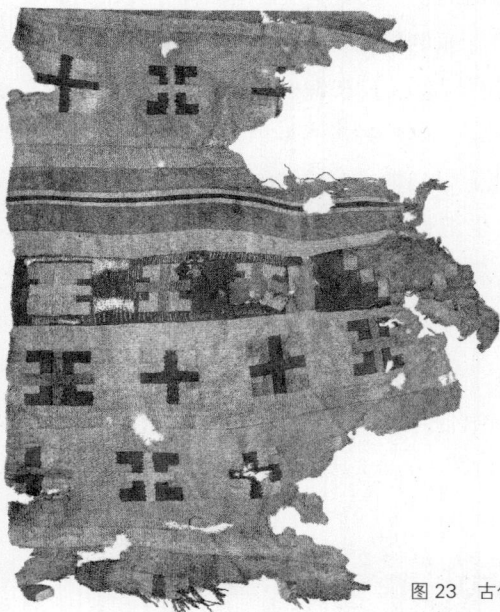

图 23 古代地毯残片

画艺术，而且其更多的纺织装饰艺术，也很早就受到印度风格的影响。地毯的所有残片都保存着鲜艳的色彩，尽管它们残破的状况和大量修补的痕迹表明曾使用了很长时间。

但证明印度艺术对这个古聚落手工业产生最深刻影响的最有力的证据，是图24中那把有装饰木雕的椅子。它的各个部件虽已散架，但仍紧挨在一起，散落在我首次到达时注意到的室 N.vii 北面半侵蚀的外室地面上。幸运的是，这些散件（图21、22，当时我还没有想到把它们组装起来的方法）的雕刻面均朝向地下，要不然它们精美的雕饰就不可能在曾保护它们的流沙被刮跑之后还能保存得如此完好。椅腿中榫接有4块大镶板，从而将椅子组装成一个整体，现在，其中的一块镶板已经残失。但即使没有这一块镶板，整张椅子也仍能站稳。椅子腿高23英寸，椅宽约26英寸。短头的镶板仍用穿过榫、卯的木铆钉分别牢牢固定在椅腿中，而前面的长镶板已经脱开，并且由于变形、裂缝，无法将其榫头准确地安装到相应的卯孔中。这件古家具最有趣的是它的装饰雕刻，

图24　带装饰木雕椅子残部

装饰主题与犍陀罗浮雕最为相似。这里我只指出，形状与紫色大铁线莲极为相近的四瓣花是雕刻中最常出现的图案，它也是犍陀罗雕塑中最知名的图案。我们发现，在犍陀罗，这种花形图案要么完整地封闭在形成装饰带的方框中，要么就像在这把椅子的镶板和腿上看到的那样，截取一半放在三角形框内。这些半朵花的锯齿形布局也可在那找到完全相应的例子。八瓣莲花显然是印度式的，而前镶板中央的装饰，连同它程式化的果实和叶子，使人想到印度科林斯式柱头上的装饰成分。

我一开始就认为，装饰主题上的这种与公元初数世纪犍陀罗雕塑的完全一致，是对从佉卢文文书推导出的年代学迹象的有力证明。另一方面，这件艺术化的古代家具也是有用的证物。虽然在材料方面它不具有真正的价值，而且它无疑是住宅废弃时被遗弃的，但它的做工表明曾经生活于此的是富裕人家。房子的规模较大，这同样有助于说明这是富人的住宅，而且可能是有权势的富人。正是出于这种印象，民工们给它命名为衙门。尽管对它抱有较大的希望，或许正是这种希望，在沙子完全侵入之前很早就引来了"寻宝人"，因此在其他清理过的房间中，未发现任何种类的器物。有鉴于此，大厅东面看似露天庭院的一大片地方，不大可能会保存有古代文物。加之由于积沙深厚，发掘起来甚至将比发掘大厅花费的时间还要多，所以我决定不去动它。至于西边那个单独的草抹泥墙小建筑（图9），从堆积在那里的动物粪便可以很容易地确定，只不过是牛棚或马厩而已。

废住宅 N.IV 的清理要容易得多。N.IV 位于 N.III 以西220码多一点的地方，墙体已经倒塌，几乎没有什么积沙，不过从那里也发现一些同样奇怪的东西。这所房子及其周围环境的平面图（图10）很好地表明了这些古住宅典型的布局。房间、毗邻的果园和凉亭等的布局使我想起曾在现在和田观察到的某些讲究的宅第。这里地面受侵蚀毁坏的程度不如 N.I 和 N.III 那样严重。另一方面，由于墙壁很薄，而且只是在横置芦苇层上抹上灰泥而成，因而上部构造大多已被毁坏，而且覆盖其上起保护作用的积沙有所减少。中间是过道，房间分列于两侧，其中一间标作 N.x，出土了大量有趣的器物。毫无疑问，我们这是在清理扔在古缮写室（或用现在东方一个笼统的字眼来说是公务房）中的各种垃圾，因为从靠近地面处不仅出土了许多矩形、椭圆形和塔赫提形佉卢文木牍文书，而且还出土了各种书写工具和未用的"木纸"。

在出土物中，有4支粗糙的木笔，是用红柳枝的一头削尖制成的，图25中复制了其中的两个标本。这些木笔使我立即想到唐代编年史作者关于和田人"以木为笔"的记载。后来又从 N.xv 发现一支制作精良的木笔，消除了有关于此的任何可能的疑点。在沿室两面墙壁而设的低灰泥台上发现两块椭圆形木牍，它们与这些木笔放在一起，但已没有了字迹。木牍的形状奇特，两头都有耳柄，说明原来是作为标签用的。另一块狭长的空木片（图26）总体上与后来在室 N.xv 发现的条形汉文木简相似，很可能也是用来书写单行汉字的。不过这块空木片的两头各钻有一个孔，这是与

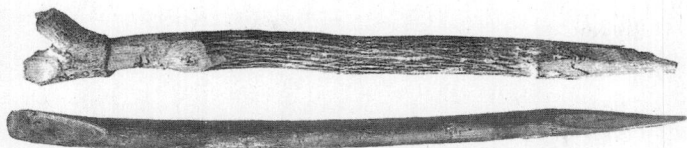

图 25 用红柳枝制成的木笔

图 26 两头钻孔的空木简

室 N.xv 出土的那些汉文木简的不同之处。这些孔（其中一孔钻于小耳柄中）显然是穿绳用的。我们是否可以将这块木片视作可以按每块木片上只写一行汉字的传统方式书写汉文文书，而又不会使需要一片以上木片才能写完的文书产生混乱或部分遗失的危险的那种"木纸"的一个特例？

在该室发现的9块佉卢文木牍中，有两块尤其值得一提。一块是塔赫提形牍（图27），上面写着密密麻麻清晰的字迹，不过木牍表面已经变黑。这块木牍的重要性在于它字迹方向上的不同，与通常的方式不同，塔赫提的耳柄有时是拿在阅读者的右手中。另一块是椭圆形标签式木牍（图28）一面包含有两小栏佉卢文，奇

图 27　有耳柄的塔赫提形牍

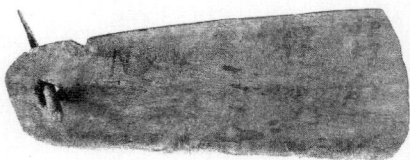

图 28　椭圆形标签式木牍

图 29　吉他残部

怪的是，木板的孔中插有一节小树枝，很可能是用它将木牍钉到墙上的。由此可见，这种木标签的实际用途与我们常用的纸便条是何等相似。

室 N.x 还发现了 3 根长短不一的筷子和两个纺轮锤，因此即使在那里没有发现红柳席，也足以说明这间公务房当时也用作家庭生活。从放在红柳席下面的两根平行木棒可知，席子是一种行军床。一把古代草制扫帚表明，最后的住户是爱整洁之人。至于那只尺寸大致与小鹰相当的鸟的翅膀，其用途不能确定。

西南面那排房间中，大部分房间里都有低坐台，但只有标作 N.xi、N.xiii 和 N.xiv 的那些房间出土有一两块佉卢文木牍，特征也不新奇。不过在将它们与东北面那些房间分隔开的过道中，发现了一些奇特的遗物。其中有一把保存完好的吉他的上部（图29），长 16 英寸，与新疆现在仍然流行的热瓦甫（弦乐器——译者）很相似。吉他装 4 根弦，现存弦栓上还残存有其中的 3 根。其中一根弦栓用粗糙的木棒代替，开裂的乐器颈上缠绕着用以加固吉他的羊肠线，这些表明它早已处于修补的不良状态中。更有趣的是这里发现的两把装饰精美的木椅，其中一把有 3 条椅腿（图30），做成怪兽形——狮头、马腿和看起来似为翼身，整个形象似乎是"Siṃhāsana"的仿制品。原色彩残留得很少，主要是粉红和黑色，黑色绘在粉红的底色上，以表示鬃毛。另一把椅子的两条腿做成一对雕刻精美的雌雄怪物（图30），怪物的头部和胸部显然是人的，腰以下部分为鸟形，腿部则是马的，且带有粗壮的马蹄。部分地方完好地保存有鲜红的底色，底色上面绘有表示鸟类羽毛和马蹄的深蓝色和黑色。这种复合形象极似早期印度同类型的肖像画，在桑吉，这种肖像画用来表示某种半神半人像。那里的乾达婆和紧那罗上身都是人胸，以下部分是鸟形。到目前为止，我还没有见过上述与马腿相结合的这种形象。但犍陀罗雕塑中常见的特里同（即海神，下半身像鱼，有一个海螺壳——译者）像，或用更清

图30　形状怪异的木椅腿

楚的术语说，是带有人的上半身、翅膀、马腿和蛇尾的鱼形肯陶洛斯（即形状像鱼的半人半马怪，又称马人——译者），表明为古代和田艺术作品提供原型的印度佛教艺术形式中，常见有直接借鉴西方古典艺术的，甚至更加复杂的怪物形象。

在同一条过道 N.xii 中发现一张毛毯的几块小残片，毛毯上以蓝色和淡黄色精细地织出回形花纹。此外，还发现一块长棒形木牍，上有分栏书写的佉卢文字迹。所有这些各式各样的器物和残件都是在住宅废弃前的最后一次清扫中扔掉或掉落在过道中吗？

这处废住宅有一个奇怪的特点，即附近清楚布局有一处果园和两处能被找到的凉亭（这里指以人工栽植的树木围起来的阴凉地——译者）。从图15的右边看到，较小的凉亭位于 N.x 东北约80英尺。凉亭围有约45英尺见方的灯芯草篱笆，大部分还残存着。曾经生长其中的白杨树倒成一堆，树干已经发白，其中大部分十分粗壮，长40~50英尺。另一处凉亭就在建筑物西北面的古篱笆的外面，干枯的白杨残树干仍然挺立着8~10英尺高，因此在平均厚4~5英尺的流沙上清楚可见（图10）。这些树木都按规则的间隔栽植，组成一条长方形林荫道和一个小广场，形状与我在从喀什噶尔（喀什）至克里雅一带发现的每一处管理妥善的博斯塘（即花园——译者）完全一样。那些地方的小广场中通常有小储水池，中心有一个平台，以作为夏天节日聚会或休息的场所。这里的布局可能也是如此，但我已没有时间去清理了。这些仍然挺立在原地的成行树干和在 N.III 附近及其他废墟所见的倒伏大树堆之间有非常明显的差异。这表明，不同地方的积沙量从一开始就有很大不同，死树仍然能够挺立于原地，是因为从早期起其周围就堆积了很厚的积沙。

房屋废墟的西面和南面围有篱笆，大部分保存完整，虽然有些地方完全被沙覆盖。沙地上露出一簇一簇枯萎的果树干，表明这里曾是一座果园。和尼雅遗址废建筑附近能够找到的其他古代果园遗迹中的一样，挖掘工毫不费力就认出了各种不同的果树品种，如桃树、杏树、桑树、沙枣树。他们家中通常就种有这类果树，所以对它们很熟悉。果园南面可看到一小段并行的两道篱笆，形成一条乡村小道。小道东头附近有一两处地方，大风吹走了流沙，地面上露出一些陶片、小块木炭以及保存完好的小树枝，最后的居民肯定常在这里行走。我用古代手杖（从 N.viii 出土的那根）在附近篱笆底部的沙中搜寻，手杖翻动白杨树和果树的落叶时发出沙沙的响声，它们是果园中发白的树干还活着的时候飘落过去的。这使我产生一种奇怪的感觉，一种时间上的错觉，那就是我发现自己好像正在捡拾着恺撒统治罗马时期熟悉的希腊文字几乎还未从印度河流域消失时落下的脆树叶。

2 月 5 日傍晚，结束对 N.IV 的清理时，我探访了南面约 600 码的地方。初到时我曾注意到那里一条小土坡上散布着人的骸骨。土坡顶部的积沙只有 1~2 英尺厚，清理掉积沙后就露出了低矮的土墙基来。尚可看出这是一间东西长约 17 英尺、南北宽 15 英尺的房间。第二个房间由于地面受到侵蚀，墙体保存下来的很少。墙厚约2英寸，没有一处高超过1.5英尺，也没有使用土坯的痕迹。这个区域的里面是第二个房间，主要是在这个受到一定侵蚀的地方发现一些散乱的人的骸骨。大多数骸骨已残或破碎，只有一具完整的头骨。这处小废墟附近没有发现任何木块，所以有关它的真正性质，我不能发表任何肯定的意见。不过我注意到，墙基所处的地面高度至少比N.III和N.IV低15英尺，我不知道这是表示它的时代较晚还是较早。

第三节　古代垃圾堆N.xv中的发现物

到目前为止，所发掘的废墟都证明该遗址现存的建筑主要是私人住宅，其中任何真正有价值或实用的东西都已被住宅的最后居住者或他们离去以后不久被人清扫一空。很清楚，取得更大考古发现的希望大体上只能放在残存下来的垃圾上。2月3日，对营地北面废墟的调查使我大受鼓舞。我在那里看到在南北约3.5英里、宽约2英里的区域里，散布着12座以上的小建筑群。

在去遗址北缘的半路上，有一处毁坏严重的废墟N.v。不论是规模还是保存状况，它都没有特别引人注意的地方，但我却从那里的地面捡到12块曾写有字迹的木牍，只不过因长期暴露在外，木牍已全都发白破裂。在房间北面侵蚀坡的积沙和在房间暴露的边沿上才调查和小作挖掘半小时，就获得了30多块木牍。这次快

图31 楔形双牍

速探查获得的重要古物中，有一块保存完整的楔形双牍（图31），我立刻就看出它的封泥印迹是持盾的帕拉斯立像。还有两种新出现的东西，它们尺寸虽小，却引起了我极大的兴趣。一种是窄薄的木片，全都是残片，上面写有一栏汉字。另一种是撕成两半的皮文书残片，其中一片写一短行佉卢文，我毫不费劲就认出写的日期是4月10日（mase 4 divase 10）。发现物是如此多样且又这样迅速不断地出现，预示这里存放着丰富的遗物。废墟位于佛塔以北2英里处，为了获得更多的时间对它进行仔细发掘，我决定将营地迁到那里去。

2月6日早晨，民工们忙着搬迁营地，我则抽空对小佛塔做了一次详细调查。我的第一个营地就扎在佛塔的下面。佛塔的西面被挖去并造成相当程度的破坏，南面暴露部分也显示有毁坏的痕迹。佛塔北面毗邻一座高大的沙包（图32），所以发掘很困难。东面紧靠佛塔也堆积有大量流沙，不过其南边的地面向下倾斜，因而在这里做一番快速清理应该是可以的。清理结果表明，圆柱形小塔顶高7英尺，直径6英尺，就像当初看到的那样，并不是坐落在一个单独的方形基座上，而是与我在该地区调查过的所有保存足够完好的佛塔废墟一样，这座佛塔本身也有传统式的三重塔

图 32 尼雅遗址毁损的佛塔，自东南方向看

基（见图8中的平面图和正面图）。最上层塔基是一个小平台，除朝东北的那一面外，小平台各个部分都已看不出来。其下是塔基的中层，图32中可看到它毁坏严重的西面和南面。最下层塔基是将东面发掘到原始地面后才显露出来的。由于圆柱形塔顶已残损，而且原来比现在要高若干英尺，所以现在总高20英尺6英寸的这个建筑物，完整时应大大超过塔基的最大尺寸。摩尔梯木佛塔（今俗称为"摩尔佛塔"——译者）的形状可能与此相同。

整座佛塔以土坯建筑，塔身中的土坯与塔基中的厚度相同，但宽度较小，这是为了适应塔身形状和大小的需要。由于塔身表面受到侵蚀，土坯间的空隙中又填有灰泥，所以无法确定其准确的尺寸。中层塔基的南面已脱落，因而其内部结构就显露了出来。从这里可看到，塔基最里面部分为8英尺6英寸见方，与顶层的平台相当，单独修建，带有完整外表面，并且其外边在中层塔基的每一面上都贴砌有2英尺6英寸厚的护墙。也许整个都是这种结构，三层塔基部分一层比一层大，就像是同心四方形，而相当于塔顶的圆柱形部分就像是圆心。否则，刚才所述事实可能就要解释为后来重建和扩大的迹象。

佛塔顶部中心有一个竖坑，竖坑仅1英尺见方，因"寻宝人"已将塔身和上层两个塔基的西半边切去，所以竖坑显露了出来。有一个大洞一直挖到塔身的中心及其下方，存放在那里的遗物可能早就被人偷走了。伊布拉音上次来时又接着向塔基中部的中心挖掘，不过显然没有获得他所期待的"宝物"。另外还有一个大洞横着挖入塔基。我在所有这些洞穴中都未找到任何表明现存建筑物叠压着某个早期佛塔的迹象。

一弄清楚佛塔的主要特征，我就急忙赶往废墟 N.V，那是我的下一个发掘目标。途中我注意到地貌逐渐发生了变化：原来发育着红柳包的宽阔的沙丘不见了，取而代之的是小沙丘之间坦露的大片黄土堤，小沙丘上几乎不再有沙包出现。红柳丛是沙包得以形成的条件，这里已变得十分稀少，而且多是枯死的。在地貌发生变化的过渡线附近，有一处半受侵蚀的小草墙建筑废墟，显然是畜棚。

尽管我先前在废墟 N.V 的探访表明有希望获得发现物，但表面上却没有任何迹象可以使我料想到会在这个废墟中遇见那么丰富的古代文书。如发掘前从南面拍摄的照片（图 33）所示，这里主体建筑物中仅有几个房间的墙壁保存有木柱，但毁坏严重，不过用木头加固、围绕院子的草墙依然存在。废墟北面和东北面毗连的斜坡上散布有残木块，斜坡一直向下延伸到原地平面以下 20~25 英尺深的侵蚀地。但不管是从数量上还是从外观上都看不出这里曾存在的根本不是普通住房。唯一引人注意的特征就是一座大果园，那里还挺立着枯死的果树，积沙中显露出围绕园子的篱笆。果园位于建筑物的西面和南面，如平面图所示（图 11）。

由于现存遗迹规模很小，清理起来很容易，因而我让拉姆·辛格带领民工继续清理南边的房间和相邻的院子。我自己则带上几个更机敏的民工，其中包括伊布拉音，到北面的边沿去清理上次

图33　尼雅遗址毁损的住宅 N.V，发掘前自南面看

发现文书的侵蚀坡旁边的角室 N.xv。在仔细清理该室北面侵蚀坡上的流沙时，我发现由于侵蚀作用，房间这一面的墙壁几乎已完全消失了，不过部分基木还保持在原地上，因此可以量得该室原尺寸为23英尺 ×18英尺（含墙）。由于墙壁受到侵蚀，堆积在该室隔壁（平面图上标作 N）的一部分垃圾滑落到了斜坡上，上次发现物中的一部分就是从这些垃圾中找到的。仔细搜索完其余部分后，

又发现了7块木牍。

　　系统清理刚进行到北墙内部，就露出了层层相叠的木牍，它们埋在看似古代垃圾堆的垃圾里，垃圾还混杂有细尘埃和屋顶草棚残迹。垃圾堆很结实，顶部覆盖着一层仅约1英尺厚的薄流沙，而且流沙层与垃圾层可清楚区分开来。我取出一块又一块木牍的地方不是这一层流沙，而是堆在原泥地上近4英尺厚的垃圾堆。这样，事实马上就清楚了：这是一个经多年堆积而成的古代垃圾堆，其中也包含有（用一个不合时宜的词说是）当时的"废纸"。图34反映的是室内清理到中心部位时的垃圾层，它有助于说明该室发现文书的丰富情景。

　　整个房间共发现250多件木文书和皮文书，它们或单独或紧挨着散落在包含有陶片、席片、木片、麦草、毡片、各种毛料、皮片和其他混杂废物的垃圾层中。覆盖这堆垃圾的泥土看起来很像普通的黄土，显然是在灰尘的沉积过程中形成的，垃圾堆在漫长的形成过程中，肯定会有这种尘土落在上面。凝聚于此的尘土当然具有与形成黄土的那种尘土相同的特征。很明显，这些经过漫长岁月与尘土掺杂在一起的各种废物具有一定的韧性，它比其他任何东西都更能抵御风蚀作用。事实上，该室的墙壁（图34）之所以没有像废墟中几乎所有其他墙壁那样，被侵蚀到只剩下一行行柱子，正是因为有堆积在整个N.xv内部厚达4英尺的这些坚实的垃圾。埋在垃圾堆中的大量珍贵文书保存状况很好，其原因就是这个古代"垃圾箱"的影响和其近地面沉积的尘土的吸水性，

图 34　尼雅遗址古代垃圾堆 N.xv，发掘过程中自西面看

使这堆垃圾形成一种凝结、干燥的状态。同时我们还闻到从 N.xv 出土的木牍上散发出难闻的气味，我认为这种气味主要是一种氨气，它使得这些木牍现在对大气中的水汽特别敏感，即使是在大英博物馆严实的玻璃柜的保护下，仍能产生斑污。

在三天辛苦的清理过程中，我自己有足够的时间来熟悉这个垃圾堆的各种内容。一了解垃圾堆的这种奇特的形成原因，将工作情况准确地记录下来就成为一件重要的事情，而且时间也允许我将发掘出的每一件文书或其他重要器物的相对位置记录下来。这对找到各种文书的年代顺序，在某些情况下，也许还对弄清它们之间的内在联系，可能会有所帮助。当然，初步清理之后，每一件文书都得由我亲自取下并制成一份简表。这并非易事，因为当时大部分时间都刮着强劲的东北风，大风从挖开的垃圾堆中把尘土吹得满天都是，我的手指都被冻僵了。虽然数世纪已经过去，但木牍的臭味依旧刺鼻难闻，但对古物研究的巨大魅力，使我忘记了这种痛苦。

　　房间中央的垃圾上立有4根木柱，与现在的阿依旺（即客厅——译者）一样，它们很可能曾支撑着客厅屋顶中央一个向上的突出部。这4根木柱为将清理出的房间划分为若干区提供了便利的标志。中心区的北面（平面图上标作 N），我们最先在2月6日从东向西进行过发掘和调查，从那里出土了79块木牍。在房间东墙和中心区之间的地方（平面图上标作 E），垃圾中埋藏的文书最为丰富，共70件。这里以及其余两个区，清理的顺序是从北向南进行。西墙和中心区之间的那个区（平面图上标作 W），于2月7日和8日被清理出来，出土的木牍共58块，而4根柱子和其南面部分之间标作 C 的那个区出土的木牍，共64块。沿南墙的大部分地方砌有土台，还有一个圆形灰泥水槽，是在清理标作 C 的那个区时显露出来的，这必然会减少垃圾堆积的空间。

到过克里雅（和田）且见过那里富人的房子的人都会认为，这个顶部凹陷达10英寸深的奇怪灰泥水槽就像那里现在妇女们仍然使用的类似设施一样，是用来将花放于水中或湿草之下以保持新鲜的。我不能肯定这个解释是否正确，不过我发现水槽的凹穴中只填有沙子，这一事实表明，这个设施无论其用途是什么，曾一直在使用着，甚至在该房间开始堆放垃圾的时候。这个房间还有一个特点值得一提，那就是开在南墙上的房门，从其残存的侧柱仍可清楚看出它安装在土台上，而不是像这些废住宅中常见的那样安装在房间的地面上。

我认为这扇门的位置（图11）很可能就是北墙和东墙附近出土木牍较多的原因。当此房间一旦当作垃圾箱使用，人们在向里面倒垃圾时，自然应该从门口尽量往里扔。出土的木牍显然是从位于住宅其他方位的一个古书房中扫出的垃圾，由于质密且较重，因而比其余的垃圾扔得更远，并且常常撞到门对面的墙上。以此看来，从垃圾中捡到的24件皮文书中，只有9件是从N区和E区发现的，而其余的则散落在C区和W区，即离门近得多的地方，我们也许就不会认为这完全是个偶然了。由于薄皮片很轻，因此在（如从篮子里往外）扔时，就不如木片扔得那样远。

深埋于垃圾中的麦草层和红柳席残片很可能是从室N.xv的屋顶上落下的。它们位于包括作废的木牍和皮文书在内的各种废物之下1~3英尺。这表明，当此房间被当作垃圾箱使用时，至少有一部分已是露天的了。显然，一旦房间被改作垃圾箱使用，其屋顶就不会再得到修补。同样，一个房间由于屋顶残破而不适于居住时，就有可能被永久地用来堆放垃圾。我曾两次提到和田托合塔阿洪伯克的大宅，其中有一个房间的情况就是这样，可作为这一推测的一个恰当的例证。那里的一个大房间已经废弃，因为泥土盖的屋顶上破了一个大洞，而富裕的房主从不认为这值得他花时间去修补。由于离厨房很近，所以厨房的所有垃圾通常就顺便扔过去了，结果弄得我不得不将我自己的厨房安排到别的地方，尽管我就住在那里。室 N.xv 南面过道口附近，几英尺深的沙子下面发现有一块大席子和许多保存完好的麦草（已在平面图上标出，见图 11），它们可以证明 N.xv 中的麦草和残席实际上是从原来的屋顶上掉下来的。

对 N.xv 出土的文书进行多方观察之后发现，这个垃圾箱中的堆积物有些情况很奇怪。首先，我注意到许多木牍除破损外其余都保存完好。我并不是指在其他废墟也大量发现的那些封牍和底牍（原来构成一件文书）被分开的情况，而是说，有些同一文书的残片发现时散落在房间的不同地方，有些单片木、皮片虽然其他方面保存完好，却有残断的痕迹。由此可以推断，几乎所有这些木牍都是在被扫出起居室并且扔到垃圾堆之前毁坏的。又薄又窄的汉文木简当然比更结实的楔形、椭圆形、矩形等佉卢文木牍更易于破碎，即当其内容处理完后就折断了。这样就解释了为什么发现的大量汉文木简都已残破，并且通常都是很小的碎片。几乎所有这些汉文木简的保存状况都很好，这就更进一步表明，它们很可能是在被扔到这个垃圾箱之前故意毁坏的。就像我们手头的"废纸"一样，当其主人不再需要这些古代木文书时，常常就随手用来点火。我们有证据证明这一点，即 N.xv 出土的有些木牍上有部分被火烧或刀削凿刻的痕迹。有一块木牍上原来写有文字，后来又刮掉重新使用，但未见写有新内容。详细检查一下 N.xv 出土的木牍，即发现绝不止一块是重写本。

堆积厚实的垃圾和尘土相信一定为曾埋于其中的文书提供了极好的保护。大量木文书和皮文书良好的保存状况充分证明了这一点。简单分析一下被扔到垃圾堆的木文书和皮文书的受损情况就会发现，比起被扔到某些公务房（如室 N.i、N.iv、N.v）的地上、仅受到易移动的流沙的保护的那些文书来，这里的文书遭受毁坏的危险明显较小。垃圾堆出土的大量木牍表明，因空气或潮湿的影响而导致木质腐烂或变软的木牍，数量非常少。同样重要的是，大量这种木牍出自垃圾堆的北区，我们已经看到，那里受到侵蚀已有很长的时间，地面因此而显露出来。实际上，也只在这个区域发现有表面发白或字迹褪色的不多几块木牍。

另一方面，我们认为这个垃圾箱对文书的不利影响也显而易见，幸运的是受此影响的文书并不很多。由于木牍埋在垃圾堆中，尘土、草和各种废物在木牍表面结成一层外壳，致使部分字迹消失或模糊难辨。毫无疑问，当垃圾堆还在形成中时，就已严重受潮，这种潮湿使木牍的表面牢牢地粘上了一层污垢。这说明这样一个事实，即只有当时暴露在外或靠近垃圾表面的那些木牍，才有可能受到这种损害。少数木牍和皮文书表面出现的污点或变色现象很可能是出于相同的原因。其他一些变形的皮片，本身就表明是类似原因所致。我也注意到，不管在垃圾堆的什么地方，只要是埋在大陶片（如图34的前景中所见）底下的文书，就几乎全都保存完好。许多文书虽然保存完好且外观崭新，但出土后对空气中的水汽却非常敏感，这表明木牍里面渗浸有盐分，当它们一吸收到水汽，即散发出大量氨气。由此我们猜想，这个堆满垃圾的房间不用说常被房主用来倾倒剩菜。也许正是因为垃圾堆经常有其他或更有营养的食物的倒入，所以被虫蛀或被鼠咬破的文书才没有很多。

第四节　古代木板和皮革上的文书

上述古垃圾堆出土的大量文书，个体的形状与质材上的多样性，与大部分良好的保存状况一样明显。这使我们可以方便地将对它们的描述，与对整个遗址出土文书主要类型的表面布局，与这些古代木、皮"纸"的制作技术的综合分析结合起来。

佉卢文皮文书是 N.xv 最先清理出的醒目的新东西，因此评述正好从这里开始。由于发现的总共23件文书中，有不少于11件是完整的，而且另有3件也几乎是完整的，所以这些文书总的形状与布局从一开始就弄清楚了。从完整的标本判断，这种文书总是由平整精致的椭圆形羊皮制成，只在一面书写佉卢文，字行与长边平行。大部分文书中，正面右边底沿附近，与正文分开一段距离写有简单的日期项：mase（月）…divase（日）…，以及表示月、日的数字。我没有见到一件文书上署有年份。几乎所有保存正文抬头部分的文书，起首格式都相同，为国王陛下敕谕，表明是官方文书，前文我们已经提到，这是楔形底牍正文起首的程式化套语。这些文书也一样，套语与正文本身的开头部分之间有很大的间隔。不用此格式开头的文书没有几件，我们可以推测它们属于非官方性质的文书。

大多数皮文书被发现时都叠成小册子，其余的文书从羊皮磨损的折痕和其他痕迹判断，以前也是折叠起来的。仍然保存完好的折叠着的文书，大多数我不怎么费劲就打开了。这些文书的折叠方法是：皮片沿纵线对折，然后再沿同一方向对折一次，这样就将皮片沿纵向分成了四小片，最下面的一片一般只包含有日期项，成为折叠的窄长册子的表面页之一，但它的书写面则朝里。这样，整个写有字迹的正面就得到了保护。最后，再将这样折叠成的册子垂直对折。这样，文书左面的底沿可见切开一条半连着的窄条，左面本身朝左的折页最末端折转过来，刚好露出抬头的首行字迹。尽管不那么清楚，其他皮文书中也见有类似的切条。我因此做这样的猜测，即这种切条从某种意义上讲，可能与这种文书的捆绑有关。皮文书确切的捆绑方式我还没有完全弄清楚，不过对此作过一些观察，我认为值得在此一提。

鉴于为了保护写在双楔形或双矩形木牍上的通信内容不被非法拆阅而采用了非常巧妙的设计，因此可以依此类推，为了保护皮文书，尤其是写有官方律令的皮文书的内容不被非法拆阅，也一定采用了某种设计。按现在式样做的信封当然可以达到这一目的，但在 N.xv 的垃圾堆中，没有发现任何这类东西，而其他种类的"信封"又那样丰富，所以这个否定的事实就显得很重要。在几块较大的皮文书中，有两块特别有趣。但有明确的迹象表明，这两块皮文书的第三折和第四折之间曾插有一个扁平的椭圆形物体，那里有曾放置的插入物在文书正面留下的凹印痕，以及由此引起的相应部分颜色的消褪。很明显，这个插入物在那个位置保留了很长一段时间，以至于留下如此持久的一个痕迹。更可能的结论是，这个插入物是一枚印章。印痕是在与半连着的皮条同一面的文书上发现的，这个事实表明二者之间存在某种联系。

可以想象，不止一个装置通过盖上印戳被固定在那里。窄皮条散头可能通过这样一个装置绕过折子的边沿，最后从有印痕的两个折层之间穿过。不过，由于没有这方面的任何直接证据，详细描述这种装置毫无意义。按刚才所推测的方法捆扎起来的皮文书，如果要打开，则必须将皮条割断，或者毁掉封印，就像打开泥封的佉卢文木牍那样。但我不能理解的是，如何才能防止重新插入一个新的假印记。折页之间的有效空间非常有限，要在封料上插入一个合适的印记很困难。不过我们有足够的理由相信，像这些古代文书抄写员那样机敏的书吏，可以克服这一困难，尤其是如果封料主要是黏土，就像从该遗址未启封和未分开的木牍上发现的所有印记那样。在皮文书上我没有发现任何残存下来的真正的封印，因此只有对现已不存的封印留在皮面上的印戳进行化学检查，也许才能使我们弄清所用的物质是什么。它对字迹不会产生影响，就像封蜡一样，这一点几乎不必特别解释了。

通过上述折叠处理，包含正文的整个文书正面得到了保护。背面除一行简短字迹外，全都是空白。所有保存完好的标本中，这行字均出现于露在外面的那层折页上。这一短行字总是以同一个单词 dadavo（意为寄给）结尾。在所有楔形封牍正面的绳孔附近也出现这个字，其前面的两或三个字总带有属格词尾 -sa。这些事实表明，这行字包含的是地址。紧接所有官方文书起首格式之后，经常出现相同的名字，其中最常见的是州长索阇伽，由此我当即就确信这个推论是正确的。由于它的位置暴露在外，地址的字迹已变得模糊甚至被部分擦掉了，但正面原来的黑色墨迹大多完好保存。这样，即使是皮片本身已经褪色或被染污，字迹也依然清楚可辨。[1]

我很遗憾没有安排对这种古墨进行化学检测。但是，从其特征判断，很可能是中国（或印度）墨，例如我在安迪尔成堡边的垃

1　当手稿部的专家亨特先生在不列颠博物馆亲手慢慢打开并展平这些皮文书时，我惊奇地看到其墨迹鲜艳如初。在加温加湿过程中，必须特别小心，以防字迹本身被印到任何可能相接触的皮面上。将吸墨水纸盖在字迹上面，然后可轻易获相当清晰的字迹印痕。

圾层中发现的那种小墨棒。木牍（包括佉卢文木牍和汉文木牍）上所用的墨质量和浓度有很大不同，但我没有看到任何可以表明墨水成分存在差别的迹象。

上述文书有一点很重要，那就是它们是至今发现最早的书早期印度语的皮文书标本。现存关于古代印度用皮革作书写材料的文献证据极其少见而且不确切。这一现象很容易认为是宗教方面的原因所致，因为根据宗教仪式，动物本体被认为属于不洁之物。但这里我们有无可否认的证据证明，无论理论上有什么禁忌，它们对和田佛教徒的影响事实上并不比对克什米尔正统婆罗门的影响大。婆罗门可能从很早时期起就习惯于用皮革装订梵语法典，并一直延续至今。[1]那些古文书反映出的精湛的皮革工艺，表明在材料的加工上已具有丰富的经验。相同类型的小块空白皮片无疑是从整张皮片上撕下来的，然后又被扫出公务房而成为垃圾。它们表明，住在这个废弃住宅中的官员不仅收到过皮信，而且也向外寄出这种信件。尽管如此，与各种木牍相比，这种文书的数量相对较少，这无疑证明木材是当时更加流行的书写材料。皮质材料的明显优势是轻便和易于处理，此外书写者还可根据自己当时的需要进行裁剪。但木料可能更便宜，而且用它制作的"信纸"

1　克什米尔所有各种规格的古代桦树皮手稿（其中有些可追溯到公元15世纪），一律捆在皮革之中，要么就有曾被这种捆绑物包裹的痕迹。从我拥有的或发掘到的皮封套的式样看，我认为这种皮制品中所用装饰源于伊斯兰时期以前。这意味着克什米尔的皮革装订可追溯到印度教时期。

更易于捆扎。无论优先选择木头作为"信纸"材料的理由是什么，可以肯定的是，木牍不可能是当地制作，因为垃圾堆中没有出土制作木牍时剩下的木屑和其他"木纸"残迹。

没有什么比 N.xv 出土佉卢文木文书之间的巨大差异和总体保存良好的状态，更使我能够比较容易地弄清与它们不同类型的用途相关的全部技术细节。这里发现的楔形牍甚至为数更多（我们已从 N.i 发现了很多），其中有 6 对保存完好的完整双牍，此外还有 45 块封牍和 34 块底牍。它们平均尺寸与首次发现的那些楔形牍完全一致。

仍然保存有扎绳的完整双楔表明了这类文书的书写和发送方式。绳子是寄信人当初用来将双楔扎牢用的。这类文书一律由成对的木牍组成，相互尺寸完全匹配。每一套双楔牍中，两块木牍的厚度也完全一样，仅封牍的封泥座所在部分加厚。其余部分则可能与牍的大小和木头的质量有关。很可能木匠在制作这种"信纸"时，首先在总体上做出一个楔形，然后将其锯或劈成两块。N.xv.24 的制作者采用的就是这种方法，因为其封牍和底牍的内表面显示的断纹相同。这种双牍一头削成方形，另一头逐渐变尖，靠近尖部钻有一个贯穿上下两块木牍的穿孔。正文写在底牍磨平的正面，成行书写，与楔形的上长边平行，而且没有一处超过 4 行，其上置上牍或封牍以保护。封牍还起到一种信封的作用。如果信函内容较长，就接着写到封牍的背面，其方法是：当封牍打开翻过来，整个正文可以同时看到，并且两块牍上的字迹方向一致。封牍 N.xv.24 的位置将说明这一点。

封牍方头较厚，外表面突起部一般位于离方头 1.25~2.5 英寸处，里面雕刻一个粗糙的矩形封泥座。在 N.xv.71 和 N.i.103 中，这个座或封泥凹穴是空的。而在 N.xv.137 和 N.xv.24 的封泥座中，则还填有封泥。封泥座和封牍长边的边沿之间，形成两条突起的边框，上刻 3 条线槽，以便用线绳子将成对的木牍捆绑起来。扎绳的方法很巧妙，安德鲁斯先生所画线图（见下页图 A~D）清楚地表明了这一点。完整的楔形牍和许多分开的双牍上多少还保留着很长的麻线，麻线先巧妙地穿过封牍和底牍的线孔，如图 A 所示。事先在线头打出一个线圈（如图 B 所示），将线对折过来，把单线搓成双股。然后把封牍放到合适的位置，将它的背面与底牍的正面相合，接着将两牍尖头的连接线圈拉紧，再将线沿底牍背面拉到封泥座的位置，如图 C 所示。在这里，这根线规则地扎成十字结，一律按图 D 所示方法，扎在封泥座的上面，在 N.i.103 中也可见到，与封泥座相通的线槽用来固定线结的位置。最后，没有固定的那端线头在穿过离木牍尖头最近的上沿线槽后，扎到底牍背面的纵向扎线部分上，并在那里扎紧，打成一个结，然后在封泥座中填上封泥，将交叉线盖住。封泥上一旦盖上寄信人的印章，如果不破坏印迹或切断捆扎的线绳，就无法打开木牍。

这种巧妙的布置可以确保木牍内所写内容的安全，防止非法折阅和篡改。如果接收人想保存封泥，同时希望阅后能够方便地重新捆扎（一个明显的优势就是这种信可以随时保存供以后参考），

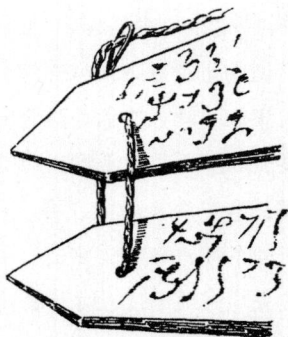

A. 双面木牍的内表面，图示出在绳孔的一端如何系紧

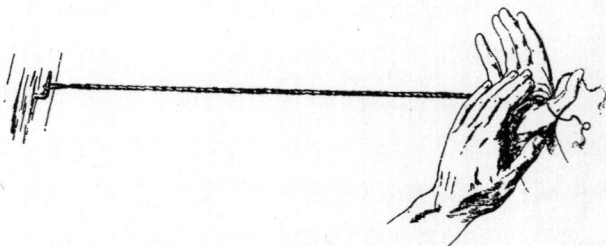

B. 拧成股的绳用于固定双面木牍

C. 双面木牍的下版背面，带绳孔（a）和槽中固定的多匝绳子（b）

D. 双面木牍的盖版正面，带绳孔（a）和系于封口槽中的绳子（b）

他只要在线孔附近将线剪断即可。底牍因而就能很容易地从印下方的连接线中滑出来，阅毕又可重新插回到原来的位置。双牍N.xv.24、137在历经这么多世纪之后，我们现在仍然能够依此方法打开并重新恢复为原样。

可能有这样的情况，打开并阅读后，楔形双牍的收信人认为用一种明确的方式来保持两块木牍的联系很重要。双牍N.xv.71是这方面的一个有趣的例子。它除保存有正规捆扎所需的全部布置（包括部分线）外，穿过两块木牍线孔并将它们捆扎在一起的一条单独的短线上，还黏附着一块很坚硬的微红色封泥。这根线的质量与正常捆扎所用的线不同。我由此以及由几乎不能穿过两根线绳的小线孔我推断，现在的捆扎线及悬挂着的封泥是文书被启封后重新加上去的。我们发现，它的封泥座是空的，这次可能是用将原来填在封泥座中的封泥弄破这种方式启封的。否则，处在封泥座中受到保护的封泥，似乎应比线孔处完全暴露的封泥更好地保存下来。若干现代法律文书的扎线或带子上黏着的，同样显然也是这种封泥。

对封泥的进一步描述留待介绍矩形木牍时再进行。这里简单提一下保存完好的木牍外表面常出现的词目，以结束对楔形文书的说明。封牍正面总是写有收信人的姓名和头衔。从方头边沿向封泥座方向书写，空间不够时，则延伸到封泥座的对面。封牍 N.xv.24、137 上的名、址读作 "Cojhbo Somjakasa"，即"致州长索阇伽"，这是所寄达官员的头衔和姓名，在发掘 N.xv. 时我就认出来了。那里发现的许多佉卢文文书，不论是皮质的还是木质的，都是寄给他的。如果这类文书是寄给两个或更多的人，其名、址行则向尖头方向延续到封泥座对面，就像 N.i.104+16 中的那样，这件文书正面上的收信人姓名是州长毗摩和税监黎贝耶。线孔左面，并且通常离线孔很近，写着单词：dadavo（意为寄给），这个词是对封牍另一头前面名、址项的界定。

底牍背面靠近方头规则地书写一个简短的词条，如 N.xv.122、137、N.i.9。在拉普森教授翻译的完整文书中，这个词条总是包含有正文中作为送信人提到的使者或其他人的名字。其他底牍背面上所见相应的词条可能用作同样的目的。我们也有在介绍信的信封上写送信人名字的习惯，这与之完全相似。在 N.i.122 的背面，这一词条的位置上横向刻着 3 个大字。木牍的正文我看不懂，但能读出其中一字为 Prascaya，这说明它们也包含有文书委托人的名字。在 N.xv.137 的背面，除方头附近明显包含有送信人名字的一条简短条目外，还有 4 行写得很密的字迹，虽然部分字迹已严重褪色，但仍可清楚认出它们出于不同人的手笔。波耶尔最近出版了一篇关于这件有趣文书的译文，其中还附有注释，认为它是一份拘捕某些逃亡者的命令。他表示，背面上的记录已部分解读出来，涉及的是同一对象。这难道是楔形双牍的收信人州长索阁伽这位官员所处理过的命令或摘要？一个更粗陋、奇怪的特征是，有些底牍的背面刻有粗糙的刻痕。N.xv.17.a 上刻的是一个卍字符，N.xv.04、05 上刻的是一个画有一短线的小圆圈。显然，它们都是些区别标记，可能是依照"尼散"刻画的，印度有在信封上画符号的习惯，以方便不识字的送信人正确递送。在 N.xv.121 中，我们发现封牍正面刻有两个十字符。

如上所述，我们只有根据 N.xv. 出土的真正完好的标本才能明确地弄清楚矩形双牍的使用和捆扎方法。和 N.iv 一样，N.xv 出土的这类佉卢文木文书大部是分开的散牍，曾经合在一起的封牍或底牍缺失。这里出土的这种不完整的文书中，封牍有28块，底牍19块。和楔形文书一样，封牍占有主导地位，这一特殊结果是在这些"废纸"被扔进垃圾堆的过程中形成的。启封后，"信封"必然首先被扔到那里，而相应的底牍则可能要留下来以备以后参阅或作其他处置。这些处于分散状态的木牍板外观看起来令人迷惑不解，但当我发现第一批四套完整的矩形双牍（N.xv.151、155、166、196），一切疑难便迎刃而解。从其中的 N.xv.155、166 这两件上可清楚看到，底牍两侧各有一条突起的沿，沿宽分别为0.5和1.25英寸。两条沿之间刚好放进一块封牍，封牍的正面中部突起，在突起部中心刻一方形或椭圆形封泥座。

矩形双牍捆扎方法的巧妙并不亚于楔形文书。就和后者一样，封牍长边与封泥凹座之间的突沿中刻有3条线槽，线槽与封泥凹座相通。凹座中仍保存有封泥的封牍 N.xv.155、166 以及像 N.xv.154 和 N.xvii.3 那样只剩下空封泥座的封牍中，这种线槽都清楚可见。以一根双股线环绕两块木牍，通过一头的线槽，再穿过用上述办法做成的线圈环后拉紧，然后通过这条线槽和其他两条线槽交错出双叠叉。N.xvii.3 的封泥座中的封泥已失，但除与第一根对角线平行的第二根对角线残失外，交叉的线绳尚存，这将有助于说明矩形双牍的捆扎方法：在第三条线槽绕上两匝后，在底牍的边沿用一个结扎牢，其线头在底牍背部扎线之下松弛地穿出，如在 N.xv.196 上看到的那样。N.xv.196 是一块精巧的双牍，尚未启封，保存完好。当穿过封泥凹座的扎线一旦压上封泥印戳，如果不剪断暴露在外的捆扎线或完全破坏封泥，就不可能将封牍和底牍分开。这样就有效地防止了两块木牍里面书写的文书被非法拆阅。封牍 N.xv.334 上的捆扎方法本质上与此没有什么不同，只不过它只有 2 条线槽。N.xv.159 也是如此，共有 4 条线槽。

N.xv.155 的封牍上有两个封泥印记，扎线完整无缺。在大英博物馆打开后，发现里面的字迹相当清晰。N.xv.166 的扎线被人用刀割断，在扔进垃圾堆之前就已经打开，但封牍却紧紧地合在底牍中，因而字迹得以保存下来。这些矩形文书的正文总是从底牍的正面开始，字行一般与木牍的长边平行。如有必要，则延续到封牍的背面，书写的方式是：当封牍向上打开反过来时，能够和正文的主要部分同时阅读。我注意到，底牍常以完整的日期开头，表示年月（samvatsare）的数字后面紧跟在位国王带属格的名字和头衔（maharaya、devaputra）。N.xv.155、xvii.2 的开头也是如此。这种格式的日期表明，木牍是要长期保存的正式文书。字迹也与此详细日期相一致，没有楔形牍上的那样潦草。底牍背面一般没有字迹，但 N.xv.111.a 的背面有分栏书写的字迹，正面亦是如此。[1]封牍上的字迹可能包含有名、址，或一些简单的内容提要，总是横写，即字行与木牍的窄边平行，而且顶边书写。内容比楔

1　这块木牍是一块残片，即使这样，仍可看出它原是一块矩形木牍，后又被重新用来记录一些事情以备遗忘。封牍 N.xv.344 的背面也见有分栏书写的字迹。

形封牍上的长得多，沿两侧边沿都写有字迹的那些封牍，其两侧字迹的书写方向刚好相反，如 N.xv.154.[1] 封泥两侧的字行数从1到4行不等。

对古代佉卢文的解读和说明是件令人着迷而又特别艰难的工作。到目前为止，还不见承担此项工作的学者发表过一块矩形木牍内容的译文。即使只有几块木牍内容被翻译过来，也能给我们以启发。但由于这方面的缺陷，我又不能参与系统的解读工作，所以我所能做的，就是敬请读者注意这些文书外观上的某些特征，今后也许会证明它们具有重要的意义。很明显，这种类型的木牍在制作得不是过分大时，比形状太长时就会变得很笨拙的楔形牍能够提供更加充足和更加方便的书写空间，不管它是官方的还是私人的信件。它们捆扎得非常结实，不像楔形双牍那样，依靠一根单线甚或是半根单线来维持。[2] 这样捆扎结实的木牍更适于长途传送，同时也更适于长期保存。

在矩形文书中，至少有一些是要长期保存的，因为从 N.xv 出土的完整方形双牍中，至少有不少于三件我发现时没有启封过。我们几乎不能指望在垃圾堆上找到从未打开过的文书，除非

1　当木牍按阅读正文时所持的方式拿着时，寄给某州长的详细地址出现在封泥凹槽的左边。这是通常书写的位置。

2　上述解释清楚表明，一旦线孔附近形成的线环的单股线被破坏或磨损，楔形底牍就会很容易地从封牍下面滑出来。而在矩形文书中，只有将6根捆扎线割断或者取掉整个泥封，才能将其打开。

它们对收信人根本不重要，或者除非它们本就是被有意封存了很长时间，最后失去了价值或用途才不启封而被扔掉的。对于第一种可能性，目前当然不可能作出任何评价，但从这些木牍捆扎和封固的整洁和谨慎程度看，与其似乎并不相符。那么就只能选择第二种可能性，值得一提的是，这3块木牍中，有2块（N.xv.151、155）上发现有双印记，为这一可能性提供了支持，因为它们表明这可能是当事双方共同签署的一份协议或契约，因此需要封固保存，直到需要拿它出来作证，或者直到它的有效期过时为止。至于 N.xv.196，它只有一个印记，假设它是一份债券或类似的记录，似乎也是有可能的。

我更倾向于支持这样的推测是因为我们的现有材料表明，封泥中的印记是唯一用来鉴别这些古代佉卢文文书的办法。已经译解的或其他我能够考证的那些文书中，不曾发现一件上面有任何可以认为是签名的东西。在楔形牍中，我们甚至没有发现寄件人的名字，它们的印记足以表明信件的来源并证明其内容。如果印记的用途是验证的唯一方法这个推论成立，那么接着就将得出这样的结论：最终要作为法律依据的文书，如果是写在木牍上，则必须封存起来，直到在法庭出示时才能打开。因为只要捆扎保持完整无损，就能以封牍上的印记作为证明里面内容真实可靠的。虽然这种安排可能有时并不方便，但至少可以帮助我们理解为什么失去价值的文书没有启封就被扔进了垃圾堆。

不管是楔形牍还是矩形牍，它们封牍的正面原来都承有泥封

图 35 带黏土封印的佉卢文木牍文书

印记。从这个古垃圾堆中，发现了不少于 12 块大致完整的封泥，另外还发现两块单独的封泥。除具有验证作用外，这些封泥可能还有特别的意义，因为它们提供了证明遥远的和田受到古典艺术影响的直接证据。我惊喜地发现，在 N.xv.24（图 35）中发现的第一块完整封泥上，现出手持神盾和雷电的帕拉斯·雅典娜像，是用精心雕刻的阳刻图章深捺上去的。楔形牍 N.xv.307（图 35）和 N.i.17、67 上也有同样的印记，只是保存得没有这么好。印记中的神像是完全面向左的侧立像，戴头盔，右臂缩回作举雷电状。左手伸出，手持神盾。有一件类似于披巾的短氅达于双臂并拖于肩后，短氅的散头自肘部垂下。人像冷峻而机敏，根据塞西尔·史密斯先生提供的资料，神像的姿势应是仿自古式雅典娜·普罗米修斯。人像很小，而且捺印处的材料较粗糙，而这些细节却尚能辨别出来。这一事实表明，原印章一定雕刻得非常精细。

印章及其粗大的椭圆形印模应接在一个方形底座上。在 N.xv.24 中，这个底座的印痕显得更清楚一些（图 35），尚可看出印模左侧沿最外圈有一条铭文的痕迹。铭文字迹为浮雕式，不过非常模糊，以至请珀西·加德纳教授费心在不同光源中通过显微镜观察，都只能确认出它们不是希腊文。拉普森教授得出的结论是，题字是佉卢文，但他只能辨认出个别字迹，其中印记底部的字是 ma。N.ii.2（图 35）上印记的平坦处也显出字的痕迹，其他显示有方形底座的印记，只有 N.i.9、iv.80、xv.137 这 3 件，而且其相应位置的封泥表面保存不佳，不能表明那里是否有铭文。因此可以推断，方形印座可能是专门用来雕刻拥有者的名字的，它的印记足以指明文书中没有署名的寄件人。

关于这一点，奇怪的是带有印座的印记毫无例外地只出现在楔形牍上（图 35），即出现在正文中不论及寄件人名字的那一类文书上。另一方面，保存有印记的 9 件矩形文书中，没有一件显示有任何印座。是否可以这样假定，带有印座和铭文的印章是一种公章，是为在其他地方不出现发件官员名字的文书上使用而专门设计的？有了这样一种解释，印章上同时出现古典图案和佉卢文铭文就容易理解了。如果前者是从西方传过来的，刻有后者的印座就是当地为显示其使用者名字而准备的。可以断定，所有带有印座的印章的使用者都是官员，因为出现其印记的楔形牍只用来记录简单的官方命令。

在楔形牍 N.xv.137（图35）的印记中，见到与上述类型相同，但是用制作不够精细的不同阳刻印章印出的帕拉斯·雅典娜像。N.ii.2（图35）显示有一个造型优美、向正右方站立的男子像。从其发达的肌肉判断，似乎是赫拉克勒斯，也可能是爱神厄洛斯。如果向正右方站立的男子像被认为是带有翅膀，N.i.9印记中的神像可能也是厄洛斯。不过这个印记保存不佳，不可能作出肯定的判断。同样，N.xv.80（图35）上的印记被捺在非常粗糙的封泥中，最多只能说明它显示出的是一个古典式的男子像。

现在轮到介绍矩形牍上保存的一系列印记了，我们发现其中两件清楚显示出罗马的工艺。N.xv.166（图35）显示的是一面向正左方站立的帕拉斯像，但人像塑造和雕刻得远不如 N.xv.24、307 等上面发现的那样精细。更奇怪、保存也好得多的，是小封牍 N.xv.330 的印记，图35中的照片是按原大复制的，同时还复制了印记部分的放大照片。印记中的人像位于一个棱纹的椭圆形塑边里面，显然是一个裸体青年，面向正左侧坐在一张凳子上。人像的背后好像有叠着的翅膀，表明这是一个厄洛斯像。人像前面膝部以上有一把强烈弯曲的弓，表明上述推测是正确的。这个印记之所以保存得较好，是因为使用了优质的封泥。我们在木牍N.155、163（见图36顶部）上发现，有3个印记与其说是罗马的，不如说是东方的，不过显示有浓厚的古典影响，可以认为是和田艺术家的作品。N.xv.163上的两个印记都显示有男子头像。N.xv.155（另见图37）上压印出的两个印记中，只有一个保存下来，显示一个转向正左方的女性的头部和胸部，上举的右手中拿着的可能是一朵花或一面椭圆形镜子，还有一面带飘带的精美头巾。半身雕塑像被置于一个底座上，底座与由锯齿形构成的椭圆形边的最下部相接。

　　至于图36中其余的封泥印记，我不能断定就是当地的，但其图样明显是东方式的。我们在木牍N.xv.38上看到一个塑造粗糙的男性头像，长着小胡子、像鬃毛一样的头发和突出的颧骨。至于N.xxiii.1上的两个印记，右边的那个高约0.75英寸，是一个右侧向的男性头像，有点类似于塞克王玛吾斯（Mause，音译——译者）的头像，如他的印币上的那种。另一个是一只展翅的飞鸟。木牍N.xv.167上有两个并排的方形印记，保存完好，左边的一个有4个汉字，汉字之间用十字线分开。我还没能获得有关它们的解读。另一个印记中，我们看到一个女性头像，面向左，手持一朵花。加长的耳朵和整体的处理效果表明它是和田的作品。N.xv.71垂挂着的封泥上有一个塑造粗糙的男性头像，与上文曾提到过的

N. xv. 155 (enlarged).

N. xv. 163.

N. xv. 38.

N. xv. 133. a.

N. xv. 71.

N. xv. 196.

N. xv. 334.

N. xv. 133. b

N. xxiii. 1.

N. xv. 167 (enlarged).

图 36　带黏土封印的佉卢文木牍文书

N.xv.38的类似。未启封的矩形小木牍N.xv.196显示有它的整个正面，它的印记为几何形图案，与和田不同遗址出土的某些金属印章图案相似。木牍N.xv.334（图38中照片为原大）的方形小印记中，明显有一圈佉卢文字母，不过字迹不够清楚，不能轻易地读出来。

图36中的N.xv.133.a、b是两个散落的封泥，除它们的图案外，技术上也很有趣。N.xv.133.a的印记中，显示有一只翅、爪张开的鹰，印记印于包含在木盒中的红色封泥中。线槽和尚存的部分扎线表明，木盒用来系到文书或某种物品上。印盒N.xv.74与它完全相同，内空，底部线孔中尚穿有线绳。另一件是八棱柱形空印盒N.xv.002。马继业先生驻喀什噶尔办事处过去常常用来为我寄送邮件的袋子，总是将扎绳封缄到一个与这些古代标本完全相似的木盒中。[1]这一事实为我提供了一个有关这种印盒具体使用的实例。第二件单独的封泥N.xv.133.b的圆圈中有一个设计得比较好的浅浮雕翼狮像。这个封泥没有保护木盒，却被完好地保存下来，可能是封泥非常细密的缘故，这种封泥也许混合有蜡或黏胶。封泥里面还残存有毛线，表明其用法多少与粗糙得多的封泥N.xv.003有点相似。N.xv.003上没有印记，只有一个圆形凹坑，但保存了一部分原来的扎线。封泥中混合有纤维或绒毛以增加强度，就像

1　就我所知，喀什噶尔的这种办法是马继业先生自己发明的，目的是为印泥提供一个完全的印座，否则，在长途托运过程中印泥就会被毁掉。我后来在印度的译道上偶尔碰到过多少有点类似的印盒。

图 37　带两个封印的佉卢文木牍

图 38　带方形封印的佉卢文木牍

在 N.xv.166 中注意到的那样。关于这一点，也可以提一下矩形薄木片 N.xv.60，木片的锯齿形边表明是用来固定线绳的，一面削出的圆形凹坑表明是用作印封。

　　印记的考古学和历史学意义在此无须赘述。在那些纯古典图案的印记中，我们找到了明确的证据，它们至今仍然证明西方艺术品的使用在公元初期已经渗透到中国这么远。然而，就从约特干的堆积层中，以及从和田其他遗址中发现的类似石印而言，它们的使用年代和环境必定尚有疑问，这里我们能够依靠盖有其印记的文书，确定它们的使用范围很有限。文书的译解还未取得足够的进展，还不能告诉我们文书盖印人的职务或职业、住址等情况。但文书的日期能够非常精确地确定，它们的源地就在发现它们的古遗址附近，或者至少是在古代和田境内。

文书的年代、语言和内容如此接近，而且大部分都保存在同一个垃圾堆中，这个事实使我们对印记起源和类型上的明显差异鉴别得更加清楚。同一公务房的文书上出现古典印和中国印并存的情况，是古代和田文化同时受到远西和远东交互影响的最好例证。古典印都是罗马的作品，年代可以追溯到公元3世纪，最早可追溯到公元2世纪。保存有印记的文书，属于公元3世纪中期，因此可以推断，带来西方影响的与远西的贸易，在尼雅遗址被废弃以前仍很繁荣。

现在来说说其他类型的佉卢文木文书。前文在描述 N.iv 的发现物时，我将它们通称为"椭圆形牍"。N.xv 出土的这一类木牍数量比较少，而且没有一块外形具有新的特征。总之，我可以指出，像 N.iv 和 N.v 出土的大量那种大型木牍，这里完全没有。但另一方面，细长的、板条形或类似标签的木牍则很常见。N.xv 垃圾堆特殊的堆积方式，或许可以说明形成这种差异的原因，除非我们决意要从中寻找某种表明这里的文书工作在性质上与 N.iv、

N.v 的不同的迹象。至于出土的几块带耳柄的塔赫提形木牍，最大的是 N.xv.185（图 27）。N.xv.76+181 很奇特，看样子好像是用一根粗糙的红柳枝随便加工一下，就成了记录简短琐事或账目的材料。许多椭圆形牍记录的就是这样的事情，不管其形状有什么变化。它们的正文经常分成小栏或以数字结尾的单项就足以证明这一点。这类木牍本身就已表明，它们在写过后通常还被重新用来记录新的内容或草稿。N.xv.199 就是这一过程刚刚开始的实例，因为这块木牍背面的正文被刮掉了。

第五节　古代垃圾堆 N.xv 出土的汉文文书和木简

N.xv 首批发现物中的汉文木简，是该遗址出土的唯一尚待叙述的文字类遗物。其数量、大小和外形的变化，都无法与同一古垃圾堆出土的丰富的佉卢文文书相比。不过，通过沙畹先生的阐释，甚至非汉学家都很容易认识到其特殊的古文物意义和历史价值。

这些汉文木简的用料和形状都明显相同。只有一个例外，那就是下面提到的矩形封牍 N.xv.345。汉字都写在又窄又薄的木片上，与其说是牍，不如说是简更合适。这些木简全都只在一面写一行字。所用木头似乎是白杨木，与大多数佉卢文木牍用料相同。五枚完整的木简发现时有的完好无损（如 N.xv.314、353、362），有的虽然断成两截，但可完全黏合（如 N.xv.75+328，93.a、b）。检查完 42 枚残简，以及两枚未写字的残片 N.xv.59、111 后，发现 N.xv 出土的汉文木简没有一枚达到这个长度。前文我已提到造成汉文木简残简比完整简多那么多的可能的原因。由于木片细长而薄，因此比结实的佉卢文木牍更容易被意外破坏或被故意折断。

我在和田时就已弄清楚，这些木文书的形状和纸发明以前中国用作书写材料的竹简极其相似。我博学的朋友按办潘大人在看到佉卢文木牍时，曾根据中国以竹简作为书写材料的情况，推断出它们的年代大致追溯到汉代。由于新疆没有竹子，所以这位学者气的清朝官员认为木头自然就成了代用品。关于这一点，马继业先生和办事处的中国门士孙师爷，在喀什噶尔就我发现的汉文木简向我地作了解释，之后我就再无疑问了。但只有在沙畹先生的论著《纸张发明以前的中国文书》出版之后，我才认识到 N.xv 出土木简的所有外部特征，与汉文献记载的早期书写材料竹简是多么一致。沙畹先生在书中证明的事实，就足以表明这里主要引起我们注意的，就是我们发现的汉文木简其外形上的一切特征都源于中国在纸张发明以前所用的竹简，这是与之相当的一类文书。

这些木简最引人注目的特征是细长，正因如此，一枚木简上面只能写一行字。沙畹先生用大量证据证明，简或竹简，任何时候宽度都非常小，从未超过 2 厘米，一般比这还要细很多，除极个别情况下并列书两行字外，木简上的字迹都限为一行，且仅一面书写。由于竹简是从圆竹竿上削出来的，竹竿直径一般很小，内侧凹陷，所以自然不可避免地出现这种形状。木头则不一样，它完全可以削制成更加便于书写的形状，因此没理由做得那么细小。木简的这种形制，只能解释成是模仿竹简的结果，表明是在力图保持已然确定的传统样式。将上述木简9~9.25英寸的长度与汉代流行的竹简的标准尺寸进行对比之后，我得到了相同的结论。沙畹先生已经论证，除某些定义明确的文种如典籍、规章等有固定不变的特殊尺寸外，普通人书写的简总是1尺（10寸）长。而皇帝为了表示其权威，则将其诏书书写在1尺1寸长的简上，或交替使用2尺和1尺的简。我不知道是否能够弄清楚汉代尺的准确的长度，但很明显，N.xv出土完整汉文木简的实际长度与1尺的标准极为接近。这些木简绝大多数是官方文书，而不是诏书。

沙畹先生强调，这些汉文木简非常重要，据他对文献史料的考证，这些汉文木简是公元105年纸张发明以前中国古代书写材料及其用法提供了明确的考古学资料。同时，他认为，古代木笔N.xv.21也是一个重要的证据。它是在同一个垃圾堆中发现的，用一根小红柳枝做成，长约4.75英寸，尖头劈开，另一头装有起研磨器作用的骨捏手。N.x.04、05是用同一种木料制作的较粗糙的尖笔，也是一种书工具，是我以前在古住宅N.IV的公务房中发现的，尖头没有劈开。

这些木笔是用来书写汉文文书还是用来书写佉卢文文书我不能确定。但据沙畹先生的观察，这些木简上的汉字字形表明，它们是用这种木尖笔书写的。因此毫无疑问，木尖笔的形状和质料与"笔"极其相近，据沙畹先生证明，在普遍采用大约于公元3世纪发明的毛笔以前，中国的书写工具是用小木干制成的，但更常见的是用竹子来制作，所以才用"笔"这个字来表示后来的毛笔这种书写工具。据中国正史记载，晚到梁、唐时期，和田还是用木笔而不是用毛笔作为书写工具。这里出土这种半过时的遗物具有特别的意义，因为同一地区同时还长期以木板作为书写材料。我们即将看到，当尼雅遗址还在将文书记录在木板上时，中国内地在一个半世纪以前就已经知道了用纸。丹丹乌里克和热瓦克出土的木文书证明，甚至晚到公元8世纪，木简的使用仍然没有完全终止。

鉴于尼雅河遗址出土的汉文文书的外形和质料，与我们从文献中得知的中国古代文书的书写样式非常接近，因此有必要弄清楚那里出土的木简是否可能并不说明其他方面与早期中国书写格式有关。沙畹先生认为一枚竹简只够写二三十个字，所以需要许多这种竹简才能将具有一定长度的文书全部写下。如果是书，竹简的数量必然非常庞大。所以它们常常分成"篇"，即捆，也就是相当于现在的章。为了将大量竹简汇集起来形成这样的"捆"，显然需要用某种方法把它们扎起来。沙畹先生引用的几篇原文提到，古代曾用丝绳和薄皮条来捆扎竹书。但他没有说明使竹简保持正确顺序的具体扎法。不过很明显，如果没有某些特别的扎法，那么宽度细小、表面可能弯曲的竹简，就不可能像一捆散纸那样，平稳地一张叠在另一张的上面并保持顺序不变。

印度的棕榈叶手稿也有类似的需要，用一根线绳穿过每一页中的一或两个线孔，以保持正确的顺序。N.IV 公务房中发现的一枚空木简上有两个明显的线孔，因此我猜测，不管它是不是用于记录汉文的那种木简，按固定次序捆扎是早就计划好的。这枚木简只有 0.5 英寸宽，这表明，它曾经被准备用来书写汉字。两线孔靠近两头，相距 $9\frac{1}{8}$ 英寸，这与 N.xv 出土汉文木简的平均尺寸完全相同。每一孔到木简端头的距离约为 $7\frac{1}{16}$ 英寸，其中一头做成小圆柄形，也许是用来标示木简的顶端。由于木简是空白的，且显然未曾用过，因而这个观点当然只能是一种推测。

还有一个问题与早期汉文文书有关，对我发现的古代木文书的详尽研究也许对这一问题的说明有所帮助。除竹简外，中国古代还有一种用于书写的小木板，称为"方"。不过，这种小木板只用来记录不超过100字的短文书，且主要为官方使用。它们的形状总是长方形，但据说它们是方形或大致呈方形，而且没有盖板。这个事实排除了任何认为它们与我们发现的矩形佉卢文木牍的形状存在特殊联系的想法。我们从尼雅遗址熟悉的矩形牍或任何其他类型的木牍，其形状是否可能与叫作牍的木写字板有关，我还没有到达确定的地步。但值得注意的是，叫作牍的木写字板最初是用来写信的（不管是皇帝的还是私人的）。而据记载，它比"方"小，比"简"大，这一形状很可能与用于书信的无论哪一类泥封佉卢文木牍相似。

无论如何，我们至少有一件写有汉文题字的木文书，除略有

一点差异外，其形状与佉卢文文书的矩形封牍完全相同，这就是
N.xv.345号牍。它的正面有常见的封泥座，现在是空的，每一边
有三条线槽。封泥座上方有一行已褪色的汉字，沙畹先生读作"鄯
善王"，右边的第四个字可能是"诏"字。背面无字，但奇怪的是，
它的中部略突，四周环绕以较低的窄边。突起部是修出来以便安
放到底牍的口子中的。但没有发现底牍，所以这块重要的木牍有
可能是一个小盒的盖子。无论如何，其封扎的布局无疑与所有矩
形佉卢文文书相同。

由于缺乏其他证据，这种相同捆扎方法的使用就具有了相当
重要的意义。位于罗布以南的鄯善国，其长官有可能采用源自和
田的官方书信式样。但鉴于中国内地在文书形式上的风尚是多么
保守，这么多楔形和矩形佉卢文木文书充分表明这种具有独创
性的捆扎和鉴别方法，更可能最初源于中国内地。这个结论是基
于N.xv.345号木牍而得出的。它是目前唯一有利于如下假设的直
接论据：佉卢文文书所用"木纸"中流行的形制和式样，是在中
国内地影响之下逐渐形成的。不过还有间接和半否定的证据支持
这一观点。

到目前为止，和田地区发现的一切古遗物均属于尼雅遗址时
期，或事实上的整个佛教时期，这些都表明那时繁荣的文明主要
受惠于印度和中国。我们已经充分证明，中国古代曾广泛以木作
为书写材料，而且用法各式各样。但古代印度则截然不同，尤其
是在和田深受印度宗教、语言和艺术影响的时期。在印度的西北

部，总是用桦树皮作为书写材料，并且最广泛地用于各个方面。和田一切具有印度文化渊源的东西就是从那里直接传播过来的。此外，棕榈叶从很早时期起就已在印度用作书写材料，所以在和田地区也很普遍。

另一方面，我们有不多的资料提到早期印度以木作为书写材料，但似乎限于与我们发现的大量佉卢文文书有很大不同的特殊用途。学校里使用的书写板就是这种用途的最好证明。如前所述，这种木板一直存续至今，它取代了石板，现在印度北部都称之为塔赫提，其形状可以说是我们上述带耳柄的椭圆形佉卢文木牍的雏形。但如此简单的器具的复制，并不能证明任何有关我们佉卢文木文书更加精巧的形制的起源问题。另有少数资料也提到木板，但其用途与我们今天用来书写公告的黑板相似，与此也毫无关系。更加明确的是佛教典籍的个别段落中间接提到的木的使用，由此就可推断在佛教盛行的印度普遍以木作为记录和写信的材料，就像以印度北部至今仍流行的桦树皮护身符来证明印度19世纪仍普遍以桦树皮作为文书等的书写材料是一样的。

佉卢文木文书的形制有多少是借鉴于其他文化，又有多少是当地形成，只有留待将来的研究或将来的发现去确定。但有一点很清楚，和田地区的经济条件有利于在纸发明以前以木作为主要书写材料。桦树皮曾是印度北部一种便利的书写和包装材料。就我所知，这种树不见于喜玛拉雅山以北，当然也不见于荒凉贫瘠的昆仑山山坡。由于交通不便，即使是从能够提供这种材料的最近的克什米尔运过来，也是非常麻烦和昂贵的。尽管如此，但杜特瑞尔·莱茵手稿和我在安迪尔佛殿灰泥墙上发现的桦树皮小残片表明，和田对桦树还是有所了解的。在和田，棕榈叶肯定更难得到，尽管用这种材料书写的手稿可能有时偶尔会从印度输往佛教场所。我在 N.xv 的发现表明，皮革也被用作书写材料，但其加工的确比木头更麻烦，其成本很可能也更高。木料因此自然就成为和田地区，甚至可能是整个塔里木地区最普遍的书写材料。就像竹子是中国内地最普遍使用的书写材料一样，直到更加便利的纸传入以后，它的使用才告终止。

为什么甚至在中国发明纸一个半世纪以后，和田地区还没有使用纸？这个问题以目前可利用的材料而言，还不能作出肯定的回答。事实本身可以认为是肯定的，因为虽然我在尼雅河遗址考察了大量废墟，出土的各种遗物也非常丰富，却没有见到一片哪怕是最小的纸片。鉴于与中原王朝的历史联系，如汉文文献证明的，甚至到东汉末年以后都没有停止过，所以纸文书的完全缺乏就显得更加奇怪了。这也不能归结为当时和田地区可能没有桑树（其皮可造桑皮纸——译者），因为从最初发明纸的那个时候（公元105 年）起，古人就已经知道用破布、麻和其他代用品来造纸。现在和田纸完全是用桑树皮制造的。无论原因是什么，只要我们认识到，中原地区大约在公元200 年时也还在普遍使用竹简，就不会对公元3 世纪后半叶和田这个遥远的居民点一直以木作为书写材料感到奇怪。

第六节　解读佉卢文和汉文古文书

前面我已尽力准确地记述了该遗址发现的古文书出土地点和环境，并阐述论证了随后所作观察得出的，以及后来通过对文书外形方面的详细检查而得出的，有关其形状、布局和可能的用途等方面的考古学结论。在发掘过程中，我就已经看到了文书的历史价值。就佉卢文文书而言，我有理由欢迎每一次新的发现都是对其文字和语言的阐释的补证。但是从一开始我就认识到，这么多材料的阐释和译解将需要大量的时间和艰辛的劳动。我在文献学方面所知有限，这迫使我在发现它们时，以及在后来短暂的旅行间歇中，只能将注意力局限在佉卢文文书上。当后来它们被安全运抵大英博物馆，拉普森教授在塞纳特和波耶尔的帮助下，爽快地承担起编辑它们并为阐释它们铺路这项艰难的任务时，我又迫于要事和不得不处理的各种杂务，只好极不情愿地放弃一切与那些博学的朋友一起共同从事这艰苦而迷人的系统研究工作的打算。

他们的辛勤研究需要很长时间才能结束，原文和译解成果的出版至今遥遥无期。但最近拉普森教授出版了7件文书的抄本和译文初稿，波耶尔也出版了第8件文书的抄本和译文初稿。它们提供的有趣资料，连同拉普森教授1903年初爽快交给我支配的在我的"个人报告"中使用的注解，证明在这里简要说明某些具有古物研究和历史学意义的主要成果及一些更罕见的细节这个想法是正当的。因为佉卢文字迹非常潦草，而且古印度方言中令人头痛的发音也不确定，我深知解读和翻译工作的困难，也认识到上述许多材料目前必定还只是一种临时的结果。同时，拉普森教授和他的助手们具有的敏锐和严谨，使我确信下面叙述的要点将不会因进一步的研究而需要加以修正。

考虑到这些主要事实，我对最初得出的关于佉卢文文书的语言和总特征的结论被拉普森教授的劳动完全证实而感到很高兴。他对大部分收集品的精确分析表明，全部语言是一种早期印度俗语，与杜特瑞尔·莱茵手稿中包含的《法句经》译本中的语言很接近，而且常常掺杂有大量梵语词汇。梵语词汇尤其常见于信件或记录的导言或其他正文部分，即就在现代印度本地书信中习惯上大量使用雅语词汇的地方。至于大部分文书，毫无疑问，像我最初猜测的那样，它们包含各种官方通信和案卷，例如给地方官的报告和命令，诸如管理与治安事务、诉讼、传讯、对公务人员出行的运输供应的指示等。

在文书中占有很大比例的楔形双牍上，很可能一般写着与文书持有者有关的简短命令，或者是要求持有者配合执行的命令。至于在 N.I 发现的三件这类文书，从译文看，是要求为持有文书的官方使者提供护送者和运输工具，并且第三件文书涉及的是要持有者对提出的一宗诉讼到当地进行调查。[1]拉普森教授和波耶尔先生翻译的另三件楔形文书中，一件（N.xv.318）是指示给一个"办理皇家事务的人"供应骆驼和护卫，一件（N.xv.12）内容涉及一位使者的差旅补贴要求，而 N.xv.137 的内容是督促立即将在逃官吏逮捕归案受审。N.xv.137 这件文书特别重要，因为它提到两条"详细令函"，是以前为同一目的而发出的，却未得到执行。文书本身称为"kilamudra"。关于这个词，这一类文书中还有几件中也使用过。"详细令函"可能是指完整的令函，就像我们发现的佉卢文皮文书上的一样，那里一再出现这个词。

文书中也有私人通信和记录，有些矩形双牍无疑具有这种性质。前文我已经指出，有些矩形牍可能是契约、债券或类似的正式档案。前文通称为"椭圆形"的那一类中的各式大型单牍，内容中常见有信件的草稿。已翻译的这类文书，除以前提到的 N.iv.136 外，还有一件非常重要的标本，即保存完好的塔赫提形牍 N.xvi.2（图 39）。拉普森教授的分析证明，其正文由完全不同的三部分组成，书写方向不一，但出于同一手笔。由于每一部分都包含一封不同人写往不同地方的私信，所以很明显，这块木牍不可能是用来邮寄的。由于信的主题之间相互毫不相关，而开头的惯

1　N.iv.104+16 涉及为从且末前往于阗的使者沙弥伽提供护送者；iv.108 是为前往于阗的使者即监察善亲供应两只骆驼，为他的同伴提供一只骆驼；i.105 的内容是调查乌波格耶的某种财产所有权案。

图 39　塔赫提形牍

用词、问候等客套语却明显相似，所以这表明，这些书信草稿是由同一人所写，并由同一抄写员抄给不同的人。信上的墨色不相同，说明它们的书写时间不同。木牍上还有大量刮痕和擦去的字迹，说明这块写字板以前可能也是用于类似的目的。

长楔形和标签形等不规则单片木牍上通常分栏书写并以数字结尾的各式文件，目前还没有可以利用的详细分析。但有迹象表明，它们的内容中常包含有账目、人员和材料的清单等。考虑到住宅就在文书主要发现地的官吏的管理职责，这些账目和清单至少有一些很可能与税务有关。

以其名义签发官方谕令等的统治者，在楔形牍的首格中只带有简单的头衔: mahanuava maharaya，相当于梵语 "mahānubhāva mahārāja"，意即 "伟大的国王陛下"。但在许多长方形木牍的日期中，年份以在位统治者来表示，我们发现他的名字除上述头衔外，还连着一个称呼: devaputra（国王带属格的头衔——译者），它让我想起在印度边境碑铭中观察到的贵霜或大月氏国王的头衔。

文书中至少辨识出有两个国王的名字，既不曾在和田汉佉二体钱上出现过，也没有在吐蕃文书的王统表上看到过。不过木牍中接连提到于阗，这表明包括该古代居址在内的地区，肯定是于阗国的一部分，所以似乎难以相信，上述头衔指的会不是古代和田的统治者。

许多寄件人和收件人的名字不是纯印度名，如毗摩、财军、喜军、勤军、夷陀伽、乌帕吉婆等，就是印度名的变体，如安迦左、监察善亲、皮特耶、夷利、沙姆格拉、沙姆伽、索阇伽、苏左摩、苏格耶等。但其他的则明显是非印度名，如黎贝耶、乌波格耶、黎弥罗、马格耶、车摩耶等。少数像帕萨斯帕和支那伐罗这样的名字，其起源与形成可能受到伊朗语的影响。有趣的是，N.xvi.2中的通信者中，似乎有个叫贵霜军的名字，这就像是在强调与西南遥远的印度—斯基泰（即大月氏——译者）政权存在某种联系。

与名字形成鲜明的对照，某些最常见的官衔全都是非印度式的，如州长、税监、太侯等。但也碰到与古印度用法相似的官名，如书吏、探长、宫廷总管等。提到的送信人的名字通常是梵语名，而许多楔形牍上写着要求沿途为其提供必要条件的官方使者，其职务总是称为"dutiya"，这个词源于印度语称呼"duta"。起首格式中经常出现带固定赞颂、尊称和礼仪性祝福收信人健康长寿的祝词，明显具有梵语书信风格中那种古怪的措词味道。我在克什米尔的梵学家朋友给我写的信，就带有这种味道。[1]官方文书无论如何还有一种远非华丽的风格，有些楔形牍中采用的事务式的专横语调充分表明了这一点。如命令按照指定的序例呈递书面陈述、确定证词的提供、人员的逮捕等。

一件署夷都伽伐色摩那王在位九年的矩形木牍表明，一些不重要的记录，其许多细节可能具有古物学意义。这件文书涉及僧人阿难陀犀那的奴隶菩达瞿沙处理某些家产的典当或抵押事宜。物品列举得很详细，其价值按其他某种方式来确定。重要的是，这份清单上除羊、容器、毛织物器具和一些其他工具外，还列举有"namadis"。我们可以认为它就是早期提到的毡毯，又称为"Numdahs"（波斯—突厥语为namad）。今天，它已成为和田家庭手工业的一种特产，每年都有大批货物销售到拉达克和克什米尔。小块制作精良的毡制品与N.xv大量其他垃圾混杂在一起。许多木牍似乎有关水的争议。虽然这里对细节进行阐述必然会遇到

1　以前讨论过的木牍N.xvi.2中，信件的抬头行就是写的这种赞词，为这种措词提供了典型的例证。Priyadarśana（即人皆爱见的）、priyadevamanuṣya（即人神爱慕的）、devamanuṣyasaṃpūjita（即人神尊敬的）、sunāmaparikīrtita（即美名远扬的），属于常规敬词类。像pracachdevata（相当于梵文pratyakṣadevatā，即神的化身）、atṛptapriyadarśana（即最爱慕的）等这一类词，是特别客气的书信敬词。关于询问或祝愿收信人健康的颂词，比较N.iv.136（divyaśariraarogi saṃpreṣeti bahu aneka）、N.xvi.2，B（arogya preṣeli bahu aprameyaṃ），同上，C（divyaśariraarogi puripruchaṃti）。这些书信的开头部分尽量使用梵语，并且完全不理会其语法和拼写，这些特征是任何一个受过传统教育、熟悉印度人的书信但只有通过其母语媒介才能表达意思的人所熟悉的。

许多困难，但我们可以有理由希望通过它们来间接说明古代的灌溉体系。

佉卢文文书也能为这个地方和毗邻地区的古地理提供宝贵的材料。我曾指出过，Khotan（和田，实际上就是其现在的名字）一名的古代形式，证明就是这些文书中的 Khotamna（可能发音为 Khotana）和 Khodana，这一点很重要。我们发现，它们梵语化的形式是瞿萨旦那或瞿沙旦那（kustanaka），这是古地名被学术性改写和玄奘、吐蕃史料提及的有关"地乳"传说的明确证据。上文关于 Nina（尼那）和 Calmdana（且末）的解释，表明稍后我们也能对文书中提到的其他古地点加以正确确认。遗憾的是，古遗址本身的名称目前还没有找到。我们经常碰到用梵语词 dranga 命名的"边防哨所"这个词，其真正意义我最先是在克什米尔弄清的。[1]它好像是在提醒我们，废址位于于阗国的边境上。文书中经常提到沙门，前文引用的木牍 N.xvi.2 中，也列举了佛教天国的种种范畴。这些都充分表明，当时佛教广为流传，即使现在它不是此地区实际流行的宗教。

迄今为止，解读工作获得的最奇怪的证据是，各种类型古"信纸"的使用，它仅限于我们还能确定其正式术语的特种文书。文书中一律将楔形双牍称为"kilamudra"。我以前认为这个术语是

---

1 我后来发现，这个词在克什米尔以外的不同地方仍在使用，那些地方曾驻有海关或边防站，例如在西北边境科哈特地区著名的德朗盐场。

由 kila 和 mudra 组成的复合词，kila 相当于梵语的 kīlaka，即楔子，而 mudrā 的意思是"印"。这样，用一个词来表示"楔（牍）和印"两个意思就比较合适，这是清楚的。但我承认，关于这个词第二部分的解释，拉普森教授认为它是 muṃtra 的变体，值得特别注意。[1] 我们已经知道，anadilekha（梵语为 ajñaptilekha）这个词即"令函"或"官方命令"，是专用于皮文书的官方命令。矩形双牍总是提到 lihitaka，即"信"。这种牍的另一个术语是 stovana，但它是不是应用于某种或其他类型的椭圆形牍上写的公开信，目前尚有疑问。很明显，这些古代公务房中的书吏与今天印度的"巴布"一样，十分讲究官级。他们从不会错用"八开短笺"来记录官方命令，用"大页纸"来书写"摘要"，或用小纸条来写"公务备忘录"。

　　文书内容的性质和印度古代类似文书的缺乏，使佉卢文文书的详尽说明变得异常困难，进展缓慢。拉普森教授在塞纳特和波耶尔的协助下，现正对原文进行最后审定和出版，印度学者届时将可籍此理解所有这些材料的内容。只有到那时，才能对它们所反映的古代生活和文化的各个方面，形成一个接近正确的判断。但无论会有什么更新的发现，都不大可能比现已弄清楚的事实具有更重要的历史意义。我的意思是，在无论是官方还是私人的大

　　1　这个词若按我提出的那样解释，构词上有点不规范。但这位和田书吏很可能在某些语法上有些随意，他也许借用了某个外语（汉语？）词造了这个新词。

量非汉语文书中，都贯穿着一种印度语言成分。当我们考虑到大多数文书中明显的世俗特征时，这种语言证据可以认为是对玄奘和吐蕃语《李域史》中记载的当地传说的明证。根据该传说，和田地区早期的大部分人口是从呾叉始罗或塔克西拉地区迁来的移民。基于该传说的某些史实，我们可以相信，在古代和田的一个偏僻居民点，我们发现偶尔堆积的大量各式文书，它们全都与本地的行政管理和日常生活密切相关，用类似公元前后印度最西北部发现的碑铭和钱币上的语言书写。

一个同样重要的事实是，我们文书中的佉卢文字母与贵霜时期的碑铭中发现的字母形状极其相似，这种字母是印度以塔克西拉为最古老历史中心的地区所特有的。鉴于我们有效的证据表明，佛教传到中亚的只是作为僧侣们所用的梵语，而且以婆罗米字母书写，所以无论是从我们文书的语言还是字母上讲，仅以佛教的传播来说明是不能令人满意的。同样，以塞克或贵霜势力从印度西北边境向塔里木地区的一次短暂扩张这种假设，来解释印度语言的移植以及被当地人所普遍使用，这也是不够的。因为一方面，汉文史籍表明，如果存在过这样一种历史联系，肯定也非常短暂；另一方面，可能影响它的势力本身，与其说是印度，不如说是中亚。

很奇怪，位于被印度传说含糊地称为神秘"沙海"的遥远蛮荒北方的废墟，竟为我们保存了比到目前为止在印度本土发现的任何写本（以有别于碑铭）还要古老的日常生活记录。从一开始就有充分的证据表明这一年代学结论。发现的文书与贵霜国王的佉卢文碑铭之间完全相同的古文书学特征，使我立即得出这样的结论：木和皮革上书写的那些记录，可能大致属于贵霜统治印度西北部的时期。我们知道，尽管碑铭的年代均未确定，但贵霜王朝对印度河流域和旁遮普的统治，主要结束于公元初的3个世纪。此后不久，佉卢文就在其印度的发源地终止使用了，这一点是肯定的。所以它不大可能在和田流行很长时间而不发生可察觉的变化。废弃建筑物 N.VIII 中发现的一块重要木牍为此提供了宝贵的间接证据。这是一块窄长的塔赫提形木牍，一面写有单行佉卢文，而另一面我惊奇地发现写有3行婆罗米字，这是从此遗址发现的唯一这种文字的标本。遗憾的是两面的字迹都非常模糊，尤其是婆罗米文正文，仅能辨认出零零落落几个单独的字母。不过，我想我还是从中辨认出它们明显具有贵霜时期婆罗米字迹的特征。木牍的外形没有任何迹象表明两种正文写于不同时代。这样，婆罗米文和佉卢文字迹完全相同的古文书学特征，提供了更进一步有利于上述结论的证据。

　　我不能不认识到另一种证明时代相当古老的证据，那就是除皮外只以木作为书写材料，因为遗址中纸的完全缺乏标志着其时代早于公元4世纪。这是因为公元4世纪以后，据库车发现的手稿残卷证明，新疆地区已经用纸来作书写材料。最后，钱币证据有助于证实这一结论，因为考察期间在遗址不同地点捡到的总共17枚钱币中，除一枚起源可疑外，都是东汉时期流通的中国钱币。

　　尽管所有这些迹象都向我表明了遗址的大致年代，但当由此推测出的大致年代得到的年代证据得到准确证实时，我还是感到无比的欣慰。如我所希望的一样，这个证据来自从古垃圾堆发现的木简上的汉文记录。在喀什噶尔的时候，通过马继业先生的帮助，我请孙师爷对它们进行了粗略考证。结果表明，文书的内容主要是官方性质的，其字体与汉代的汉字类型相似。后来请道格拉斯爵士在大英博物馆对它们进行了仔细考证，使我得以对一些木简上记录的简单缉捕令、请求等的性质，形成一个比较准确的概念。但只有当1902年12月布舍尔博士有机会考证文书时，才发现其中一块，即N.xv.326，写着完整而明确的日期。开头几个字，按后来沙畹先生的验证，是西晋开国皇帝武帝时期的泰始五年（公元269年），因为纪年其余部分的详细日期是"十月戊午朔二十日丁丑"。因此这些值得注意的文书的确切形成日期就解决了。N.xv.326文书本身发现于离原地面约1英尺高的垃圾层中。

沙畹先生对汉文文书的完整抄本、翻译和注释，使我能够在此对这些文书以及它们提供的主要史料的总特征作一简要描述。我们先谈后者，N.xv.326上的确切时间无疑对许多古物学问题具有重大价值。但更广泛的历史意义，可能还在于整个文书证明了晋武帝时期（公元265—289年）西晋王朝重新恢复了对塔里木地区的有效治理。与沙畹先生在他对文书N.xv.93号所作的注释中指出的一样，《晋书》的记载表明，晋武帝确立了对"西域诸国"的统治。书中还记载说，公元270年大宛和焉耆遣使来朝纳贡，公元287年粟特遣使进贡。但与这些以及书中提到的鄯善、龟兹和焉耆于公元283年和285年遣子入侍这类史料相比，我们的文书资料现在提供的证据对于说明中原王朝在这一地区的实际运作，则具有更为特殊的实证意义。

这些资料表明，西晋王朝在和田地区，同时可能也在其他地方驻扎有军队，并授予其军事长官以行政权力。N.xv.93提到的"晋守侍中大都尉奉晋大侯亲晋鄯善焉耆（喀拉协海尔）龟兹（库车）疏勒（喀什噶尔）"表明存在一个统管塔里木盆地的古代中国行政机构。但是，沙畹先生特别提到，后一头衔与公元229年授予波调以"亲魏大月氏王"的格式相似，这令人怀疑那些要职是否并非为处于中原王朝治理下的某些本地统治者所拥有。N.xv.328+75上写有"西域长史"及其发布的律令，这个官衔也在《晋书》中出现，大约是在公元324年。N.xv85中提到他的一道命令也表明，在文书所属时期，担任此衔的军官可以直接对设置在和田地区的中央帝国驻军行使权力。我们发现，N.xv.328+75和N.xv.348这两件文书都提到罗捕言，他是执行诏书的官吏。但后一枚木简不完整，文书中没有具名诏书发布人。

晋武帝在西域重建的霸权，是在政治上对当地王国加以控制，而不是消灭他们，这可以从汉代到唐代一直延续下来的体制推断出来。不过，我们文书中明确提到了于阗和鄯善（罗布泊南）王发布的诏书，这一发现还是具有历史意义的。封牍N.xv.345上提到了鄯善王，由于形状特别，前文已作过论述。N.xv.73不完整，只是一份表明已收到于阗王诏书的确认信。不管诏书的内容是什么，大概可以肯定它是用汉语写的。

我们有几件文书表明，与现在一样，那时和田与甘肃西部地区通过传统交通大道保持着密切的联系。被证明具有重要年代学意义的N.xv.326号木简提到敦煌太守。敦煌古称沙州，这枚木简只保存了此官衔的一部分。它表明太守也负责那个地区的军事管理。据《后汉书》记载，敦煌太守牵涉到了公元152年于阗的动乱，这表明他有时也直接对西域地区行使职权。N.xv.188号文书中也提到敦煌，该文书提到了《晋书》中记载的凉州八州中的6个州名。与沙畹先生的注释所表明的一样，木简上说出的6个州，相当于现在甘肃西北部的县，它们分布在长城以内自兰州到西宁和肃州一带，并包括肃州和沙州之间的敦煌县。N.xv.203也提到敦煌太守准备去取发送给他的物品，不过这件文书的原文也只是一残段。

从那些未提到其他已知地方、官吏等的汉文文书中也能搜集到有趣的资料，尽管绝大多数木简都是残片，而且即使其中有几枚还是完整的，它们也难以形成完整的正文。沙畹先生的译文表明，虽然详细情况都不明确，但我们可以认出大部分都是官方命令和报告。许多文书提及缉捕或指控某些人，表明发布这些各种各样的"文件"的官吏也行使司法和警察职能。N.xv.101.a上写着的命令"别下所在郡县牧送若辟"，涉及的内容是我们在楔形佉卢文文书中熟悉的日常行政事务。几枚短残简中，间接提到不同官吏（郡守、郡牧、县牧、从事）的律令，现存原文没有指明其主题是什么。

　　其他一些木简记载的是有关金钱债务等方面的事情，但更多的是描述特定人物的年龄、相貌、衣着等，是某种许可证或通行证。其中具有特殊意义的是 N.xv.53，上书"月支国胡支柱年四十九中人黑色"。他和 N.xv.191 提到的"月支国胡支"，可能是同一个人。"胡柱"来自印度—斯基泰广阔疆域的哪一部分无法推测出来。克什米尔是它的一部分，无疑离此最近。无论如何，我们从此找到了一条有关中国对外交往的线索，而和田地区长期以来则为这种交往提供了一条受欢迎的交通线。发给这些木简以证明其身份的一些人，曾不止一次地路过这个曾存在于该居民地的哨所。因为我们发现，在两枚不同的木简上，记录着几乎完全相同的词句："异年五十六一名奴中人发须苍白"。木简上一再描述穿亚麻布衣裤和大麻布鞋的人，我在丹丹乌里克一个废宅中发现有这样的麻布鞋，可作为一个实例。N.xv.61+62 上的内容是裁定某种财产，指定某人有两乘牛车和两头牛。N.xv.324 中提到"白驳马故素鞍勒"，可能是用作类似之目的。N.xv.78 中记载"姜南榔"是商品，可能与关税有关。

　　大多数汉文文书中记载的都是些琐碎小事，这表明，古代中国对该地区的治理不局限于驻军。像在尼雅遗址这样的地方，朝廷派驻的官员与当地政府间职能上有何区别，我们还未详细查明。但无论我们知道古代中国在西域采取了什么治理方法，都首先令我们推想到，当地统治者及其行政机构在与当地居民直接相关的管理事务中保留有比较重要的作用。古代垃圾堆中的东西也证明了这一点。因为垃圾层中都混杂有佉卢文和汉文文书，两套管理机构同时并行存在是毋庸置疑的。但同时，佉卢文文书在数量上占有绝对优势，证明留给当地管理的事务范围要宽得多。

垃圾堆的不同深度都出土有汉文简牍，这一点具有特殊的年代学意义。我们知道，晋武帝以后，中原王朝对西域的治理曾一度中止。考虑到准确注明日期为公元269年的N.xv.326号文书是在离地只有约1英尺的位置发现的，并且考虑到许多内容属于官方性质的汉文文书是在离地足有3~3.5英尺靠近垃圾堆的表面发现的，因此很明显，我们认为N.xv发现的整个文书等都堆积于晋武帝时期这个观点证明是正确的。这样确定的年代范围，使我们不至于在其他要么未注明时期，要么只标出月日的汉文文书，以及在完整注明日期的佉卢文木牍提到但现在不能确定在位王年表的这些事情上发生失误。

考虑到建筑物脆弱的结构，N.v不可能在晋武帝时代以后还能持续居住许多年。由于它的命运可以推测至少是遗址该处其他建筑遭遇的典型结局，因此我们可以推断，公元3世纪末该遗址已废弃于沙漠的流沙之中了。这种废弃是与随着中原王朝势力的退出而产生的历史变迁间接相关，还是纯粹归因于影响灌溉然后影响耕作的自然原因，这是一个以目前有效证据所不能明确解释的问题。

在古垃圾堆保存的非文书类遗物中，有的也与中国内地密切相关，现在简略地对它们作一综述。制作精致的圆形漆碗残片

N.xv.001，器表饰以黑红两色带，内壁红色，光亮，无疑是中国工艺。发现的藤材显然也来自中国内地。精细的平纹丝绸 N.xv.011，可能也来自中国东部地区。平玻璃和刻花玻璃残片大部分呈绿色，有很好的透明度，与其他遗址发现的粗质玻璃很不相同，可能是西方的舶来品。到公元5世纪中叶，中国还只知道玻璃是从大秦，即远西输入的。如果玻璃是公元初期中原王朝治理下的塔里木地区所制，那么玻璃制造到那么晚才传入中国内地是不可想象的。重要的是，据《北史》记载，中国的第一位玻璃制造者来自大月氏，即古印度—斯基泰地区的商人，他知道除海道外，还有另一条经和田的陆上交通线。

当然，大部分东西可以肯定是当地制造的。混杂有垃圾的碎布片是些棉、毛料织物片，组织和色彩也各不相同。N.xv.012是一块粗棉织物残片，呈暗黄色，带有蓝色条纹，与现在印度流行的雅兰斯相似。在毡片 N.xv.014、015中，一片质密结实，另一片松散但色彩丰富，表明这种至今仍很繁荣的和田纺织业已有了长足的发展。将所有这些织物与安迪尔寺庙发现的织物作一对比，由于两个遗址相差了四五个世纪，因此也许可以对古纺织专家有所帮助。N.xv.001.k 是一根搓制而成的绳子，按一定间隔打有坚硬的珠形结，形成一种念珠形。角匙 N.xv.001.i 是一件家用器具。有大量涂成粉红色的羊膝关节骨，如标本 N.xv.001.j，表明那时家庭里喜欢用这种简单的骰子形器赌博。除此之外，还发现一枚象牙骰子，有4个相等矩形面和2个方形端面。从形状和大小看，它与霍恩雷博士描述的新疆铜骰子相似，但由于它没有钻孔，因而不可能像霍恩雷博士评述中解释的那样用于占卜。应当指出，四个等面上的点的分布与安迪尔遗址发现的立方体象牙骰子不同。厚实而坚硬的椭圆形皮片 N.xv.005 是一件奇特的小文物，一头圆形，另一头方形，每一条长边都钻有 3 个孔，形状和缝纫布置表明可能是甲胄上的鳞片。皮甲片的缝制方式，与丹丹乌里克寺庙 D.II 中的库贝罗俱肥罗天雕塑上显示的一样。最后要提的是干枣椰 N.xv.001.1，它表明甚至是遥远南方的这种美味，那些曾居住于这个废弃住宅中的人都可以弄到。

第七节　踏察废墟 N.VI~N.VII 与遗址纵览

与前面所述丰富的发现物比起来，余下废墟出土的文书就微不足道了。但对它们的发掘却产生了一些有趣的结果。其中第一处废墟是一个单独的小建筑 N.xvi（图 11），位于 N.V 现存最近部分以南约 70 英尺、显然曾是附属于该住处的一座果园中。木骨泥墙构成 16 英尺见方的方形，由于积沙高仅约 4 英尺，不能提供足够的保护，墙壁受到了严重毁坏。房间的大小和孤立的位置立刻使我联想到丹丹乌里克的小寺庙。房间内部发现有一个夯土台，8 英尺见方，2 英尺 9 英寸高。土台的侧面由结实的木板饰面组成，分成两个梯级，适当的位置以大圆木柱支撑。土台东南面靠近中心部位，距土台约2英尺远处，是一个毁坏严重的半圆形小灰泥基座，高约6英寸，基座的中心插着一根木桩，看起来好像是用作像丹丹乌里克雕塑那样建造的灰泥雕像的支撑。

由于基座的顶部几乎暴露在表面，所以上面没有发现任何遗物。但就在它的前面，发现一件小木雕像，长6英寸，因暴露在外而完全腐朽，几乎不能辨认。我试图将它取下来，结果破碎了。在由土台的木护墙构成的西北面第一级台阶上，发现另一件木雕像 N.xvi.1，它保存得非常完好，连同突榫基座总高12英寸。它雕刻粗糙，为一个裸体立佛，头上有顶髻，双手迭于胸前，作礼拜状；面部以黑色描绘，现仅隐约可见；基座上有红色痕迹。沿土台同一边沿发现一块保存完好的塔赫提形木牍 N.xvi.2。另外还发现一块严重腐蚀的矩形封牍 N.xvi.3。发现的两个木雕人像显然与偶像崇拜有关。从这两个人像以及土台的布局判断，这个孤立的小建筑很可能是一座寺庙，性质与丹丹乌里克的小殿堂类似。N.xvi.2中的部分内容是两个沙弥写的信，可能是一份草稿。土台的布局及其木饰面与我在热瓦克发掘出的小佛塔基座完全相似。

N.V 以南约340码，有一个小住宅遗迹 N.VI（图12），仅覆盖着一层很薄的流沙，因而受到严重侵蚀。住宅最南室 N.xvii 是唯一出土遗物的房间，它的中心区曾有一个向上突出的屋顶。从这里发现的5件文书中，一对矩形木牍 N.xvii.2+3 保存得相当完好，尽管这里的护沙只有约1英尺厚。住宅东面有一行倒伏的大杨树，表明那里有一条林荫道。

我还在忙着清理附近的 N.xv 时，最后提到的那个小废墟已由测量员监管发掘完毕，这样我便于 2 月 9 日转到较大的住宅废墟 N.VII（图 12），它位于 N.V 北面近 1 英里处严重侵蚀地中一个突出的岛形台地上。台地的西面和北面侵蚀坡上散布着大量木块，表明这处建筑物过去比现在更大些。从平面图中可以看到，东南头大厅的面积很大，从这也可得出相同的结论。这里的积沙有 6~7 英尺厚，花了不少工夫才清理干净。西北面的那排较小的房间与其余房间之间隔着一条 4 英尺宽的过道，这排小房间所处的位置比其余地方足足高出 5 英尺，这表明这些建筑物可能是不同时期修建的。这里沙层也薄得多，并且房间外面的地面正受到侵蚀。在小室 N.xviii 残存部分的地面上发现 8 枚佉卢文木牍，因为它们靠近东南墙，受到墙壁的保护才得以幸存下来，其中多数是标签形的短牍。从相邻的侵蚀坡上还发现有完全发白干缩的残牍，说明这个房间中曾经遗留有更多的文书。除了在该房和毗邻房间中发现的小块粗棉和毛织物残片，这里还出土了一件由两个木圆盘构成的器具，看起来像是一个三孔滑轮。此外还有一截可能当凳子或台子用的竖放着的树干，以及一个嵌进地面的大陶缸。除此之外，废墟的这一边再无其他发现。

　　东北面的房间可能是仓库和杂房。其中室 N.xix 出土了大量保存良好的麦草[1]，其中混有黍子壳。从这里发现一把古代木质干草

1　我收集有这种麦草和该遗址发现的其他谷物的标本。

图40　尼雅 N.III、N.V、N.VII、N.VIII 居住遗址出土的木质和陶质器具

叉（图40），长逾5英尺，仅用皮条将木件绑扎而成。这里还放着一只平底木碗（图40），直径8英寸，碗内盛有谷粒（俗称小米——译者）。图41是一副捕鼠器，与现在仍在使用的那种相似，不过没有机会去弄清它的结构。一个保存完整的小红陶罐（图40），直径约7英寸。大楔形底牍 N.xix.1（同样也是在这间农具仓库中发现的，其表面上还粘有草和其他植物，这也能说明这一点。木牍

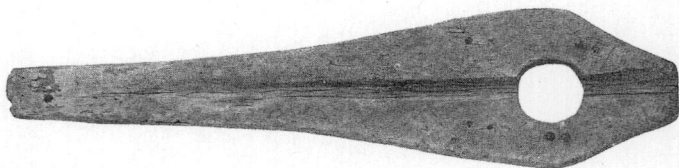

图 41　捕鼠器

的方头烧焦，表明它曾当作火把使用过。整座房子的墙壁都不结实，墙厚仅4~5英寸，与通常的木构架结构不同，它们是草抹泥墙，即在横置的芦苇层上面抹灰泥而成。至于房子最后主人的身份，可能只有佉卢文木牍能助我们作出推测。

当此废墟的清理还在进行中时，我对位于 N.V 东北方向近2英里的最北废群进行了一次调查。这组废墟是我第一次来此方向调查时看到的，2月10日，我将营地迁了过来。废墟由许多房子和畜棚构成，面积约400平方码，如图42所示。由于这里地面受到大面积的侵蚀，大部分建筑已严重毁坏，仅可辨认而已。但各处堆积有高达15~20英尺的沙丘，有两处紧靠沙丘的建筑被较好地保存下来。

我首先发掘的大废墟 N.VIII 如图42中的详细平面图所示，由两列各三间的房间组成，两列房间之间隔着一排11英尺宽的小房间。这里最重要的发现是从最北边那个房间 N.xx 找到的，那里覆

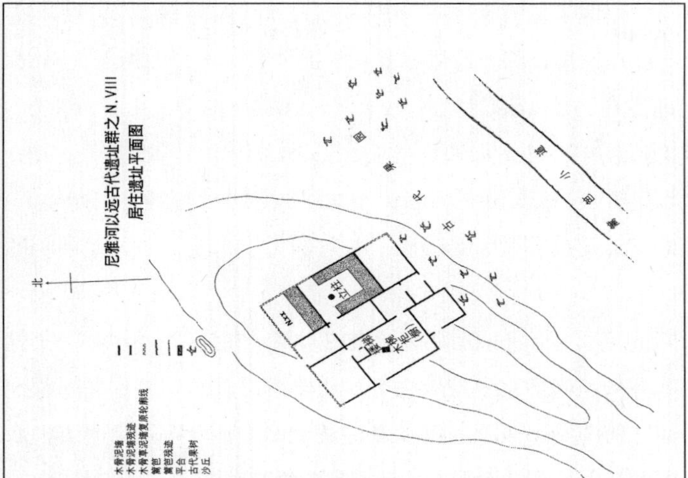

图42　尼雅河以远最北部古代遗址群平面图及 N.VIII 居住遗址平面图

盖着2~3英尺厚的积沙，因此外墙几乎不存。在沿东南墙的灰泥坐台上，发现一块塔赫提形木牍N.xx.1。木牍长11.5英寸，一面显示有已严重褪色的贵霜体婆罗米字迹，另一面有两短行佉卢文。这里还发现一块楔形封牍N.xx.2，上面的佉卢文文书保存完好。从其附近发现一件奇特的木雕板N.xx.01（图43），雕板上刻有一只像长尾野山羊形动物的上身，虽然工艺粗糙，但神态栩栩如生。雕板的下部还接有另一块雕板，从它的大小判断，可能是碗柜的构件。

　　同室的地上放着一副雕刻精美的大型木双托架（图44），其构造细节与从一间内室中发现的小双托架很相似，后者见同一张照片中前者的两侧，由于暴露在外，雕刻面遭到的毁坏更严重。双托架楣梁之下的椭圆形飞檐托饰雕刻的装饰主题，与N.III出土木椅上的极为相似。其中一件飞檐托饰上刻有四瓣四萼花，并在边

图43　木雕板

图 44　尼雅毁损房屋 N.VIII 遗址出土的木雕建筑构件

带内重复四次，这种图案在犍陀罗雕塑中很常见。另一件飞檐托饰中，雕刻着同一种花的半朵，置于 4 个三角形之中，三角形以斜交叉带构成。托架中心有一个凹槽，说明托架是安装在木柱的圆头的，以支撑屋檐下的楣梁。图 45 的前景见到的那根约 6 英寸长的木雕很难确定其建筑用途。它的 5 个连续加宽的圆形线脚饰或褶，样子与印度佛塔顶上安装的木或石宝盖相似。同室中

图 45 尼雅毁损房屋 N.III 遗址出土的古代座椅及其他木雕构件

还发现两件家用手工业工具，特征简单，却并非毫无意义。木器 N.xx.05（图 46）类似一把马梳，与现在类似的工具一样，其用途是纺织时用来压紧纬线。10 英寸长的木靴楦（图 47）与现在和田靴匠所用的同类器完全不同。

第一天的这些有趣的发现物使我产生了更大的希望，但接着在该住宅其他房间的发掘并没有获得满意的结果。沙丘中央积沙不断增高，给发掘带来了极大的困难。只有西面中室出土一些发现物，室内的积沙高度足有10英尺。房屋的木架结构清楚表明，现存墙壁属于第一层，其上面曾建有第二层，不过，现在只残存有部分主要立柱。据此可以推断，房间北角中的小凹室是用来安放通达上一层楼的梯子的。从该室和隔壁室都有门通到这里，这个事实也支持这一推断。房间中央发现一个普通碗柜，长2英尺5英寸，宽1英尺10英寸，连腿距地面高2英尺8英寸，腿本身高1英尺10英寸，其余都与后来在 N.xxii 发现的那个碗柜完全相似。不过后者柜腿雕塑成某种弯曲的装饰性形状。两个碗柜都在长边一头开一个约8英寸见方的小门，设计多少与今天和田地区用来放食物或其他物品的碗柜有些类似。

图 46　纺织木器

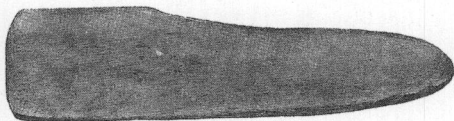

图 47　木靴楦

更具艺术价值的是两件现在标作 N.xv.02、03 的双托架，发现于地面以上几英尺厚的积沙中，雕刻精美。两件托架尺寸几乎完全相同，长约 2 英尺，宽近 6 英寸，装饰也极为相似，它们无疑是一对。它们足以说明这些精美的古代建筑木雕的设计和装饰。上文在描述 N.III 出土的古代木椅时已解释清楚，四瓣花饰具有犍陀罗雕塑装饰风格，也是其主要的装饰主题，只是略有几处变化。克什米尔和印度河及下杰黑兰现在的船雕上也有这种装饰图案，表明它长期以来一直是流行的装饰主题。安德鲁斯先生指出，这些木雕与布哈拉及旁遮普周围地区仍在使用的建筑雕刻相似，使用凿刀雕刻，考虑到这种图案延续时间相当，出现这种方法就具有了特别的意义。这些发现物出现在古代和田边远的一个居民点，因而有助于证明西旁遮普现代建筑木雕所特有的这种风格和技艺有着多么悠久的历史——尽管这个地区本身没有为我们保存下任何有名的伊斯兰时期以前的艺术标本。

废住宅南面和东面的沙丘中露出大量枯死果树的树干，表明那里曾是一座大果园。薄沙中隐约可见绵延近 200 英尺长的两条并行篱笆线，表明那是一条古代小路，约 12 英尺宽，呈西南至东北走向。两座侵蚀严重的房屋坐落在离 N.VIII 东南方向不远的地方，另一座房屋位于这两座房屋的西北面，它们的位置已在平面图（图 42）中标出。但由于这里的保护沙层很薄，所以很难弄清房间的布局，至于没有任何发现物这就更不足为奇了。东北面近 300 码处有一条中部高近 20 英尺的沙丘，那里有两处小废墟紧挨

图 48 尼雅遗址完全被蚀的住宅遗址 N.XI 附近

着，保存得都比较好。它们的墙柱刚刚露出沙坡，如图48的背景
所示。通过墙柱可知，它们分别包括一两个房间，由于离高沙丘
太近，清理起来非常困难。没有发现任何遗物，但房屋的木构架
以及与上述相同楼梯间表明，现存建筑物部分的上面也有第二个
楼层。区域内的几个地点发现有古篱笆和草搭的畜棚，并且散布

着一簇簇果树，如北组废墟群的平面图（图42）所示。

但比这些更奇怪的是废墟 N.VIII 东北面约200码的地方有一个古水塘（图48），其位置和布局清楚可见。那里完全没有沙丘，约48英尺见方的池堤清楚可辨。堤上倒伏着曾掩荫水面的枯萎的大杨树干，如图48所示，有一棵树还依然耸立着，树干干枯发白，高近12英尺。水塘中央尽管堆积着流沙，但仍有约6英尺深，流沙上露出一个直径约5英尺、高2.5英尺的小土堆，这引起了我的注意。我的民工马上就认出，其特征和现在村子中的水塘不无二至。当这些挖掘完毕，总在水塘中央留下一条被称为"多布勒"的小土堤。我听到的解释是，这条土堤是用来标示水位的，在定期为其从进水渠补充新水之前，必须首先使水塘中的水位降到那个高度。定时补充新水显然是必要的，因为在停止灌溉的季节，主要靠水塘供应饮用水。

我以前曾对95号营地周围地区进行过调查，并派测量员拉姆·辛格到北面约3英里远的一条高沙脊上去，从那里用双筒望远镜仔细观察，探明那个方向低沙丘中没有暴露出任何建筑遗迹。于是紧接着往南面去发掘先前找到却未曾踏勘过的那些废墟。其中第一处废墟是 N.X，位于 N.VIII 以南—南东约1.5英里、N.V 以西0.5英里多一点的地方。由于早已受到侵蚀，这里只有两个小房间尚可辨出。从东面和西面侵蚀坡上散布的木块判断，这两个小房间外曾有一个大建筑。两个现存房间的灰泥墙已毁坏到离地约1英尺高，地上的覆沙只有6~8英寸厚。不过，甚至在这种微薄的保护沙层之下，其中一个房间（N.xxi）靠近东墙处，也发掘出8块保存良好的佉卢木牍，它们大部分是矩形文书。当时我就注意到，底牍 N.xxi.3~5 上署有日期，范围是从公元7年到公元44年，如果记录的是同一国王的纪年，这样其时间跨度就有37年。这一发现还表明，该遗址现存遗迹中有提供重要文书的可能。

距南面约0.5英里处有一个保存得较好的住宅废墟 N.XI，上面覆盖2~4英尺厚的积沙。尚有5个房间残存有墙壁，但仅最南面的房间出土了一件发现物。该房间尺寸为25英尺×17英尺，三面有3英尺宽的灰泥坐台。发现物是一个碗柜，如图49所示，它与 N.VIII 出土的完全类似的碗柜存在联系。这里发现的碗柜长2英尺10英寸，宽1.5英尺，通高2英尺8英寸。N.XI 以西约200码的低沙丘上，露出一个侵蚀土台，上面散布着残木块。如图50所示，残木块、一小排木柱及其顶上的覆盖着的灯芯草，就是古住宅的全部遗存。这是所有受到侵蚀影响的建筑物最终命运的一个典型事例。在斜坡上捡到一块完全发白磨损的楔形封牍 N.xxii.1，只有从它的封泥座上才能辨认出来。

2月11日，我的工作是清理小住宅 N.IX，它位于更南面约0.75英里处。我到达该遗址后的第二天，就在那里发现一件有趣的遗物。好奇的年轻牵驼人哈桑·阿洪在四处寻"宝"时，偶然发现了这个废墟，并从那里带走一块盖有两个完整印记（图51）的矩形封牍 N.xxiii.1。作为第一块这种类型的木牍，当时曾使我大为困惑。我在尼雅获得的第一块佉卢文木牍就归功于哈桑·阿

图 49　尼雅 N.XI 居住遗址出土的木橱

图 50　尼雅完全被蚀的住宅遗址 N.XI 附近

图 51　矩形封牍

洪。1月30日，我访问过这个废墟，并且查明了哈桑·阿洪捡到木牍的地方就是中室的一角，那里有一个三角形小架子，在废墟详细平面上标作 a（图52）。室内积沙约4英尺厚，刚好达到架子的高度。因此木牍就暴露在外，受到了侵蚀。木牍弯曲和略微破裂的外形表明了受影响的程度，但反而使两块泥封显得保存得更加完好。其中一块封泥显示出一个野蛮人的头像，使人联想到印度西北部出土塞克钱币上的玛吾斯像。另一块封泥上印有一只展翅欲飞的鸟。木牍正面朝下放在架子上，如果再暴露几个季度，必将完全毁坏。

　　除了贮藏在过道中的一小堆杨树、沙枣和红柳枝（图52），清理这个简陋的住宅时没有发现任何其他可带走的东西。但我们有

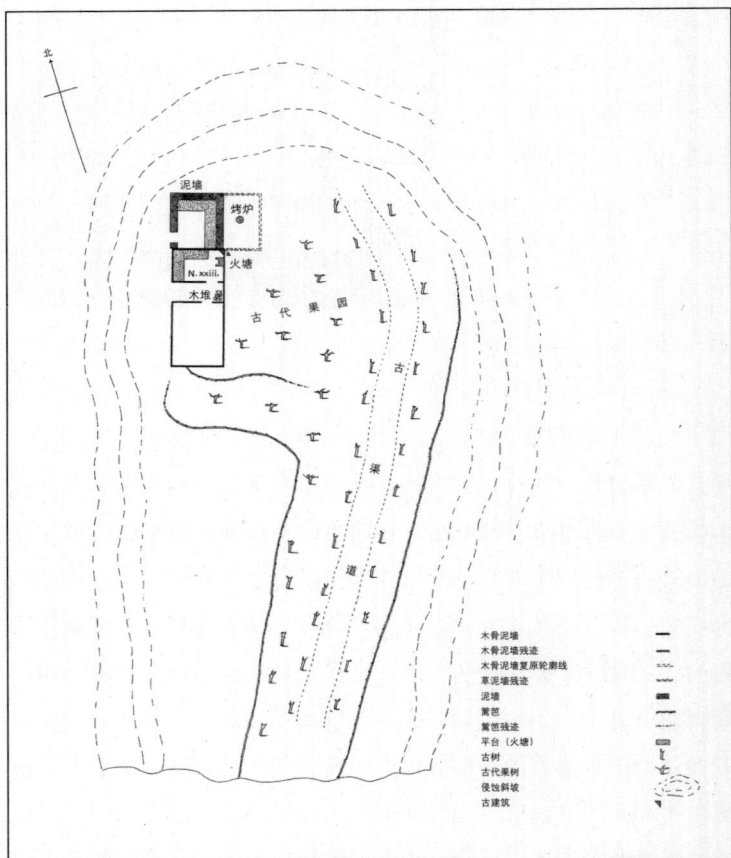

图 52　尼雅河以远古代遗址 N.IX 居住遗址平面图

趣地观察到，刚才提到的那个房间北面，有一个由三面夯土墙筑成的房间，其东面外接一个用灯芯草墙筑成的小屋，小屋中有一个看起来像是圆形烤炉的遗迹，用黏土砌成，直径约2英尺。住宅的东面有许多枯死的果树干，表明那里曾是一座果园。果园以外可见一条宽约8英尺的古渠道，自南向北延伸100码多一点。古渠道两旁各有一行白杨树，枯死的白杨树干或多或少从沙地中露出来，尽管已经干裂枯萎，却依然蔚为壮观。

2月12日，我离开的前一天，去考察了一组小废墟群（N.XII）。它们位于N.XI以西约0.5英里处，附近就是分布着红柳包的地带，边上是一条高沙脊，也是古耕种区的西缘（图16）。由于隐藏在一连串约15英尺高宽大沙丘后面的低洼处，这些遗迹直到N.XI清理完毕都没有引起我们的注意。废墟群包括两处较大但毁坏严重的住宅，彼此相距约300码。它们东面不远处还有三个排成一排的小建筑物。两个住宅中北面较大的那个，形成一个南北长约62英尺、宽约44英尺的小区，由分布密集的房间组成。废墟覆沙仅2~5英尺厚，墙壁上木构件的样子表明它们已暴露了很长时间。尽管表面龟裂干缩，但一根门柱和一些屋梁残件上还是残存有木雕装饰痕迹。可以清楚看出，其中一个图案与旁遮普西部建筑雕刻中非常普遍的金格里作品完全相似。房间除西南角的那间外，均被完全清理，但未发现任何种类的遗物。东南面小住宅的发掘结果也不比这里的好多少。那里唯一的发现就是东北角房间一口嵌进地面的大缸，里面填满了松软的沙子。其余三处废墟似乎是小住宅或畜棚遗迹，以木料和灯芯草墙筑成。由于废墟位于较高沙丘的背风面下，清理起来将付出大量的劳力和时间，而且几乎没有获得重要收获的希望。而改变原定于次日向东出发的安排以留下来发掘，则意味着将给已连续工作了近三个星期的民工们增添新的劳苦，同时也将给在过去三个星期中为我们运输冰块和供水的骆驼增加困难。因此我决定不去发掘那些建筑遗迹。

在往返于营地和各废墟的途中，民工们时刻都在寻找着"宝物"，并不时从沙地和侵蚀地上捡到各种各样的金属、石质和其他质地坚硬的小器物。在我提出条件后，他们才拿出来让我看，只要是有古物价值，我就将它们买下。

这样捡到的小器物中，没有一件能够归属到遗址最后废弃的年代。但必须记住，同样也没有证据证明其年代上限。它们可能是在极不相同的时期丢失或埋藏在松软的黄土地下的，当埋藏它们的地层逐渐受到侵蚀，就会一个一个地暴露出来而被发现。如果我们记得，没有建筑物保护的地面，往往被侵蚀到公元3世纪最后25年时的地平面以下深达15~25英尺，那么这一观察的重要性就显而易见了。加工出的燧石片可能是新石器时代的器物，它是在我第一个营地南面的侵蚀地上捡到的。这提醒我们，在处理这一问题上必须格外谨慎，因为它制造和使用的时间比遗址的建筑废墟所属的时期早许多个世纪。

因此，在该遗址，同时也在这个地区的其他古遗址，由侵蚀所致的特殊环境，使考古学家的结论不得不有所局限。唯有在残存有建筑遗迹的地方，我们才能有望确定其同时的居住期和废弃居住的大致年代。在属于塔提类型的遗址即仅由陶片和其他遗物碎块构成的遗址，发现的钱币、印章和其他大致可确定时代的器物，也许有助于表明这个地区居住或耕种的可能的最后时期。但至于有多少残片真正属于那个最后时期，又有多少是早期居址的遗存，只有等我们洞察了不同时期陶片之间的区别之后，才有可能作出明确的结论。考虑到早期居址的位置，不一定总是与遗址废弃前的住宅所处的位置相同，因此很明显，仅仅散布有遗物的地方，其范围本身并不能成为有关遗址最后居址性质和规模的可靠证据。因此，我们的结论就完全被限制在对建筑遗迹的调查所提供的确凿的证据上。

毋庸置疑，前面所述发掘使我们熟悉的所有废墟，都是在同一时期修建，而且大约也是同时废弃的。它们分布的范围，从北面的 N.VIII 到我们在南面碰到的第一处枯死的果树林，足有 7 英里；由东面的 N.I 和西面的 N.XII 所示的最大宽度逾 2 英里。在沙丘更加高大的那些地方，很可能还掩藏着我们未曾见过的结实的建筑废墟，但即使考虑到这一点，并且考虑到其他因侵蚀而完全消失的废墟，我们还会对现存废墟的数量之少和分布之广而大为吃惊。我们已经有机会在丹丹乌里克注意到同样的事实，因此其意义会更加重要。

我认为有两点很可能可以对此作出解释。第一，很明显，较坚固的房子应比小耕种者土筑的住宅更经得起侵蚀力的破坏，所以我们可以认为，尼雅遗址现存废墟只是古居址少数建筑得较好的住宅。第二，在所有未形成市中心的现代小绿洲，如和田附近的皮山、木吉和策勒，或喀什噶尔附近的塔希马里克、汗阿里克等，我们看到完全相同的情形，即那里的居民都散居在许多彼此被田地、果园甚或沙漠带远远隔开的小村里。在那些绿洲中，没有一片绿洲的房子密集到可以称之为城的程度。巴扎（即集市——译者）是这些绿洲的商业中心，但即便是在这里，也只不过是一条摆摊的街道而已，除集市日外，实际上并没有什么居民。而作为明巴什（即千户长——译者）或担任其他官职而执掌着当地整个行政大权的富裕的伯克们，则通常都住在小村里，或住在离其领地最近的单独农庄里。以新疆的标准衡量，这些伯克的宅邸通常都修建得很好，而且非常舒适，尽管它们完全位于乡村。我认为，这些当代伯克们的宅邸，正好与我们寻找的尼雅遗址较结实的废墟相当。这样，通过目前的观察，我们就能很容易理解，这些废墟所代表的原本是很舒适的建筑，非要把它们所处的地方说成"镇"或"城"就不怎么恰当。

至于这个古居址曾经拥有的人口，我们仅能作出大致的猜测。但看一下地图就会发现，在它有明确考古证据证明的耕种区的范围，与现在的固玛（皮山）、策勒和塔瓦库勒绿洲大致相当，是一片典型的尾闾绿洲。与丹丹乌里克不同，这里供水水源不会有任何问题，但其水源只能来自尼雅河。尼雅河的河道仍然直通遗址方向，但现在即使是在夏季洪水期间，河水也仅能到达距遗址最南端7~8英里的地方。考虑到我考察过的最北建筑遗迹与我最近沿该河最后一条支流追踪到的洪水沟的终点之间的直线距离，我们发现自古遗址废弃以后，河水所能到达的地带已经后移了约15

英里。如果我们是从最北废墟量到地图上标明的活树边沿，这个距离减为约11英里。

遗址的废弃一定与河道的后移有关，这自然是令人首先想到的一个原因。但严谨的历史学者，我想同时也包括地理学者，在接受河流尾闾区的后移是遗址废弃的直接或唯一原因这个结论之前，不妨稍停一会儿。我们发现，发源于昆仑山而注入塔里木盆地并消失于塔克拉玛干沙漠的所有大河小溪，其河道的尾闾部分都很容易发生大规模频繁侧移，即向东或向西侧移。所有称职的观测员很久以前就注意到了这一现象，并从自然方面对此加以解释，认为发生侧移的原因，是这些河流在尾闾河道沉积了大量淤泥，淤泥又变成流沙，它们反过来又迫使河流呈三角洲形分汊或周期性地形成新的河道。

我们不必到远处去找典型，我的地图表明，尼雅河东面最近的亚通古孜和安迪尔两河的尾闾就是很好的例子。最近成为亚通古孜河尾闾绿洲的吉格代里克布隆和喀拉苏拉拉克两个居民点，在我访问之前几年就已面临着缺水的危险。其原因并不是河里没有水，而是由于上游河道向西发生了较大的侧移，从而使浇灌亚通古孜塔里木田园的渠道失去补给水源所致。因为小居民点的人口太少，根本无法通过加强渠首或防止河流反复改道的办法来应付这种危险，因此他们只好权且到被称为"伊勒巴萨力格"的新尾闾区去开垦新的耕地。如地图所示，遗址西面有一片大洼地，那是亚通古孜河的老主河床，有时还有洪水到达那里，它表明该河也曾流经现在亚通古孜塔里木以东地区。安迪尔河尽头的情形几乎与此相同。那里的河流尾闾小居民点安迪尔塔里木最近刚刚废弃，其原因主要是河流又从所谓的英达里雅即新河道重又向西改道回到其原来的老河道去了。

因为和田地区的尾闾绿洲始终存在着困难，所以就耕作而言，我们现在看到的这种变迁规模虽小，但特征却很典型。正因为如此，我认为，曾是尼雅河尾闾绿洲的古遗址，它废弃的原因是否可能至少有一部分并非是居民点因这样那样的原因而不能防止或抵御河流尾闾河道的某种大侧移，这是很值得考虑的。鉴于存在这种可能性，所以我感到非常遗憾，来到遗址的这段时间我一直只顾着忙于那必不可少的发掘，却没有抽出时间到东面和西面去做一番地理学调查。无论如何，我必须提到，1月28日我曾派伊布拉音陪测量员到西面做了一些地理考察。据测量员报告，在93号营地以西约8英里处有一些洼地，洼地里发现许多枯死的胡杨，再往那边约2英里甚至还看到了活树。这两个地方现在都可视为证明河流在某个时候曾分流到那个方向的证据。

对于导致遗址废弃的直接原因，目前所掌握的考古学证据根本不足以使我们形成任何明确的结论。的确，佉卢文文书有几处提到灌溉方面的困难。但这些或多或少都是小绿洲个别地方时常发生的事情，不管是由于高山降雪量不足和洪水的破坏，还是类似的其他原因导致原本繁荣的绿洲被废弃。当然，那些文书资料所指的地方至今尚待确定。晋武帝之后，中原王朝政权的影响力最后从塔里木地区撤出，可能对当地总的形势产生了间接影响，不过这只是一种推测。但是，我们清楚地看到，在丹丹乌里克与尼雅遗址，以及我们同样也在将要述及的安迪尔遗址，都有确凿的证据证明这些古代居民点的废弃，都是在对和田地区产生影响的重大历史变迁发生之后紧接着出现的。历史学家将深刻感觉到这可能不只是一种巧合。在该地区普遍存在的特殊自然条件下，这种历史变迁可以对耕种的范围和绿洲总的经济条件产生直接和非常重要的影响，这已得到如下事实的证明：伊斯兰教的最后兴起和阿古柏统治导致的动乱虽然为时不长，却使和田的人口、耕地和工业生产大幅度减少。但现在去推测早期类似的动乱可能在多大程度上使维持灌溉的努力变得更加不稳定，或者使任何同时期的河道大侧移的影响变得更加重要和更加难以处理，将毫无意义。

回到问题的纯自然方面来。在我看来，我们只有一个完全清楚的事实可以依靠，那就是最后河道及其灌溉的地带至少后移了15英里。根据大量论证过的地质学理论，我们必须承认，这种后移很可能是总的逐渐变干的结果。中亚大部分地方都是如此。但是，虽然这个自然事实充分说明了为什么古代遗址从未被重新使用，但并不证明它就是最初遗址废弃的直接原因和唯一原因。就算这种后移是考虑到的唯一可能的因素，我们仍然难以解释，为什么当耕作不能在古遗址维持的时候，它没有往南移，并在靠近现在河道尾闾的地方继续发展下去。我们已经看到，伊玛目·贾法尔·萨迪克麻扎上游和下游的沃土带现在都生长着茂密的树林，可以形成一片尾闾绿洲。我们也看到，在我访问之前几年，实际上已开始从这个麻扎上游约26英里处新开了一条灌溉渠道。然而，在尼雅和现在的河流终端之间，我没有在任何地方找到任何古遗迹，也没有听说过曾经发现过古遗迹。

考虑到这些不同事实，我认为目前对古遗址的废弃不可能作出进一步解释，也没有任何解释可作为历史学和地理学结论的可靠基础。与大多数历史变迁一样，其原因可能比现在研究者推测的还要复杂得多。至于自然方面的问题，需要留待比如只有通过详细的地形学测量才能提供的可靠数据，连同对不同季节河流的流量、蒸发率等进行长期准确的观察之后才能解释。在灌溉工程师（最好具备印度经验）对这条河流以及和田地区其他河流的情况进行系统研究之前，我们也不可能指望清楚了解这条河今天仍然可能保持的灌溉能力。

第二章

安迪尔遗址

第一节　前往安迪尔河

　　在尼雅时，我就听说东去车尔臣（且末）的半路上、安迪尔河附近的沙漠中有古遗址，后来又有消息说，那里还有个"炮台"和其他建筑废墟，于是我决定下一步就去那里考察。但到那里路途遥远，因而我不得不尽早结束在尼雅遗址的工作。在尼雅遗址的大部分时间里，天气一直晴朗怡人，只是早晚异常寒冷。2月11日清晨，空气的能见度出奇的好，测量员敏锐的眼睛竟清楚看到了尼雅以南约120英里处的雪山。但我知道，这种有利于沙漠探险的好天气持续不了多久。想到尚待考察的遗址数量众多，彼此的距离又很遥远，因而有必要尽可能早地动身前往那些新的工作区。

骆驼队已经及时赶到，因此我可以于2月13日返回伊玛目·贾法尔·萨迪克麻扎。当我走过一处又一处最近几周以来熟悉了的废墟时，不禁百感交集。在那里获得的重大发现令我感到无比兴奋，然而这么快就要离开这个迷人的遗址，不免又有些遗憾。不过其他地方有望获得新的发现，而且几年后可能还有机会回来，到那时，沙丘可能会发生变化，那些现在埋藏在沙丘之下的其他废弃建筑就又可能会暴露出来。

因为路途遥远，带着以前的民工到新遗址去将很困难，更何况最近三个星期以来的风吹日晒与繁重的工作已使他们疲惫不堪。新来的民工只能到尼雅去找，因此当我到达当天的宿营地，得知一切均已由当地的伯克安排就绪、新的民工也已准时派出时，心情轻松了不少。次日，我到达伊玛目·贾法尔·萨迪克麻扎。即使是在万物凋零的冬天，沿途的森林依然充满生气，与我曾置身于沉寂的沙漠和废墟相比，真是天壤之别。在麻扎，我一面将信件连同第一份有关最近发掘的报告发往欧洲与印度，一面与民工及尽责的本地夏依赫（即守陵人——译者）们结算所有账目，就这样一直忙碌到深夜。

我本想笔直穿过伊玛目·贾法尔·萨迪克麻扎东面的沙漠直抵安迪尔废墟，而不是先回到尼雅，然后再沿着车尔臣之路前往。一开始所有消息都是"此路不通"，但最后一个来自麻扎的牧羊人说，他曾不止一次访问过亚通古孜河畔的牧民，并认为从那里可找到下一程的向导。该圣陵一个半狂热的宗教信徒则声称曾访问过那些废墟一次。因此我们便让他们领着，于2月15日向东进发。离开麻扎2英里后，前方已不见绿色。然后我们翻过两座高约150英尺的大达坂，再向东南方艰难跋涉约6英里的高沙山，才碰到大片的砂砾地，骆驼和马总算可以轻松前行了。因为我们从麻扎携带了冰块，所以晚上可以在低红柳丛和芦苇地里扎营。次日继续前行，总方向是东—南东。我们翻过一座高约100英尺的达坂，接着又走过间或有沙丘隆起的低砾石地，此后我们在活胡杨林里走了约6英里。这片胡杨林赖以存活的地下水，可能来自我们后来在30英里以南贝勒克里克湖附近见到的沼泽。再往前行约5英里，到达一片大洼地，那里生长着茂密的矮树丛和芦苇，向导们称之为苏朱叶达里雅。据说它是由偶尔发生的夏季洪水汇集而成，这些洪水来自注入希株特克湖的小河和泉水。希株特克就在通往车尔臣的大路旁。又翻过一座大达坂，我们来到一大片红柳地带，这是亚通古孜河的一条老河床，但它现已完全干涸。与沙漠里的众多河流一样，它紧靠着一条高高的沙脊。爬上沙脊，我终于看到了亚通古孜河上闪光的冰面。想到我们那些疲乏的牲口终于有水喝，我不觉喜从中来。

2月17日，我们顺亚通古孜河而下，来到它消失于沙漠的地方。该河近山处的上游称为"托兰胡加河"。我们曾宿营过的赫勒牙伯克牧场附近，河流的宽度约30码，然后逐渐变窄，弯弯曲曲地向北流去。另一方面，河岸上的植物带开始很窄，后来逐渐变宽，最后在我们宿营地下游约6英里处成为茂密的胡杨林。再往前不远处，就是被称作"阿里克艾格孜"即渠口的地方。那里生长着许多小树，一道简单的堤坝将水流导入小渠，灌溉北面约13英里外亚通古孜塔里木的田地。至此，这条小河已只有约10码宽了，由此折向北—北东方向而去，它的左岸越来越深地切入西面的沙脊里。往下2英里，冬季河水就至此终止了。宽阔的河岸林带至少还有3英里宽，夏季的洪水仍然能够到达这里。我们穿过这片林带继续向正北前进。亚通古孜河的老河床从林带中穿过，在低洼处还偶尔残留着薄冰。在喀拉苏拉克碰到最初开垦出来的耕地，但这里现在又荒废了，生长出新的灌木。从这里向北约2英里，进入亚通古孜塔里木现代绿洲，广阔的田野里主要种植着小麦、印度玉米和棉花。

聪明富有的农庄主阿布杜勒·喀力姆在丰饶的吉格代里克布隆农庄迎接我们。我从他那里得知，这个小村庄是在尼亚孜·哈克姆伯克当政时才形成的。他的父亲曾从巴达赫尚的法伊兹阿巴德到伊玛目·贾法尔·萨迪克麻扎来朝圣，后来就在此定居下来，并得到这里的一大片土地。他在其他一些住户的帮助下开挖出一条渠道，渠首就是我们在阿里克艾格孜见到的那个渠口。他们的子孙们至今仍然拥有这里所有开垦出的土地。他们非常富裕，能够雇用二三十个民工，只是能够雇用到的人数有限，因而开垦的规模受到了限制——尽管肥沃的土地近在咫尺，广阔得足以维持几个村庄耕种，而且灌溉也很方便。

在我访问前的五六年时间里，亚通古孜河尾闾河道的主河床有明显西移的趋势，最近的一次西移据说发生在距吉格代里克布隆"两三塔什"的地方。这次变迁的结果是，渠首处现存的"堤坝"在耕作季节有时不能将耕种所需的水量导入渠道。由于劳力不足，不可能重修一道更合适的堤坝或兴建一条新的渠道，小村庄的人们于是采取权宜之计，在老渠道的灌溉出现不足的年份，就到新主河道尽头附近的伊勒巴萨力格牧场开垦新的耕地。不过，即使在这些年份，突发的洪水仍有可能沿老河床而下，给垦荒人造成麻烦。很遗憾，我必须尽快赶到安迪尔去，没有时间详细调查这个小村庄及其周围的情况。这个村庄规模虽小，却具有如尼雅遗址那样的典型河流尾闾绿洲的特征。无论如何，通过亲自观察和当地人提供的信息，我已经很清楚，即如果给予足够的劳力以系统维护和扩展堤防和渠道，耕种区的面积就会大大增加。如果这片长至少8英里、宽3~5英里的大片茂密丛林全部变成耕地，那么亚通古孜河的这片尾闾绿洲的情形，将与伊玛目·贾法尔·萨迪克下游的那个古代遗址周围曾存在过的绿洲相似。今天，亚通古孜河的实际供水到底可资开垦多少荒地，这个问题只有在水利工程师做过精确调查之后才能得出可靠的答案。不过，对于规模更大的拓居地而言，河道迁移所致的危害，证明将比任何沙丘的推进都要频繁得多，这可以认为是很有可能的。阿布杜勒·喀力姆从小就熟悉这里，他告诉我，肥沃土地东面和东北面边缘上颜色与黄土地和干芦苇滩形成鲜明对照的深色高大沙脊，就一直没有移动过，而河道的西移则在很多年前就已开始，那时渠道的引水还没感到有多困难。

从村庄所处的位置来看，我们很自然地想到沙漠那边可能会有古代遗迹存在，但经过一番打探，结果是一无所获。不过我们热心的听差至少找到了可靠的向导，向导对安迪尔河及其附近的废墟都很熟悉。此外，这个小村庄粮草充足，可以为我们提供食物和草料。前天晚上，我们还在村庄里迅速补充了一些民工以备发掘之用。2月18日早上，我们启程越过沙漠向安迪尔河岸林带出发。刚刚离开亚通古孜塔里木的开阔地，我们就不得不翻越一座高约180英尺的沙达坂。接着穿过约2英里宽结有盐碱壳的洼地。这片洼地是亚通古孜河的一条洪水期的老河床，其西缘至今还有一条水质苦涩的小河。又过了两条高度不低于前者的大沙脊，其间是长满芦苇的低地，最后才到达晚上的宿营地。那里宽阔而沉闷，到处都是低沙包，点缀在沙包斜坡上的死红柳丛可用来点燃篝火，从亚通古孜塔里木带来的冰块省去了我们挖井的麻烦。这天大部分时间里一直刮着强劲的北风和东北风，大风扬起的沙尘预示着这种天气短期内仍将持续。

一路上，我们几乎一直是在向正东前行。但2月19日离开羊塔克恰瓦勒后，向导领着我们折向东北行。改变前进方向的理由在翻过一座高约120英尺的大达坂后就明白了，我们发现自己这时正行走在宽阔而起伏较缓的低沙丘里，显得轻松了许多。活红柳地里偶尔露出一小片胡杨来，表明这里地下水位非常浅。我得到的总印象是，正在走的这个地方可能曾是某条河流的终端地区，而这条河流只能是现在安迪尔河的一条早期河道。这个地区的东面是一长串高大沙丘链，从那里很容易就可以远远看到安迪尔河床左岸雄峙的沙脊。因沙脊颜色较深，向导给它们起了一个恰当的名称——克孜勒里克（即红沙）。在大沙丘上走了2英里后，我们才来到安迪尔河流域区的西缘。

我们现在向东南方向溯河而上的那条河道，向导说它是安迪尔的老达里雅（即老河——译者）。最近几年，这里的河道也有西移的趋势，所以我们在以前已经荒芜的干河床中又发现了一块块冰面。另一方面，夏季洪水回流到早期的河床中来，导致流到新河的河水一年年减少。这条新河据说形成于约20年前，位置比老河道更靠西。向导认为安迪尔塔里木小村的废弃，就是因为河道的这种变迁，而不是河流水量的减少所致。我不可能花时间去访问安迪尔的这个现代尾闾绿洲，也没空去考察河道是如何终止的。通过向导的报告判断，安迪尔牧羊人的夏季牧场可能从现在废弃的塔里木向北延伸一天的路程。

2月20日，我们沿着阔那达里雅（即古河——译者）上行到科库勒托格拉克牧场附近新河的分汊处，再从那里沿主河床继续向上游前进。我们在离一个叫"孜伊阿拉特"（即圣陵——译者）的村庄不远处渡河来到右岸。这里河宽约20码，冰层以下水深约2英尺，但陡峭的河岸高于冰面6~7英尺，表明其他季节水量非常丰富。我们将马匹留在喀拉奥其克奥勒吐尔干（即黑羊落座的地方）的牧羊点废弃的小草棚里，然后向东南走进沙漠。沿河岸前行时，尽管此处非常狭窄，但由于一直有雾，因此难以估计沿途植物带的宽度。我们晚上宿营的地方是一片光秃秃的侵蚀地，离河岸的直线距离不过2英里，随处可见的低沙包上稀疏地散落着枯死的红柳丛。

第二节　发掘安迪尔寺庙

2月21日早晨，我们继续向东南前行，走了3英里后，就远远望见了被向导称作"阔那协尔"的"炮台"。即使是从很远的地方，通过望远镜我也能认出那是一座佛塔，就像我在伊玛目·贾法尔·萨迪克麻扎第一次含糊地听到这个遗址的特征时就推测的一样。有趣的是，当我们向佛塔走去时，路过一个叫阿克提干的带形沙包地，那里生长着茂密的红柳和矮树丛。就在这个距佛塔约0.75英里的地方，我们发现一口古井，清理到9英尺深时，涌出了大量有点咸味的井水。佛塔西面约0.5英里，是一片布满陶片的侵蚀地，它一直延伸到废墟脚下，废墟四周全都是这种布满古代碎片的典型塔提。我快速观察了一下佛塔周围的情景，发现它附近不同的地面已分别被侵蚀达10~15英尺深。不出所料，废墟有两处已被挖掘过，无疑是"寻宝人"所为。

就在我向佛塔走去时，从尼雅赶来的民工也已到达。考虑到从他们的出发地到这里约有120英里远的路程，而且沿途荒无人烟，联系困难，因此我对这一周密安排的会师感到非常高兴，它使我得以立即展开发掘工作。这样，我就将佛塔的精确测量工作留待以后，迫不及待地全力向东南方赶去，据说那里存有"老房子"遗迹，保存的古物比佛塔及其周围塔提上的都要好。布满陶片的地面延伸了约0.25英里，沙丘高5~6英尺，其间是完全暴露的大片黄土地。在陶片之中，尤其是那些被长期磨损的小陶片中，我注意到有大量粗糙的黑陶，偶尔还保存有几片绿釉。再往前走，沙丘逐渐升高起来，间或可见生长着稀疏红柳丛的沙包。沙丘之间的洼地中是漫漫流沙，从流沙中冒出的枯死的胡杨树干随处可见，但是没有建筑遗迹。最后我们来到伊玛目·贾法尔·萨迪克和亚通古孜向导称之为"老房子"的废墟。废墟周围环绕着沙丘，沙地上直立着的一排排木柱是我早已熟悉的景观。但某种大型建筑高大的砖墙和环绕这些废墟的宏伟的土城墙残迹却是新奇而别致。

　　仔细察看后我发现，现存土墙属于一条大致呈圆形的城墙，南段最大，保存得也最好，围起来的区域后经仔细测量（图53），直径将近420英尺（包括城墙的厚度）。靠近圆形城墙东段那边的大型建筑（E.III），大都几乎没有沙子，也没有可能具有考古意义的器物。但其西边有一条大沙丘插入到城墙里面来，在靠近城中央，我看到沙丘上露出成排的木柱。木柱排列成回字形，这使我立刻联想到在丹丹乌里克发掘过的带围廊的佛寺。在里边那个方形的东南角稍做试掘，立即就发现了严重腐坏的松软小灰泥块，

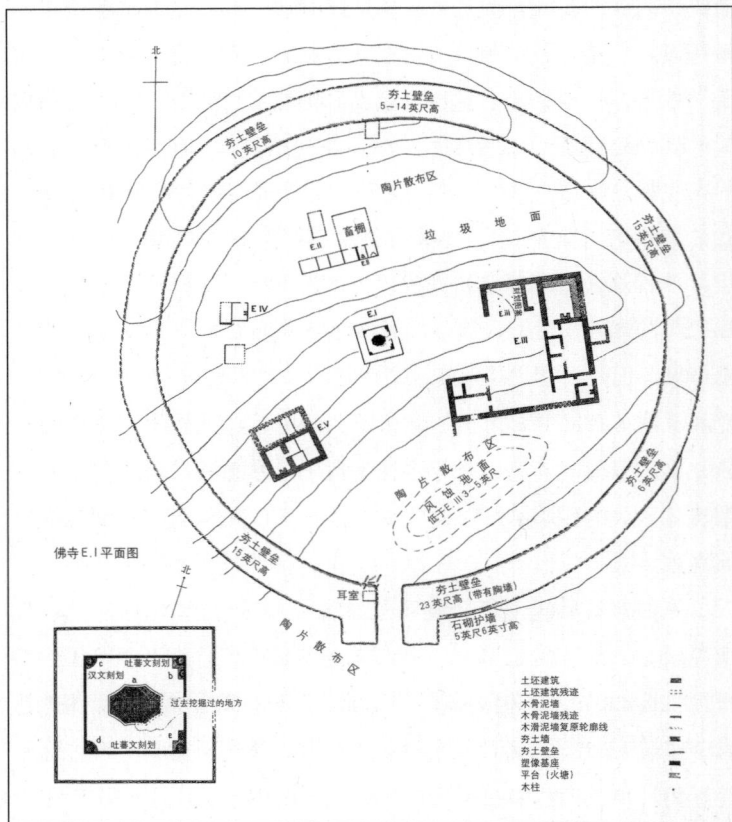

图 53　安迪尔遗址平面图

它们曾属于一座大型塑像。因此我全部不多的劳力，包括从尼雅过来的20多个民工，再加上牧民向导和他们所能从上游牧羊点强招来的所有强壮男人，立即从这里开始工作。

不到一小时我就获得了决定性的证据，证明我的猜测是对的。里面的沙子东边约有5英尺厚，西边增加到7英尺。从这些沙子中露出的方形殿堂及其围廊的木料和灰泥墙，表明围廊是用来绕行的。围廊的外墙几乎已毁坏到地面，因此必须先在那里进行大量发掘，然后才可能安全地清理殿堂的内部。不过，在傍晚收工前又发掘出一些灰泥块，可以反映此佛寺总的装饰情况。此外，还在三个地方发掘到写有婆罗米文的残书页，其中三页只剩半张，但很清楚它们本属于一部梵语佛经（E.i.2），这使我可以大致确定这座废寺的年代。所有这些都是在殿堂东侧发现的，它们原来散落在离原地面1~2英尺高的沙子中。第二天发掘取得了很大进展，我因此得以一睹小寺的主要建筑面貌。但直到2月23日，殿堂内部才清理完毕，并仔细收集到一大批有趣的手稿和其他各类发现物。

殿堂面积约18英尺4英寸见方，以10英寸厚的木构灰泥墙围成。如详细平面图（图53）所示，墙壁只是大致朝向正方向。殿堂结构与丹丹乌里克和尼雅遗址中的殿堂结构不同：灰泥墙中没有席衬，但木构架很粗大（如图54所见，图中是发掘后的殿堂），并特意用斜撑加固。殿堂和围廊的主柱均为9英尺高。墙壁的内面有过一层粗糙的灰泥涂面，但毫无壁画装饰痕迹。殿门向东。围

图 54　安迪尔遗址寺庙 E.I 内部，发掘后自东面看

廊宽 5 英尺，其墙壁结构与殿堂的墙壁结构类似，但毁坏程度严重得多。围廊用灰泥涂的地面比殿堂的地面高 3 英尺，这无疑有助于保护殿堂的下部墙壁。东侧围廊的外墙大部分、连同朝门的地面，均已完全残失，可能是早期"寻宝人"挖掘所致。

殿堂四角有灰泥塑像，几乎全都分别独立于基座上，基座为

图 55　安迪尔遗址佛殿 E.i 墙壁
上公元 719 年的汉文题记

盛开的莲花形，莲瓣下垂，只有西北、东北和西南角的保存下来，
而且只有下半部分，如图55、56、57所示。至于东南角的塑像，
除第一次试掘时发现的难辨的残块外，什么都没有。东北角和东
南角的塑像旁还各有一尊小塑像（平面图中的 b、c），但由于塑像
后面的东墙已毁而破碎了，现仅存莲花座。虽然角落里那些塑像

图 56　安迪尔遗址 E.iii 大厅墙壁上的汉文和吐蕃文题记

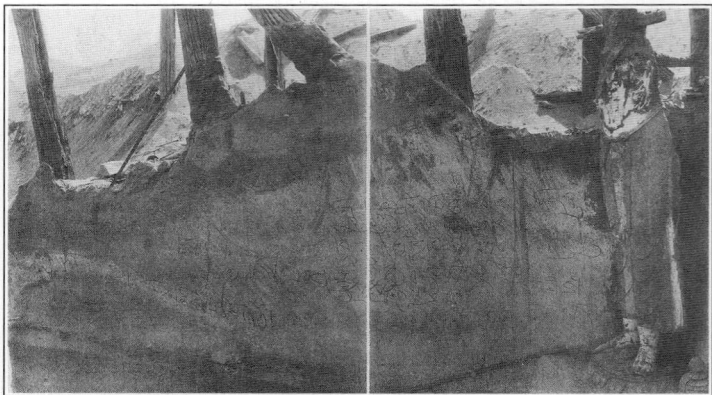

图 57　安迪尔遗址佛殿 E.i 南墙壁上的吐蕃文题记

的位置表明他们可能是天王（护世天王）或四方守护神，但不可能说这些雕像代表什么神祇。塑像的垂衣无论是浮雕还是描绘方面都明显源自犍陀罗式原型。

这些塑像为真人大小，用黏土、麦草及其他植物材料混合而成的非常粗糙的灰泥塑成。支撑这种极其易碎材料的是一种木结构，即用木棒交叉构造出木骨架，然后再裹以芦苇而成，西南塑像的照片中可见部分这种结构（图57）。塑像表面涂有一种非常脆的装饰灰泥，颜色为红色，由黄黏土组成。这种装饰灰泥一般混合有非常细的植物纤维，纤维的种类还不能确定。这层灰泥上曾涂有颜色，现大多已经脱落，只在垂衣的衣褶里还保留下一些。东北和西北角塑像长袍的颜色为白色，而西南角塑像的垂衣则是红棕色和深蓝色条纹相间。至于塑像的上半部，只发现极小的残块，表明在流沙层达到足以保护它们的高度之前，那些易碎的材料即已完全崩坏。许多残块，特别是包含内层粗糙的浅灰色黏土的那些，非常松软，轻轻一碰就碎了。

殿堂中心有一个巨大的八角形基座，长9.5英尺，宽7.5英尺（见图54的前景），以土坯砌筑，表面抹有一厚层灰泥。每一面均为4英尺宽，其中六面略微弯曲，而朝东和朝西的两面则平直。基座本身高于地面2英尺8英寸，上面曾立有四尊真人大小的灰泥浮雕像，其中三尊的莲花座还基本上保存完整，朝向东面的第四尊雕像的莲花座由于那边已被挖掘毁坏到中心基座而消失了。基座的中心部位堆有许多土坯和灰泥，作为浮雕像的衬背。基座四个面上的雕像现已完全崩溃，只有西面和北面保存有一部分雕像的膝部以下呈褶皱状的长袍和双足。由于每双足长均为1英尺，因此可以推测，雕像约为真人大小。从垂衣残迹和灰泥衬背的形状看，雕像为坐像，但无法确定他们是什么佛或菩萨。中心座上的这些浮雕作品比殿堂四角的塑像差很多，只能辨出灰泥背景上达于双足的椭圆形身光痕迹。殿堂中央很可能曾有一个向上突起的屋顶，以便于采光。这个屋顶毁坏后，中心部的灰泥雕塑必然大部分暴露于大气的影响之下，加上它们位置突出，这些可能就是其所剩无几的原因之所在。

基座的东面和东南面已被过去的一次挖掘完全毁坏，这无疑是"寻宝人"所为，不过虽然基座已被挖掘到中心，但并没有将沙子完全清理干净，因而不曾危及现存的建筑。基座面向门口的部分装饰有壁画，差点被这次挖掘给完全毁坏了。东北面的壁画尚在，为两排男性坐像，每排7人，显然是佛或菩萨。壁画已严重褪色，只能辨认出轮廓，许多地方甚至连轮廓都被抹去了。尽管壁画保存得很差，但仍可看出，绘画和技法方面较丹丹乌里克佛寺中的同类壁画装饰要略胜一筹。至于东面的壁画装饰，我幸运地发现一小块灰泥残块（E.i.012），上面绘着有趣的壁画，这块残片是在基座前面上次盗掘的松软的填沙中发现的。图58表明，尽管这一小块壁画残片状况极差，但仍保留着精美而和谐的色彩。我们可以清楚地看到，壁画中绘着一个人的头和双肩，周围环绕以绿色的光轮，可能是坐像。除此之外，残片上还保留有其他人

图 58　壁画残片

像的部分长袍。

第一天下午的试掘使我感到有望发现残存的手稿，后来发掘中获得的大量发现物使这一希望变成了现实。这些发现具有特别的意义，不仅是因为其中有多种语言和文本，而且因为发现大量手稿的环境很奇特。第一天在中心基座以东距地面约1英尺高的地方发现一本梵语佛经中的3页（E.i.2），我一眼就看出它们原是一本较大的菩提，从其页边空白上标记的页数和绳孔看，它们是左半页。第二天早上，在其东北面离地同样不高的地方又发现两捆残页（E.i.4、5），其中包含同一手稿的12张左半页和4张右半页，这使我发现更多这种文本的希望受到了鼓舞。最后，当发掘完殿堂的剩余部分后，中心基座东面和门口之间的地方被完全清理出来，这时在"寻宝人"所挖的直达地面约2英尺深的坑中，又发现了两捆属于同一经文的散页（E.i.39、40），包括8张左半页，19张右半页，此外还有两张零散的半页（E.i.41、43）。对比左右半页的总数并据标记的页码，我当时就推断，我们已拥有了手稿的绝大部分页码。霍恩雷博士的精确分析充分证实了这一推断，他指出手搞可能总共为46页，已发现的书页中均已包括。其中3页是完整的，左半页和右半页牢固地拼合在一起（标本见图59）。完整书页的大小约为14英寸×3英寸，每个页面写5行正文，为竖体细笈多字，霍恩雷博士认为，这种字体流行于公元7—8世纪。正文是一种规范的陀罗尼佛经。从E.i.5（左半页）和E.i.40（右半页）中书页最下部相同的褪色和腐朽程度看，这部菩提在左半页和右半页分开之前曾合在一起搁置了很长时间。书页的破损很可能是上次直达中心基座的盗掘造成的，而它们被散失到殿堂的各个角落则无疑是这次盗掘使然。

据丹丹乌乌里克废墟获得的经验，我一开始就认为，发现的手稿散页原来是许愿供品。在紧靠中心基座北面基底处发现两卷捆得很紧的纸，它们可能是从上方雕像的基座上掉落的。一卷包括残页E.i.6，尺寸约为9英寸×3英寸，写着一种非梵语中亚斜体

图 59　斜体婆罗米文佛经残页

婆罗米文（图59）。另一卷（E.i.7）发现时中间仍用纸绳牢牢扎着，到了大英博物馆后才得以打开，结果是四大张18英寸×3.75英寸的纸页，写着竖体粗笈多字。正如霍恩雷博士的考证所表明的，它们出自某部非梵语巨著，霍恩雷博士暂时将这种语言定为原始吐蕃语。文中经常出现"bhaiṣajya"这个梵语单词，表明它是部医学或巫术方面的著作。其余婆罗米纸页中有三小片（E.i.9、33）分别发现于中心基座北面、西面和西南面底部雕塑的不同部位。由

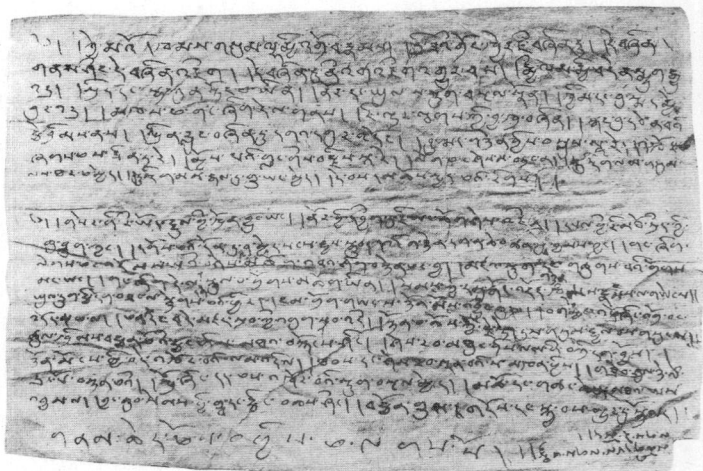

图 60　安迪尔佛寺遗址发现的两首吐蕃文宗教诗

于其中两片属于同一页，因此从它们的位置马上就可断定，它们是有意撕开分别放于不同雕像前的。

我不得不接受这一结论。中心基座底部四周以及西北、西南和东南角雕塑基座附近的地面上，又发现了一大张保存完好的吐蕃文纸页（E.i.11，图 60）和大量吐蕃文残页（E.i.15、19、20、25、31，图 60），从相同的纸质和同样清晰流畅的字迹，我当场就看出它们属于同一部菩提。从墙下或地上捡到的那些残页，可能并不是它们原来放置的位置，但大多数残页因为流沙的堆积而保留在原地，即手稿的最后主人将其献给不同神祇时放置的位置。据巴奈特博士考证，总共发现的27片残页原为一部大型菩提的一部分，包含有收录于《甘珠尔集》的《稻秆经》规范经文。

由于巴奈特博士已对《稻秆经》手稿作了介绍性的评论，而且他以前已就我发现的吐蕃文手稿出版了"简评"，所以这里我仅对这种手稿的质材等主要事实与文本的语言学和历史学意义作一简要说明。有几页实际上由完整的半页组成，如 E.i.24+21、10+13（图61）。手稿字行（每页5行）与绳孔的布置本质上与先前提到的婆罗米文菩提并无差别，只是文字的书写仅限于纸张的一面，我一开始就注意到了这一特点。维斯奈尔教授对手稿用纸进行了细致的显微和化学分析，得出一些有趣的结果，可以对此作

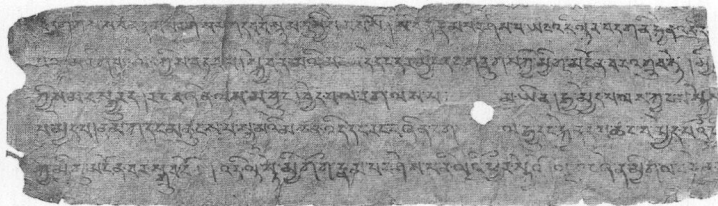

图61　献给神祇的手稿残页

出解释。他的研究证明，纸完全是由充分浸解的一种瑞香科植物（很可能是一种瑞香属植物，如瑞香纸草）的生纤维制成，现在尼泊尔造纸的纸浆中仍然使用这种生纤维。由于这种植物和瑞香属不见于新疆地区，所以手稿很有可能并非写于此地，而是从西藏输入进来的。同样值得注意的是，它们与我从该遗址和丹丹乌里克发掘到的其他古代手稿用纸有一个明显区别，那就是采用了非常特别的方法来防止纸张渗墨，从而使纸面更适于书写。维斯奈尔教授发现，这种效果并不是用上浆（这是新疆早期各种造纸法之一）这种方法获得的，而是只在用来书写的那一面上涂上厚厚的米粉浆来实现。维斯奈尔教授已详细论述了这种涂浆法在早期造纸史上的意义。他以前从未在亚洲古纸中观察到过这一方法。在我们看来，重要的是它也更进一步证明了这种特别的手稿是从外地传入的。至于那些小的吐蕃文残纸片，包括纸页 E.i.11，维斯奈尔教授证明其所有主要特征与霍恩雷博士和我自己的收藏中的古婆罗米文手稿和汉文文书的用纸相同，因此，这些文本可以推测实际上写于和田地区。

修复后的《稻秆经》残页内容大约只有收录于《甘珠尔集》中的一半，也与所引用的它的梵语原文和汉文译本有别。经文略异于《甘珠尔集》，是一个较晚的版本，对早期较为含混的术语临时增补并替换了注解。然而这些残页的语言学意义是极其重要的，因为与较小的吐蕃文经文及接着就要提到的灰泥墙壁上的题记一样，它们是目前所知最早的吐蕃文写本。考古学证据证明，从安迪尔寺庙发现的手稿残页中，没有一片是公元8世纪以后放进去的。巴奈特博士最早在《稻秆经》中注意到，其拼字法特性很古老，弗兰克先生也在两首宗教诗中注意到了同一特性。但是，正如弗兰克先生详尽阐释的那样，两首宗教诗的拼写法不仅具有这些古典前期的特征，也与现代方言的形式相一致，这一点也许更值得注意。恰如我博学的合作者在其评论中所提出的，这些资料必定涉及吐蕃字母的发明和佛教最早传入西藏的真实年代问题。对这些十分有趣的问题我不能发表任何看法，不过我认为，安迪尔经文的文字与现代迪布坎手迹并无差别这一事实很可能与此有关。安迪尔文书表明，这种手迹据推断已于公元8世纪最后定型并延续至今，而与其如此密切相关的传统拼写法证明在那时已经过时，因此很难不怀疑将吐蕃文字及其拼写法的发明仅仅定在约一个世纪以前这一传统观点的正确性。

但是，这些各式各样的婆罗米文和吐蕃文许愿手稿或手稿残页并不是该小寺出土的仅有的写本遗物，非常有趣的是还发现了两小块写有婆罗米文的桦树皮。我们发现这两块桦树皮粘贴在距东南角约6英尺、离地面高约1英尺的南壁墙面的灰泥上。无法说明它们是如何被粘贴到那里的，它们曾经所属的手稿是什么性质也不得而知。每一块上都有几个文字，看起来好像是梵语，字体为竖体笈多型，这种字体比此遗址或丹丹乌里克发现的任何婆罗米手稿都要古老。真是奇怪，从挖入中心基座的洞中的沙子和碎片中，也发现几块写有一两个婆罗米字的桦树皮薄片，那么，这个洞是不是就像佛塔基座中常见的那种一样，也可能曾存放过某种东西呢？

在远离雕像基座的地面上，我发现三小张写有汉字的纸片（E.i.8、36、44），它们分散在不同的地方。虽然只是残页，但沙畹先生的译文还是清楚表明，它们属于从丹丹乌里克住宅和寺庙中发现的那种世俗文书，而不是宗教经文。E.i.44明显是一份官方记录的残片，因为它提到某官员的呈文，以及"左羽林军大将军王直将"。E.i.8、36这两页纸片明显涉及私事，可能是陈情书。没有一页文书署明日期，然而即便如此，它们仍然具有年代学价值，因为考虑到我们前文已阐明的最终导致唐朝放弃西域的那些事件，这些汉文文书的发现将足以说明，安迪尔寺庙及其周围建筑的废弃不晚于公元8世纪末。

幸运的是，寺庙墙壁上题写着一则署有日期的汉文题记，为这一结论提供了更加简明的年代学依据。这则题记是在清理殿堂西墙时发现的，位于西北角塑像的左侧，共有三行，如图56所示。由于墙壁的上部已毁坏，所以第二和第三排顶上的字残失，但所幸右边包含题记抬头的第一行较短，被完整保存下来。沙畹先生的译文显示，它注明了该题记刻写的日期是开元七年（公元719年）。题记是用某种较钝的尖形器具刻写上去的。由于灰泥墙粗糙易碎，原表面部分脱落，第一个字"开"字已不清楚，所以当初曾认为可能读作"贞"（贞元）字，这样落款的年代便相当于公元791年。但三位中国文人及布舍尔博士分别仔细考证我的照片之后，得出了相同的判读结果，证明沙畹先生的读法是正确的。同时，题记本身的内容也支持这一读法。

题记虽已残缺不全，但尚能解读的部分明确提到"四镇""大蕃"（即吐蕃）和"大蕃官"，接下来是"太常卿秦嘉兴归本道"。其前一句中所谓"闻其兵马使死"的那个人是秦嘉兴，还是指另外某位唐朝高官，还不能确定。沙畹先生也没有能从汉文史籍中找到秦嘉兴这个名字。前文我们已经看到，大约自公元766年起，驻塔里木盆地的唐王朝仅能艰难维持而已，并处于与中原隔绝的状态，到公元790年，或至迟在公元791年，最后屈服于吐蕃的侵入。很难令人相信，就在唐朝治理终结、四镇名实俱亡的这一年，会有一位朝廷高官来到和田边境并在佛寺墙壁上写下他的归"本道"。另一方面我们知道，自公元714年开始，吐蕃即连年骚扰唐朝边境，并于公元717年前后联合阿拉伯和叛乱的西突厥人入侵四镇。无论如何，据《唐书》记载，自公元719年以后，唐朝逐渐恢复了对塔里木盆地的治理并扩展到附近地区。玄宗皇帝取得的这些成功，与其说凭的是军事力量，不如说靠的是外交手段。我们可以从题记中的尊称"大蕃"上看到这一点，在公元822年设立的拉萨会盟碑中，吐蕃人就是如此称呼自己的。

无论如何，吐蕃人曾长期在此统治，不仅上述许愿用的吐蕃文手稿可以证明这一点，而且刻在殿堂北壁和南壁上的一连串吐蕃文题记也可以作证。这些题记出自不同人之手，通常十分潦草。南壁上的吐蕃文题记如图57所示，而所有题记中，只要是能够从我拍的照片和摹本中判读的，弗兰克先生都作了翻译和注释。它们好像是一些祷词，记录着供奉给特定神灵的祭品，并虔诚地祈求得到某种回报。西南角（图57右）附近的墙壁上有一条题记，记录一次特别的祭事，即祭献人以一头"牦牛"献祭，盼望在"到对面之地"（西藏？）的旅行中得到"财富、食品和草料"。这些潦草的吐蕃文题记总的看来不如汉文题记保存得好，但这当然并不表明其时代就较晚。相反，西墙上的汉文题记和同一墙上的一则几乎完全被擦掉的字迹模糊的吐蕃文题记之间保存状况的差别，却正好表明了相反的结论。

吐蕃文题记没有提供直接的年代线索，不过可以肯定地认为，它们以及汉文题记的刻写时代，不可能先于各种手稿的存放和后来寺庙的废弃很多年。殿堂墙壁上粗糙易碎的灰泥并不是那种在暴露的情况下能够无须修补而能长期保存完好的材料，而一旦翻新，所有这些不经意的刻痕和汉文题记则无疑将随即被抹去。考虑到汉文题记中明确标明的日期，寺庙最后废弃的时间可能在公元8世纪中叶这一推论大致可以确定下来，从而也间接说明了发现于其中的手稿的形成年代。这一结论与如下事实完全相符：在安迪尔戍堡内外发现的8枚中国铜钱中，没有一枚是丹丹乌里克随处可见的那种唐代钱币。这也说明了为什么与丹丹乌里克的寺庙比起来，安迪尔雕塑与绘画遗迹的特征明显比较古老。

由于有可能得到大致准确的年代，因而我在各雕像基座前发现的一系列许愿供物便赋予了特别的意义。从中心基座西北面附近沙子中发现一张长方形纸页（E.i.19.a，图58），上面画着一只正在喂奶的双峰骆驼，画面简洁生动，色调明快。母骆驼的臀部有一个烙印。也许是物主以此画作为还愿物而放于此，目的是要找回丢失的牲口，这是不是很有可能的呢？在西北角塑像基座处发现两小片卷作一团的纸片（E.i.25.a、b，图58），它们只是大画的残片，其中一片很有趣，因为画上的人头面孔像汉人。

　　但更多的是小布条，有些做成小三角旗形，有些则仅仅是碎片而已，显然是从衣服上撕下来的。它们是从塑像基座前发现的，与手稿残页混杂在一起。它们包括多种类型的织物，正如玄奘所述，从精细的丝锦到类似现在哈慕（维吾尔语，意为一种粗棉布——译者）的简单而结实的棉织品应有尽有。在中心基座的不同部位以及塑像之前，有时也发现这类织物，显系同一急于向所有神灵求助之人所为。这些丰富的供物，使我回想起那些装点着伊玛目·贾法尔·萨迪克安息处入口的以及飘扬在新疆其他圣人墓地的高大旗杆上的奇怪的碎布条。伊斯兰教确实几乎没有对佛教时期所流行的还愿物形式做过修改，这样就为我们收集极具考古意义的古代织物提供了一个范例。

第三节　安迪尔遗址的废堡和佛塔

2月23日早上，一结束寺庙的清理，我就开始发掘位于其北约50英尺远的一排小屋（E.II）。小屋的墙壁也与佛殿中的一样，为木骨泥墙，但由于积沙只有1~5英尺深，所以毁坏严重。小屋北面是有围墙的庭院，有一部分曾用作畜圈。最东面的小屋中，发现紧靠南墙的地下有一个长约4英尺、宽3英尺、深4英尺的坑。坑的四壁均用灰泥仔细涂抹。从西边隔壁房间的发现物看来，此住宅很可能是一处小僧房。

这个小房间尺寸为8英尺×4.5英尺（见图53，平面图中标作E.ii），狭窄的南墙上装饰着精美的湿壁画，部分地方还保存着鲜明的本色（图62）。壁画的中心像约真人大小，可能是佛或菩萨，由于墙壁离地面4英尺以上部分已残毁，现只剩下双足和长袍的下部。人像背后的椭圆形光轮中绘有小坐佛或圣徒像，都是在蓝底上绘红袍，每一幅像均环绕以直径约4英寸的淡绿色的光轮。光轮底部两侧的三角形空间中，紧靠光轮处有一个褪色的跪或坐着的人像，其后有一个执剑的立像。墙脚饰以饰带形壁画，高约1英尺10英寸，用一条有角的回纹饰分成两条宽带。上边的一条中，墙面未脱落处画有浮游的鹅和百合花形花瓣，都是在鲜绿色底上绘蓝色图案。下面那条宽带在照片（图62）中可以看到，是在鲜红

图 62 安迪尔遗址佛堂 E.ii 的壁画

色底上交替以蓝和绿色绘三角形鳞状花纹。装饰风格与丹丹乌里克寺庙 D.VI 墙上残存的湿壁画（图 63）类似，不过没有那么精细。

　　小房间的东墙与绘有壁画的南墙相交处发现一排旋制精美的木栏杆（图 64），栏杆的后背嵌入灰泥墙面之中。这个装置的用途不明，不过栏杆的顶部可能曾用来存放许愿供物。在东南角离地

图 63　丹丹乌里克遗址佛殿 D.Ⅵ 南墙壁画

图 64　安迪尔遗址 E.Ⅴ 带壁炉的地下室

图 65　四臂象头神画板

面约4英寸高松散沙子中，我发现一块保存完好的小画板（E.ii.1，图65）。画板上绘一个坐着的四臂象头神或毗那夜迦天，所有细节都与印度的象头神像相同。流行大乘教的北亚佛寺中，都有这个神像。沿西墙墙脚放置一根刨平的木梁或木柱，长约3英尺，宽6英寸，由于暴露在外而严重朽坏，可能是装饰门柱的一部分，上面依稀可见深棕色佛头的轮廓。所有这些绘画遗存的特征表明这个小房间是一个礼拜堂。

西边其余那些房间，地面比 E.ii 高3英尺，没有任何发现物。寺庙西北面那处单独的小建筑（E.IV）已部分毁坏，除一个灰泥火炉外别无他物。

除环绕戍堡的土墙外，该遗址最显眼的当属位于城内东面的

图 66　安迪尔遗址毁损的建筑 E.Ⅲ，自西南方向看

大型土坯墙建筑废墟。从西面拍摄的照片（图66）是其发掘前的情形。主建筑南面的高大土坯墙处几乎没有积沙，有些地方墙高仍达10英尺。其北面，包括半敞的大厅（E.iii）和东北角的大室，仍然填满了流沙，大室中流沙高约6英尺，大厅中的则足有9英尺。墙壁如按比例缩绘的平面图（图53）所示，厚度不一致，主外墙为

4英尺，其他墙为2英尺3英寸。土坯中混杂有许多麦草，偶尔还加有少量骨片、木片、陶片和类似碎屑。有两种尺寸的土坯：常见的一种尺寸约为17英寸见方，厚5英寸；另一种约12英寸见方，3英寸厚，用于某些较薄的墙壁。水平土坯层之间垫以约2英寸厚的草抹泥层。较大房间的墙壁中规则地立有大木柱，木柱柱脚约5英寸见方，突出墙面的部分为圆壁柱形，用以支撑顶梁。填满流沙的房间中，木柱基本上保存完好（图66左），而其余房间中，则只有木柱留下的柱洞，表明那里曾立有木柱，但木柱本身已因暴露而完全腐烂了。东北角房间地上的沙子中，发现一些粗大的顶梁残体。这个房间和大厅（E.iii）中都有支撑顶梁的独立的中心柱。

建筑物北面的那些房间不仅规模大，而且填满了沙子，清理工作十分繁重，只有让全体人员一齐动手，且2月24、25日这两天一直工作到夜深，才终于在限定时间里完成。为了使民工们能够不顾疲劳和夜间的严寒而坚持工作，我给他们增加了薪水和免费的食品配给，并用大量死红柳根燃起熊熊篝火，以解决必要的照明问题。不出所料，房间里没有任何可取走的东西。只在角屋里发现一个3英尺宽的坐台和一个大壁炉。朝南开的大厅（E.iii）中，有一部分东墙保存完好，粗糙的灰泥墙面上刻有吐蕃文和汉文题记。图55中的照片所示为中心木壁柱南面的题记，其北面的潦草题记类型与此相似。根据沙畹先生的释读和翻译，离壁柱最近的汉字提到"国使辛利川"，遗憾的是，此人的身份不能确定。其余的汉字过于潦草和模糊，无法解读。

此墙上的吐蕃文题记总的说来保存得比汉文题记要好，有些吐蕃文还从汉文题记中穿过，看样子年代要晚于汉文题记。弗兰克先生根据我的照片和摹本进行了解读。其中最有趣的是图56顶部所示的，它位于一些粗糙的吐蕃文字和汉字之下。根据弗兰克先生的翻译，这条题记的主要部分记载道："在上欧乔姆罗姆省的 Pyagpag，该军被智取，得到一顿大餐（即许多人被杀掉——译者）。"其后又增加了一些粗大的字，显系另一人的手笔："（现在）吃胖吧！"我们可否认为这是在记录吐蕃人与（也许是）某支军队交战的胜利？这些句子，特别是后加上去的那一句，是参加此次战斗的一个吐蕃勇士刻上去的、语气相当粗俗。但这对我们确定无论是那些地名，还是所指事件，都没有什么帮助。弗兰克先生翻译的其余三条题记，刻画得更加随意，其中提到丢失了某种财物，墙上可能还曾画有一幅画，等等。

废弃的建筑物 E.III 无疑是城内的主要建筑。从其大厅和房间规格和其总的平面布局判断，这应该是官员和军事组织的驻所，戍堡最初是为保护他们而修建的。不知何故，整个建筑的规模之大，有点类似于中国内地的衙门，但我不能断定房间等的布局与中国内地的建筑风格相似到什么程度。

废堡内尚能找到的唯一其他稍具规模的建筑就是寺庙东南面的住宅 E.V。几根从沙子中冒出来的残柱子首先引起我的注意，这些柱子证明属于因侵蚀而几乎完全消失的该建筑的上层房屋。它的地面与寺庙和建筑物 E.III 的地面高度大致相当。有明确的迹象表明，此上层的墙壁除木构架外，由成排立置的结实羊粪块加黏土层构成。我从民工那里听说到，这种奇怪的建筑材料今天并非完全不用。我们在这些薄墙之下发掘出了该建筑物的地下室。其主墙为夯土墙，厚4英尺多；分隔出小房间的内墙为普通的木骨泥墙，厚仅6~8英寸。主墙之所以建造得如此之厚，主要是为了抵御四周土壤的压力。地下室层任何主墙中都没有入口，只能从上方经楼梯进入。以木骨泥墙分隔出的一个或几个小房间中可能曾有过作为楼梯用的梯子。嵌入土墙的大柱子一直通达上层建筑物。在图64中可以看到这些柱子，照片拍摄的是部分清理后的西南角。此房间中发现一个保存完好的大壁炉，壁炉顶部突出来，装饰着精美的灰泥雕塑。壁炉的结构与丹丹乌里克遗址住宅中发现的某些壁炉极为相似。它的存在说明，这些高达9英尺的地下室至少有一部分曾在某些季节用作住房。这种完全或半地下式房间在寒冷的冬季无疑比较容易保暖，而它在白沙瓦和旁遮普的塔依罕那斯的用途正好相反，是用来抵御印度夏季的酷暑的。这些地下室清理得非常艰难，没有得到任何能够带走的器物。

除已述的那些建筑遗迹外，紧靠城墙最北面修建有一间小室，墙壁已严重残损。除此之外，圆形城堡内再无建筑遗迹发现。考虑到积沙的情形和可用的空间，流沙之下不大可能还埋藏着任何其他废墟。城堡北面大部分地方几乎没有沙子。还有一处，是主要由马粪、畜栏弃物和麦草堆积而成的密实的垃圾层，高3~4英尺。为了弄清这些垃圾堆的性质，我在那里挖了一条横穿垃圾堆的宽探沟，一直挖到原始地面。但除上述垃圾外，唯一的发现就是一些破陶片，偶尔还有几块粗棉布和毡片，以及一些棉籽。很明显，此处曾长期用作马厩。再往北，裸露的地面上散布着粗糙的陶片。E.I 和 E.III 南面的开阔地遭到严重侵蚀，地面已降至建筑物地面以下 3~5 英尺，而且侵蚀仍在继续。不过这里也散布着大量陶片。在戍堡的门外，同样也有大量陶片。

废墟最有特色的是曾防护着这个小建筑群的城墙。没有迹象表明它可能曾抵御过敌人的攻击，但它有助于抵挡古代沙漠遗址所面对的最大的危险：风力和流沙的侵蚀作用。观察一下废墙四周，很容易就能看到，周围地面已因侵蚀而较原来的高度降低了至少10英尺。在城墙里面，流沙一旦堆积起来，就不大可能被风吹走，因而为废墟提供了保护。许多世纪以来，它就这样以原建筑者不曾预料到的方式履行着防护职能，而自身却遭受到严重的破坏。只有朝向正南、城门两侧的部分城墙还可清楚看出其原来的结构和特征。这段城墙全长约160英尺。其他各处残存的小段城墙，均已残毁，变成不成形的土堆，不过对确定原来城墙的走势却很有帮助。与中亚仍然流行的土墙建筑或要塞一样，圆形城墙由结实的夯土墙构成，夯块呈长方形。不过我注意到，西北段城墙中，普通夯土中插有水平的钙化硬土块层。

城墙底部宽约30英尺，向上逐渐变窄，如阿克斯皮戍堡古城墙的剖面中所见（图67）。只有南段尚可测得比较精确的高度，自 E.III 的地面量起，为17.5英尺。城墙的顶部有一道胸墙，高

5英尺6英寸，厚约3英尺，土坯筑，城门以东约40英尺长的部分清楚可辨。土坯为 E.III 主墙中所用较大尺寸的那种。胸墙后面是一个平台，用嵌入黏土中的水平树枝层筑成，以使城墙的顶部变得更结实。城门现仅剩下一个豁口，只有约18英尺宽，两侧各有一座方形小棱堡。棱堡从圆形城墙底部向外突出约20英尺。城门两侧的这些防御工事毁坏得很严重，无法进行精确测量。城门以西，靠近城墙的内侧，立着一排排大柱子，表明那里曾建有一个小屋，小屋伸入到城墙内侧陡壁里面，是一间守卫室。由于圆形城墙沿内侧墙脚区域一直受到侵蚀，城门处的地面比现在一般地面还高。

残存的其余小段城墙，高5~15英尺，看不出另有城门的迹象，也不见棱堡。鉴于戍堡的形状为圆形，不存在任何死角，因而显然也并不需要修建棱堡。我发现阿克斯皮尔古堡的城墙也是这种圆形结构，而乌尊塔提遗址附近发现的可能属于中古时期的小要塞则变为椭圆形。新疆当地至今仍很欣赏这种形状的小规模防御要塞所具有的明显优势，因为我在塔希马里克和喀什噶尔之间的乌帕尔发现，那里有一个小哨所的土墙就是完全按照这种样式修建的。

至此，对安迪尔戍堡的考察已告完成，但没有找到任何直接的证据，可以表明当初在此修筑它的目的。不过它废弃的大致年代我们已经确定，玄奘也告诉了我们其前一世纪该地区的情况，这些都为作出适当推测提供了相当可靠的背景材料。那时，玄奘

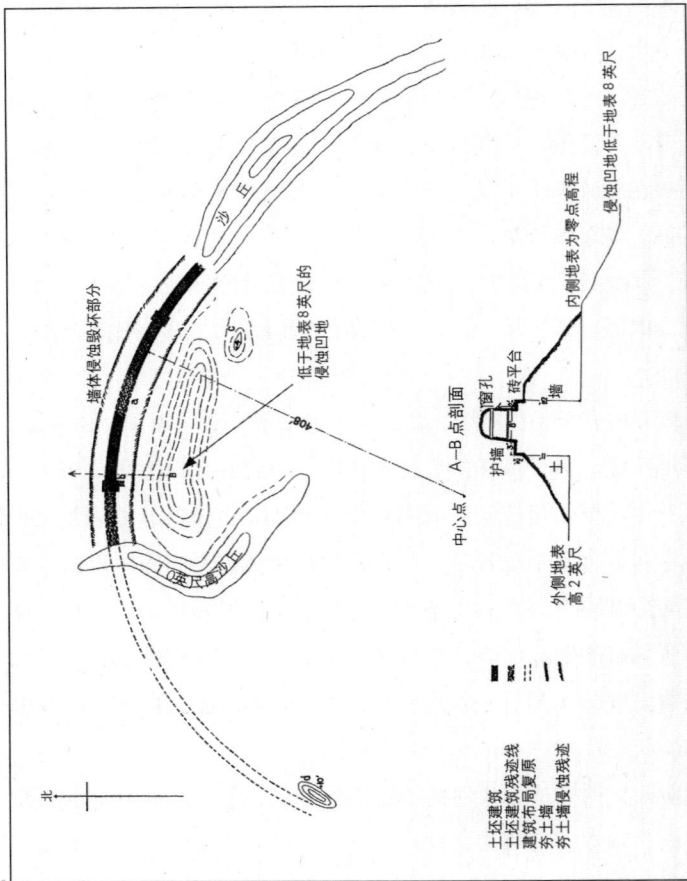

图 67　阿克斯皮尔古城墙遗迹平面图

墙体侵蚀毁坏部分

低于地表 8 英尺的
侵蚀凹地

中心点

A–B 点剖面

内侧地表为零点高程

侵蚀凹地低于地表 8 英尺

窗孔

待平台

护墙

土墙

外侧地表
高 2 英尺

沙丘

北

土坯建筑

土坯建筑残迹线

建筑布局复原

夯土墙

夯土墙侵蚀残迹

从泥壤（尼雅）东行入大流沙，他生动记述了行人在此遭遇到的各种危险，情形竟与6个世纪后马可·波罗描述的罗布泊和沙州之间的大沙漠极其相似。

过大流沙，行四百里，玄奘到达覩货逻故国。此国早已无人居住，城皆荒芜。从此东行六百里，他来到折摩驮那故国，那里虽然城廓岿然，但人烟断绝。这个折摩驮那只能是车尔臣绿洲，玄奘的传记中正确地称其故名为沮末。一方面，距泥壤（尼雅）一千里的距离，与今天两地间折合十站的距离完全相符，表明其位置当在车尔臣；另一方面，玄奘指明纳缚波（楼兰）位于其东北一千里处，这个方向和距离也表明了这一点。很早以前就已确认纳缚波（楼兰）位于罗布泊附近，而车尔臣绿洲位于后者西南面，而且几乎就在罗布泊至尼雅的中途。

玄奘所载分别至泥壤（尼雅）与折摩驮那（车尔臣）的相对距离，使我们不得不将他所说的覩货逻故国的那个废弃的聚落定位在安迪尔遗址周围。因为后者距尼雅至车尔臣大路直线距离约12英里，如地图所示，它到尼雅的距离比到车尔臣近约16英里。既然这个地区大约于公元645年即已变为荒漠，那么自然就要提出这样的问题，即如何解释为什么还会存在那个我已做过发掘的公元8世纪前半期的废墟？这有两种解释：如我们已经看到的那样，在玄奘经过那里之后十几年，唐朝恢复了对西域的治理，由于条件得到了改善，因此这个地区重新得到开垦并且有了居民。既然是这样，那么接着在那里建立戍堡以驻扎小规模的军队，以及在驻军支持进而管理地方事务，是再自然不过的事。如果这个地区就像公元645年玄奘看到的那样一直保持着废弃状态，那么我们就不得不承认，安迪尔成堡是建立在从中国内地通往和田大路上的一个小要塞，其目的很明确，就是保护这条大道的安全。

我们很难确定这两种解释到底哪一个才是真实的。《唐书》中的确提到，那时存在一条沙州至和田的古老的旅行路线。不过虽然沙畹先生的注释中清楚表明这条路线经过且末或车尔臣，并特别提到那里还驻扎着一支唐朝驻军，但要确定且末以西至和田附近途中各站的位置则不可能，因为其中只有一处标明了距离。总的说来，我倾向于选择第一种解释，因为且末（车尔臣）的情况为这一解释提供了支持。且末虽然在玄奘时期已完全荒废，但在唐代就又有人居住，并成为一支唐朝驻军的驻地。

马可·波罗有关车尔臣省的描述同样表明，甚至晚至公元13世纪，车尔臣以西的路线上也并不是完全杳无人烟。在谈到车尔臣众多的村镇之后，他告诉我们："全省地多沙卤，自培因起沿途尽然。所见之水多苦涩，不过亦有数处甜水。"这一记载与今天在尼雅和车尔臣之间碰到的情况完全一致。而在下一句中，这位威尼斯人接着告诉我们："当军队路过，居民们便携妻儿、牲畜，逃入两三天路程远的沙漠中去。他们深知何处有水，因而能够在沙漠生存，并能保护牲畜存活，却不会被人发现。"我认为这很清楚，马可·波罗这里所指就是流入尼雅—车尔臣大道以北并消失于沙漠的那几条河流。河流尾闾绿洲的丛林地带和今天一样，当时为在大道以南建立的小村落提供了安全的避难所。

　　如果安迪尔戍堡西北面那片满布遗物的区域连同佛塔证明属于同一时期，那么安迪尔戍堡周围曾有过一个定居人口的耕种区这个假设当然就能完全成立。但遗憾的是，到目前为止，还没能找到有关这一点的决定性证据。只在废弃的戍堡及其近旁发现过钱币，而我们又还远未找到可以大致确定陶片年代的类型学方法。佛塔周围地面遭到的侵蚀比戍堡周围要普遍而彻底得多，但鉴于我以前的经验，这种差别可能是由多种自然因素引起的，所以据此得出的年代序列上的结论是否可靠，我深表怀疑。

　　以我们目前的知识，根本无法从佛塔本身的建筑特征来断定其年代。2月25日，我着手对佛塔废墟进行精确测量，而让测量员去监管 E.III 的发掘工作。由于佛塔外墙面已严重损毁，再加上"寻宝人"的挖掘造成的破坏，对佛塔的测量是一项很困难的工作。但通过仔细测定现存建筑各基准点的位置，然后借助从佛塔内部发现的方形竖井确定其中心线的办法，我还是成功地测出了它大致精确的尺寸。如前文所述，风蚀作用已使佛塔周围地面降低了许多，并在塔基附近挖出了大凹坑，西南和东南面的凹坑低于建筑物最下层土坯足有 15 和 10 英尺深。10 英尺标杆的底部所示为佛塔的起始高度。佛塔由方形塔基和塔基上面的覆钵式圆柱形顶组成。塔基四角大致朝向正方向。塔基分三层，是前面解释过的那种典型的布局。最下层 27 英尺见方，高 1.5 英尺。不过由于长年的损毁，这些最后的尺寸只能是大致接近而已。第二层比第一层缩进2英尺，高6英尺，是塔基的主体。再往上是第三层，高只有1.5英尺，同样再缩进2英尺。塔身直径16英尺，连同已残的塔顶高达14英尺。佛塔的原高不能确定。沿其中心线下开有一个1英尺见方的竖井，从现存塔顶向下延伸达7英尺深。

这个竖井可能曾用来固定一根支撑"法散"（安装在塔顶上的一种尖顶饰——译者）和其他塔顶装饰物的木柱。"寻宝人"很久以前就已从塔身的东南挖了一个直达其下的洞。此外，从塔基的东北面也向中心处挖有一个洞，此洞向上通达最上层塔基。由于这两个洞在塔心处相通，所以我敢肯定，深入佛塔之中的这几英尺洞中没有贮藏任何东西。整座佛塔用土坯筑成，土坯看起来比废墟 E.Ⅲ 的那些更坚硬，砌得也更密实。常见的尺寸是5英寸厚，约18英寸见方。但由于表面被损毁和受到风雨的侵蚀，所以很难获得一个足够准确的测量数据。整个建筑的表面曾抹有灰泥，塔身北面仍黏着的一大片灰泥面证明了这一点。

佛塔周围是一块散布有陶片的裸露的侵蚀地，其范围表明那里曾是一个相当大的居民区。与废堡一样，居民区赖以生存的水源就是至今仍从离遗址约4英里远的地方流过的安迪尔河。没有任何考古证据可以证明是什么原因导致居民区的废弃，甚至连它与戍堡遗迹之间的年代关系都不能确定。从废戍堡的沙子中，以及从它附近的侵蚀地上，捡到有其他种类的遗物，其中有小玻璃片和青铜片。特别值得一提是一块镶嵌乌银饰的蓝绿色玻璃片。我从尼雅带来的向导伊布拉音称，他在西面约0.5英里处捡到两个有趣的小东西，一个是一根圆柱形的中国硬墨棒，一头钻有穿绳孔；另一个是一枚立方体的骨骰子，上面雕刻的点数布局与正统的骰子完全一样，任何两相对面的总点数均为7。

第三章

喀拉墩遗址探险和探寻媲摩古城

第一节 喀拉墩遗址探险

2月26日，我在安迪尔遗址的探险工作终于结束了。那天我们铆足了劲儿，从清晨一直干到日暮之后，借着生起的篝火发出的光亮才完成最后的工作。过去几个星期得到的信息表明，东去车尔臣的路上没有已知的废址存在。在车尔臣，除了格热纳德已经考察过的靠近车尔臣现在绿洲的"老城"遗址，只提到在该遗址以北一日路程的地方有一些废墟，它们很可能就是格热纳德提到的那些废墟。但到那里往返一次就要两个星期，而我所剩的时间已不多，更何况我还要到克里雅与和田以北的古遗址去考察。虽然夜里酷寒依旧，偶尔刮来的阵风也很轻柔，但白天的气温正一天天暖和起来，空气中开始弥漫着沙尘，这一切都预示着沙暴和炎热的季节正一步一步临近。我很清楚，那将阻碍我在和田附近沙漠进行考古发掘的计划。因此我违心地决定改向西行。

自2月26日起，一路急行，至3月2日，我与考察队一道回到尼雅。其间所历，这里只想简明概括一下。第一天，我在被称为"科尔加奇"的地方渡过安迪尔河，发现约15码宽的主河道上结着尚足以承受重载的一层厚冰。深切的河床约有80码宽，表明春夏季洪水水量巨大。过河之后，穿过一片繁密的红柳包地带，遇到安迪尔河的一条老河床。沿此河床前行，穿过茂密的胡杨林，来到托库孜库勒，那是一个废弃的牧羊人的小屋。托库孜库勒的意思是九个湖，不过现在一点水都没有。2月27日，我们向正南方向进发，跨过一片长着芦苇的平原。一时间一切沙漠景观不见了，尘埃也悄然散去，我们早上清楚地看到了昆仑山一系列雄伟的山峰及环绕着的冰川。当强劲的北风再次扬起漫天的尘埃，山脉风景便海市蜃楼般隐去了，那时我们刚好赶到尼雅至车尔臣的路上。沿着这条孤寂的沙漠小道，也就是曾经连接中国的那条伟大之路，我们继续前进，在荒芜的戈壁上一口气走了32英里的路程，最后到达牙喀托格拉克。我们从那里约6英尺深的井里补充了有点咸味的水，一小片红柳和胡杨为我们提供了难得的燃料。

次日，由于前一天的强行军，骆驼显得十分疲劳，所以我们只走到亚цип 古孜河。一路都是很低的沙丘，生长着红柳之类的矮树，直到靠近左河岸，才翻过一条高约100英尺的大沙脊。这里河水在一条宽约20码的河床中流淌，河床深切约20英尺，水深

2~3英尺。山脚下河床中的冰已融化。又经过两天漫长的旅行，我回到了尼雅。这两天的景色有了可喜的变化，途中见到小湖泊和潟湖。希株特克湖和布勒克里克湖离大路很近，它们的水源主要依靠泉水补给。泉水才刚刚解冻，但水量充沛，这无疑是源自近山处上游潜入徐缓倾斜的砾石萨依（戈壁——译者）的小河。希塔拉达里雅是一条靠泉水补给的小河，但这年晚些时候，也从昆仑山获得补给水源。从希塔拉达里雅延伸出一片广阔而茂密的丛林，高大林木的下面长满了芦苇与灌木丛，这种景观自尼雅河延伸了3英里多。在墩奥格勒、库姆恰克里克和喀尔塔克林牧场附近又见到许多泉流。尼雅河东岸就像和田以东所有其他河流进入或流经沙漠处的情形一样，连接着一座高沙丘达坂。我们在希塔拉·帕迪沙黑姆麻扎附近越过达坂，麻扎最显眼的就是插在那里的许多树干，树干上挂着碎布条，在风中不停地飘摇。余下的路程是先经过吉勒姆库勒沼泽，然后通过几乎是一连片的湿地，我深深感到，玄奘关于古泥壤所在地情形的描写是多么精确。自1月23日从尼雅出发以来，我绕了一个300多英里的椭圆形大弯。考虑到距离的遥远和地形的复杂，当对用平板仪所绘地图上所示我们路线的起点与终点进行比较时，发现经度误差只有0.75英里，纬度误差为1英里多，这对我是个不小的安慰。在所有较重要的营地，我们都作了天文观测，因而很容易对其进行必要的校正。

3月3—4日，我自己从尼雅赶到克里雅，让骆驼拉着"货物专列"在后面跟着。在那里我赶忙写信与作公务报告，以争取时间准备一份关于旅行发现的简单说明，我同时还要迅速对下一次探险作出安排。和蔼的克里雅（或于阗）按办黄大老爷（因为其所辖县已正式命名）正好在我到达后外出归来，他就像大多数有学问的中国官员一样，富有敏锐的历史感，对我的发现和报告都表现出浓厚的兴趣。多亏他的积极帮助和我精明的听差伊布拉音孜孜不倦的努力，我只用了两天时间就安排好了一切：选好了随我参加发掘的民工，更换了部分疲惫不堪的骆驼，准备好了人畜所需的供给。

鉴于路途遥远和下一个目的地附近缺乏供给，这些准备工作需要做得特别仔细。我的目的地就是喀拉墩遗址，位于克里雅以北约150英里的沙漠中，斯文·赫定博士1896年在其克里雅河之行曾短暂访问过那里。吐尔迪曾两次到这一地区"寻宝"，据他报告，建筑遗迹以及那个所谓古城——他将其命名为阿克铁干——的规模非常宏伟。然而我觉得，由于它独处于如此遥远的北方而被赋予了特殊的意义，因而有必要做一次系统的发掘。我让队伍加紧行军，以尽力弥补因路途遥远而耗费的时间。沿着克里雅河道向下游进发，共走了6天。河两岸的景象还与两个月前一样，荒凉而萧瑟。但在结有冰层的平镜般的地方，现已涌动着泥流，因为克里雅周围沼泽和水塘上的覆冰已经消融，这就是从克里雅河的支流喀拉苏（黑水）流过来的季节河。要等数月以后，阿克苏（白水）才能将昆仑山的雪水带过来。在布尔汗努丁·帕迪沙黑姆麻扎，我受到夏依赫们的热烈欢迎，教士会的长老盖孜·夏依赫加入了我的探险队。这是个很小的游牧聚落，居民在河边丛林为克里雅巴依们放牧羊群。作为羊群的大主人，谢克们当然了解这里的每一个生灵。因此我们的听差很容易就从牧羊人中雇到新的劳力加入我从克里雅带来的民工队伍。人很快就招够了，他们穿着山羊皮做的粗糙毛皮衣和便鞋，外表粗野不化，十分珍视这次能挣得一小笔钱的机会。当他们定期访问克里雅时，这些钱会很有用处，因为他们中许多人在克里雅有种地的亲戚。

3月12日傍晚，我们来到牧羊人的住地通古斯巴斯特。我从斯文·赫定博士的报告了解到，喀拉墩遗址就位于其西北。毛拉·沙深夜才到，他是个老练而聪明的牧羊人，将作我们下一程的向导，吐尔迪·哈瓦加已从克里雅派往和田为我送信，他开始坚称自己一无所知，最后才承认曾两次去过遗址。另一个牧羊人穆罕默德·沙是一个知名猎人，一个活跃的年轻人，将帮助他的乌斯塔（即师傅——译者）毛拉·沙探路。这确实不是件容易的任务。这天早上天空一片迷蒙，当将水箱注满水，贮藏好非急需的供给时，突然刮起了强劲的北风，风力达到风暴级，是本季的第一场大风。我们主要是沿着一条老河床在有高沙丘侵入的胡杨林中穿行，沿正北方向走了约7英里。这条老河床是从通古斯巴斯特上游约6英里处克里雅达里雅现在的河道分流出来的，而且在夏季仍有水流过来。

经一个叫作托勒达玛的小水塘后，向导打算向西北方向前进。水塘中还存有上次发洪水时留下的水。从此，我们走进了尘土的旋涡。但现在，由于风暴已经加强，空气变得非常浑浊，以致难以看到甚至是100码远的距离。尽管戴着护目镜，但细沙仍不断地吹到我的脸上，然后在睫毛下积聚起来，使我很难看清楚路线。但我注意到，走了2英里之后，胡杨林被甩到了身后，沙丘却高耸起来，沙丘之间有许多红柳丘。这样又缓慢走了一段时间，向导在这种艰难条件下却信心倍增起来，声称我们已接近遗址所以得名的那些高大的红柳包——喀拉墩（即黑山丘）。但在这沙尘蔽日的恶劣天气下，他们不能确定前进的方向，因此我让他们先行，而我们则在一个大沙包的背风处躲藏起来。看着沙丘顶线上的沙子就像飘摇于风暴中的波浪一般被风驱赶成浑浊的喷雾状真是有趣。过了半个小时，穆罕默德·沙带回来的消息说，遗址就在我们正西方向不远处。作为证明，他还带回来一块古陶片。这样，当风暴刚一露出减弱的苗头，我们便继续上路了。在15~25英尺高的沙丘上又走了2英里，来到一个较为平坦的地方，5~10英尺高的沙丘间偶尔显现的空地上露出了陶片。向西北方向走约0.5英里，就是这个相对开阔地区的西缘，耸立着一组很高的沙包，就在它们的掩蔽之中，我看到了梦寐以求的遗址。

　　喀拉墩遗址主要由图68中平面图所示的废弃四方院组成。其南面和东面部分见图69、70显示的是从东面大门附近所见废墟的情形。详细调查表明，方院由城墙组成，城墙的顶上曾建有成排的木骨泥墙房间。东南角附近立有成排的柱子，显示横墙墙基的爆裂的横木和类似的遗迹，除此之外，曾排列于城墙顶上的建筑

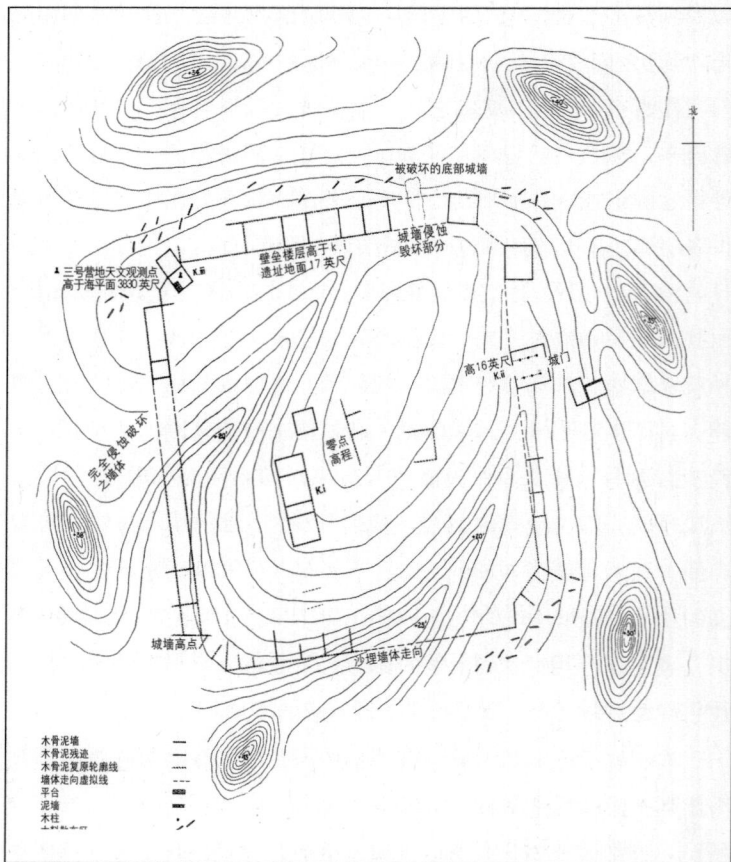

被破坏的底部城墙

城墙侵蚀毁坏部分

▲三号营地天文观测点
高于海平面3830英尺

壁垒楼层高于 k.i
遗址地面17英尺

高16英尺
K.ii

城门

零点
高程

完全侵蚀破坏
之墙体

城墙高点

沙埋墙体走向

木骨泥墙
木骨泥残迹
木骨泥复原轮廓线
墙体走向虚拟线
平台
泥墙
木柱

图 68　喀拉墩遗址地形平面图

物的墙壁已侵蚀殆尽，只在经长时间考察了所有细节与反复测量之后，才大致确定了方院的尺寸与布局。根据城墙顶上尚可找到的房间的外墙所示，方院大致是236英尺见方。北面与西面的迹象都表明房间原来是成双排的。但因为甚至只能在未被沙丘掩埋的城墙斜坡上，从撒落的腐烂木块的构形中追踪到第二排房间的墙基，所以不能确定其尺寸大小。只有西北角两个小房间的尺寸能够确定，它们背对着背，每个房间的尺寸将近11英尺见方。这里也一样，木骨泥墙没有一处高于泥土地面1英尺。

不过，虽然所有现存遗址都表明大破坏是由过度侵蚀所致，遗址曾长期暴露在风沙之中，但后来侵入的沙丘给测量工作带来的困难则更大。两条大沙丘斜穿方院，院内部分自原地面起高20多英尺，然后与院外相邻的沙包相连。沙包高达50英尺。院内沙丘所在之处，不可能看到它们是否覆盖着任何建筑遗迹，而如果进行发掘，无论如何都需要几个星期的时间才能完成。不过两大沙丘夹角处的积沙较低，露出一个建筑物的木构框架（见图68平面图中的 K.i），尺寸约为48英尺×26英尺。发掘后的情形见图69的中心部位。清理工作进行得十分艰难，因墙壁上的灰泥已完全消失，而后面沙丘斜坡上的沙子却不停地流进发掘区。沉重的木构屋顶可能曾支撑有第二层，现仍部分地保存下来，给民工们又增加了一个危险的因素，因为它下面已经腐朽的木柱不可能承受如此重负，临时又不可能找到支撑它的材料。尽管存在这么多困难，民工们经过两天的艰辛工作，还是努力将北面三个房间清

图 69　喀拉墩遗址毁损的四方庭院内部，部分发掘后自东北方向看

理到了原地面。这次发掘没有发现任何东西。西北面不远处的一个方形小建筑没有屋顶，但保存有部分灰泥墙壁，结构与丹丹乌里克遗址中的相类似，用芦苇席与有规则间隔的圆木作为灰泥的衬背。

K.i 东北方向露出的原地面上除一些坍毁的建筑木料（图70左

图 70　喀拉墩遗址毁损的四方庭院木质门口通道，发掘后自东面看

侧）外什么都没有。从对此处的仔细测量得知，城墙顶部房间的地面较方院内的地面高 17 英尺。这个位置充分说明了这些房间完全衰败的情况。我在城墙东北角附近的侵蚀部挖了一条探沟，结果证明这些房间下面的城墙底部厚约 30 英尺。城墙顶部铺有一层厚约 1 英尺的胡杨和红柳枝做房间的地基。

在城墙顶部与墙外斜坡上的沙子和木块之间撒落着粗陶片、小块残金属片、玻璃片、碎毛毯片和粗糙的棉织物。这些不多的发现物中，值得一提的有两枚箭头、一枚青铜扣和一件玻璃容器的器口或器足残片。有一把保存完好的檀香小木梳，呈弯曲状，装饰图案与印度北部仍普遍使用的那种完全相同，可能是从那里传入的。在城墙附近发现了5枚中国铜钱，其中2枚是五铢钱，其余的则无铭文，全都有被长期使用过的痕迹。在废墟东面和南面的侵蚀地上还捡到9枚钱币，其中一枚属于五铢钱，其余的要么无铭文，要么由于太过漫漶而无法识别。鉴于这些钱币所表明的年代范围，我在方院围墙上发现的不多的几张无字脆纸片，我们将看到也应具有某种古物学意义。

遗址唯一保存较好的部分就是21英尺见方的大门道K.ii，它位于城墙的东面，贯通城墙，通达方院之内。图70所示是从东面所见清理后的情形。这里的积沙不高，保存完整的门道顶下有些地方甚至在发掘之前就根本没有沙子。门道顶高于城墙顶部近1英尺，正是得益于两侧城墙的保护，墙壁的木料和支撑门顶的大柱子才会保存得如此完好。除一条10英尺宽的中央通道外，两侧还各有一条宽5英尺的边道。中央通道入口处有两扇大木门，门板厚3英尺，用粗大的横木加固。我注意到这多少与我访问过的现代衙门的大门布局有些相似。

通道的隔墙由木框架构成，框架用胡杨木搭建，粗糙但很宏伟。其中成排的立柱表明上面曾覆有灰泥层。无论如何，这层灰泥消失了，不管是在内侧还是在外墙。因此最困难的是如何阻止从各个方向流进来的沙子和散土。民工们辛勤挖掘了两天，才从顶梁处挖掘到中央通道14英尺深的地面。尽管3月17日又从西南方刮过来一场沙暴，但他们始终保持旺盛的精力，不停地坚持工作。在继续下挖之前，我从下面仔细检查了一遍门道的顶部，发现支撑门顶的大柱子并排着，上面先铺盖着一层薄薄的芦苇层，它们显然用作灰泥的衬背。芦苇层的上面置一层密实的胡杨枝，再上面覆盖一层厚约1.5英尺的抹泥。抹泥层用作另一层的地面，不过这另一层只保存下几根残柱桩。

当民工们根据我的指导除去这层抹泥地面以减轻门道顶棚的重量，从而减小它给清理门道内部带来的危险时，在地面垃圾层中发现了保存得很好的谷物。其中有两磅塔里克（粟粒，俗称小米——译者），克里雅附近及其他地方仍在大量种植这种作物。另有少量稻子、大麦、兵豆和一帽子黑色大葡萄干。上述鉴定是我请皇家园林所的丘所长作出的。在这里还发现一些保持原状的植物根茎，尚未确定其品种，不过测量员的厨师贾斯旺·辛格和民工们认为它们是某种芜菁。大门外有一处废弃的小建筑物（图70左侧），没有清理出任何遗物。

对方院废墟周围的调查几乎没有发现什么有价值的古物。就我所见以及民工们证实，方院废墟西面与北面是与遗址周围那些沙包一样高大的大沙丘。它们完全能够将任何遗迹掩埋掉，甚至是大型建筑。我要指出的是，有人向我报告说，北面发现有野骆驼的足迹。南面和东面有一片开阔地，延伸其间的沙丘有5~15英尺高，但低洼处显现出来的古代民居遗迹却很少。不多的空地上的确有粗陶片显露出来，但如果要找到未被沙丘掩埋的建筑遗迹，如木柱和墙壁，则是徒劳无获。只在方院废墟东南约0.5英里处，遗有古文物地区的南缘附近，才见到这类遗迹，向导说那里有一座"老房子"。

那里在一条高约10英尺的沙丘西坡露出粗糙的木柱，显示那是一处房屋遗迹，遗址自北向南延伸约63英尺。经发掘，除用来支撑屋顶的柱子外，屋墙看起来只用泥砌筑，几乎已被毁至地面。整个建筑显然久已失去沙子的保护。遗迹没有发现任何种类的遗物，除泥地上放置的三个粗糙的圆陶罐外。无论在硬度还是砂粒的匀度方面，其陶质都明显不如尼雅遗址发现的陶器。最大尺寸18英寸×18英寸，口宽7英寸。器肩饰以粗折线纹，并有三个小器耳。另一件陶器高7英寸，腹大径8英寸，双耳。口宽3英寸，颈高3英寸。第三件陶器底残，腹大径14英寸，口宽5英寸。遗迹总的特征表明这是一处较大但建造粗糙的住宅。事实表明，无论附近可能还曾存在过什么样的建筑物，它们都将更不结实。

就像方院废墟的所有建筑一样，此建筑木结构所使用的唯一材料也是胡杨。我认为这一点很重要。我们看到，在所有消失于沙漠的河流旁，河岸丛林中大量生长着这种野杨树。甚至在现在地表水从未到达的沙漠地区，这种树仍能存活。但这种树的树干和树枝扭曲而多节，无法像白杨、沙枣和其他种植于耕种区的树种那样提供良好的建筑木料。在丹丹乌里克、尼雅和安迪尔遗址，只有后面提到的这几种树被用作房屋木结构的木料，房屋的外观当然也比喀拉墩的美观得多。在那些古遗址，依靠系统灌溉存活的白杨树和其他树种的枯死树干形成一道特别的景观。但在喀拉墩周围，我没有找到它们。主遗址东面和南面不远处，沙丘之间直立着大量死树，但它们全都是古胡杨或红柳，就像在托勒达玛现代河床以西一处宽阔地带繁茂生长着的一样。我认为这一观察可以证明，在喀拉墩遗址建筑物所属时期，喀拉墩遗址附近不可能存在任何规模的耕作。

那么，这处废弃的大方院的用途是什么呢？方院明显位于沙漠与河流之间的林区，巨大的规模与其他遗迹朴拙的特性和有限的范围形成如此鲜明的对照。考虑到此建筑的位置和奇怪的设计，我认为可以大胆推测，这是一处古兰干（即驿站）或路边的萨拉伊（即旅馆），最初是为了给大队人马提供膳宿而修建的，如果有必要，也能用于防卫。这一推测当然要以早期沿克里雅达里雅存在一条交通要道为前提，而且我相信能够举出足够多的历史学和地形学证据来证明这一交通要道的存在。

米尔扎·海达尔在说到注入新疆沙漠中的大湖（即罗布泊）的河流时，清楚地提到克里雅达里雅，一并提到的还有叶尔羌（即莎车）河、阿克喀什（即玉龙喀什）、喀拉喀什，以及车尔臣河。鉴于这位莫卧儿历史学家的亲身经历，他对和田地区的完全了解，以及他的有关描述证明是多么准确，除非在他那个时代里人们仍相信克里雅河通达塔里木河，否则他不可能作出这一叙述。在旨在讲述公元12世纪大事的突厥语传奇文学《买哈默德·喀拉姆·喀布力》中，也曾描述到有一队伊斯兰战士在征服阿克苏后，沿克里雅河道来到克里雅附近攻击异教徒。

不论这个传说的历史价值是什么，至少格热纳德在引述它时已充分证明它涉及一项计划。1893年，克里雅一个精力充沛的按办曾制订了一项计划，准备重新开通沿克里雅河直通塔里木河的路线。他认为穿过今克里雅河尾闾与塔里木河之间的沙漠可能并不十分困难。斯文·赫定博士1896年的旅行证明了这一设想是完全可行的，这位瑞典探险家的旅行路线与克里雅河古代河床的延伸部大致相当。在这条路线上，时常见到成片的植物和浅层的地下水，这种景观一直延续到塔里木河最南面的支流。我们完全有理由相信，即使对现行政府而言，通过挖井、设立小驿站等办法来开通这条路线并不是十分困难的事情。

看一下地图就会发现，沿克里雅河现在河道及其古代延伸部到塔里木河的路线，是和田地区到古代库车地区以及东北方其他更远的绿洲之间最直接的交通线。《唐书》中记载于阗（即和田）于公元648年臣服于唐朝的直接原因是唐朝对龟兹的征服。这一事实证明，龟兹和于阗之间存在着密切的关系。同样可以确定的是，在沙漠之中交界的两个王国，文化联系非常密切。尤其是公元648或649年在龟兹设立安西都护府后，更显示出这条交通线的重要性。安西都护府下辖四镇，因此也统管于阗。

　　我认为可以肯定这一地区早期沿克里雅达里雅河岸存在一条正式的交通线，就像现在沿和田达里雅河岸的那条路线一样。喀拉墩大约位于塔里木河与和田主绿洲之间的中点，在这里建立一个小驿站不仅可以给旅行队提供一个安全的休息处，也可以对这条道路进行监护。在这样一个驿站旁很可能存在一个拥有巴扎之类设施的小聚落，就像现在新疆的许多商路旁都发现有兰干（即驿站）一样，而找到的那些遗迹，就是这个小聚落之所在。当地人称此地为"阔那协尔"，这一称呼是新疆人对各种古遗迹的泛称，甚至包括最小的遗迹也是这么称呼。但要说这是一座古城，恐怕是想象多于严谨的推断。

　　没有直接的证据证明方院的确切年代及其废弃的时间。不过从采集到的钱币中没有唐朝钱币这一事实看，该遗址的废弃可能要早于丹丹乌里克，因为在丹丹乌里克遗址中，开元时期（公元713—741年）的钱币和晚唐钱币都很常见。另一方面，喀拉墩遗址出土的无铭文或无五铢字样的钱币都显示有长期使用的痕迹，与安迪尔遗址发现的那些钱币相似。从发现的小量纸片看，其时代离安迪尔遗址废戍堡的年代也不会很久远。至于废弃的具体原因，目前还不能肯定。我们想象不到的各种原因都可能导致该驿站迁往他处，或导致其完全废弃。

　　当然，我们很容易猜想遗址的废弃可能是河流改道而引起的断水所致。古代克里雅河的侧移和现在一样十分频繁而明显。但值得注意的是，喀拉墩与夏季洪水仍能到达的托勒达玛河床之间直线距离只有约5英里，即明显少于与该河现在河床之间的距离。3月18日，我从喀拉墩回来时，在距主遗址不到1英里处路过一片洼地，洼地中有大量的小胡杨树，都全部枯死了，但它们的样子表明，它们枯死的时间不可能很久远。这表明，胡杨树是在此方向上一条支流临时回归时生长起来的，不过这个地下水的回归期却不够长，还没等这些顽强的先驱植物长大成材就结束了。接着我在离遗址约2.5英里的地方见到了第一处活胡杨林，它们茂盛地生长在三座达坂之间。考虑到各种情况，我倾向于认为喀拉墩遗址的这个位置证明，在最后这1 200多年中，克里雅河道主方向上发生的变迁非常小。

第二节　探寻媲摩古城

我们在一场沙暴中来到喀拉墩。3月17日，我们在喀拉墩的考察与发掘又在一场新的沙暴中结束。虽然这次沙暴风力弱一些，但西南风吹起的沙粒仍使我和队员们感到难受，收尾工作也因此进行得十分艰难。第二天早上，我离开这个荒凉的地方，就像来的那天一样，天空中弥漫着浓密得令人窒息的沙尘。我的目光现在又转向了南方，那里居民区附近还有大量的考古任务在等着我。

第一项考古任务就是寻找媲摩古城。玄奘曾在从于阗（和田）到泥壤（尼雅）的途中访问过这座古城。亨利·于尔爵士首先提出，它可能相当于马可·波罗所说的培因。这使我更加急于去确定它的位置，如果可能的话。根据这位中国圣僧所记媲摩的路程与方向，以及我们现在就要详细讨论的其他考古遗迹的方位，很久以前我就觉得其位置当在自策勒至克里雅一带小绿洲北边的某个地方。我以前在离开丹丹乌里克向正南方向穿过沙漠时，曾急着要去寻找这个古城。但由于缺乏当地的信息，再考虑到人畜的实际情况，计划未能付诸行动。因此，当我第二次访问克里雅时，直接从和蔼的按办黄大老爷那里得知，有人向他报告在固拉合玛以外的沙漠中有两座阔那协尔时，感到非常高兴。固拉合玛是和田大路上的一片绿洲，位于克里雅西北约40英里。拉姆·辛格12月沿这条道路前行时，也听说那个方向有古遗迹存在。为了节省时间，如果可能的话，我现在决定直接从克里雅河横穿西南方的沙漠前往那里。

在我们沿克里雅河以骆驼和矮种马所能达到的最快速度返回的四天中，我惊讶地注意到，河水比上一周降低了约3英尺。看来第一场春洪已经过去。不过我在河边丛林植物中，还看不到一丝春的气息。3月22日，再次经过熟悉的布尔汗努丁·帕迪夏黑姆寺庙，途中我得到两个人，他们是固拉合玛的伯克根据按办的命令派来带我去遗址的。他们看起来非常拘谨、呆头呆脑，这还不算，我们发现他们对我想选择的路线简直是一无所知。他们不仅木讷，而且太过胆小。他们认为最稳妥的办法就是领着我们不断地向南前进，这样至少没有来自可怕的塔克拉玛干沙漠的危险。

于是，我们于3月23日从肯克克奥克牧场附近克里雅河的一个大拐弯处离开克里雅河左岸，经高20~30英尺的沙丘地，往前又越过一片沙漠中河流两侧常见的那种大土坂，走了约8英里，来到一处宽广的沼泽地的北缘。从克里雅绿洲以西希吾勒的涌泉和沼泽流过来的小河为这片沼泽地提供了水源。

穿过胡杨林和茂密的灌木丛时，我们见到一连串的大水塘，它们可能就是希吾勒河冬季所能到达的终极。从此往西南走0.5英里，是一片类似沼泽的狭长地带，这是一个危险的地方，沼泽上面覆盖着细沙，我们费了好大的劲才在那里找到一条可通行矮种马的安全通道。骆驼不可能从那里通过，因此不得不让它们向北绕一个数英里的大弯子来避开这处难以逾越的障碍。我们的向导对此地是一无所知。而这里虽然到处都有冬季牧放于此的羊群留下的足迹，我们却找不到一个能为我们引路的牧羊人。幸运的是，在狭长地带里走了1.5英里后，我们终于在沙昆奥黑勒牧场附近碰到了坚实的沙地。向南行，我们发现希吾勒达里雅河变得清澈湍急，河道深6~8英尺，在一个拐弯处，河床足有15英尺宽。这再一次为我们的向导提供了帮助。我们沿着河道上行至一片湖形洼地，当地人称之为"卡赞库勒"。经过一整天的艰难跋涉，我们最后来到了一处孤立的小圣陵。圣陵被被称为"阿力希麻扎"（意为十字路口麻扎），掩映在茂密的胡杨林里。其前面大池塘中的水据说源自另一条自克里雅和喀拉克尔兰干（驿站）之间沙生丛林区而来的泉水。靠着我们途中点燃的大篝火的指引，骆驼半夜才赶到。

3月24日，我们向西南沙生丛林地带前进，这天的最低温度又降到了接近零摄氏度。我们在喀拉其兰牧场见到了一些牧羊人，他们坚称根本不知道有什么路线，但最后终于被说服至少带我们到最北部的达玛沟绿洲，那是我们前进方向上最近的地方。

我们现在所走的路线从一片红柳包中通过，红柳包像迷宫一般，分布得非常密集。就在喀拉其兰西北约4英里的红柳包之间，我们意外地遇到一处遗址。它明显是某种古代民居，牧羊人称之为"阿克塔孜"或"塔提里克"。考虑到该遗址发现的主要是一些古陶片和类似的小碎片，后一名称似乎更贴切一些。各种残片大多见于高8~10英尺的小土台顶上，这表明了无遗迹或其他东西保护之处地面遭受侵蚀的程度。一些红柳包附近见有少量泥筑土墙，显然是残存的小房子。土墙的泥层中间夹有竖直放置的芦苇捆，这一建筑方式与次日我在老达玛沟现代废墟中所调查到的相同，并且在附近绿洲普通村民的住宅中仍很流行。

陶片有几种类型，有红陶、黑陶，也有淡黄色陶，全都质硬，且无疑很古老。在一条土堤的斜坡上还捡到一枚青铜戒指，上面镶着一颗不透明的玻璃珠。但无论是这些陶片还是这颗玻璃珠，都不能提供任何明确的年代证据。在大约1英里的范围内，断断续续露出几处散布陶片的小开阔地，不过其中只有两处见有土墙遗迹。红柳包中肯定还藏有其他小塔提塔提，但已没有时间去找寻它们了。显然，由于完全暴露在外且靠近居住区，这些罕见的古聚落遗迹中任何有价值的东西早就被拆走了，找到建筑废墟的可能微乎其微。吐尔迪带着一份邮件在阿力希麻扎重新加入我们。他曾听达玛沟的人说该遗址叫科恩萨莫玛之城，也是希望找到珍宝但又害怕深入沙漠冒险的村民们时常光顾的地方。

　　最后，我们来到达玛沟河的河床边，河床宽约20码，但现已完全干涸，所有河水都被暂时引到绿洲用于灌溉。河对岸就是玛拉卡拉干村新开垦的土地，我们当晚就在那里扎营。这片拓居地是约15年前从达玛沟主绿洲来的人开垦出来的。达玛沟位于和田—克里雅大路两侧，向南又扩展了6~8英里。据说它与玛拉卡拉干之间隔着一片贫瘠的沙丘地。新拓居地开垦出的沙漠土壤构成了一道令人欣喜的景观。小灌溉渠道沿着未被流水和耕种人挖平的红柳丘蜿蜒流淌。渠道之间是一块块精心围护起来的田地。为了节省所有的可耕地，开拓者们将家园建在大红柳包的顶上。沙漠丛林中的胡杨被保留下来，尤其是住屋附近的那些。但很明显，林荫路旁的胡杨不久将要消失，取而代之的是沿灌溉渠道迅速生长起来小白杨、沙枣、桑树和其他果树。我很后悔没有去查明建立新村庄的原因。但这里的耕作正成功地向沙漠推进却是不争的事实。

　　在描述我以后几天在北方沙漠中搜寻到的古遗址之前，我想顺便阐述一下玄奘告诉我们的媲摩和令我在此寻找其遗迹的原因。从《大唐西域记》中我们得知，玄奘在古代和田都城以东300里的大荒泽中见到数十顷地绝无蘖草，其地赤黑。传说认为这就是古代东国百万大军与瞿萨旦那王所率十万骑兵会战的地方。瞿萨旦那军大败，国王被俘，所有军士被杀，鲜血染红了大地。途中玄奘在其他地方也听到过类似的传说，这无疑都在说明那些地方醒目的红色令人产生一种普遍的联想。

从该古战场东行30余里，玄奘来到媲摩城。城中有一尊灵应的雕檀立佛像，高约二丈。"凡有疾病，随其痛处，金薄帖像，即时痊复。虚心请愿，多亦遂求。"《大唐西域记》以大量篇幅记述的当地传说说道，此像为桥赏弥国邬陀衍那王所作。佛陀圆寂后，凌空而至曷劳落迦城。此城中人安乐富饶，不敬佛教。因此，虽然此像显示异能，却无人崇拜。后有一位阿罗汉前来礼拜此像，国人向国王报告此人容服奇异，国王于是下令以沙土将其掩埋。阿罗汉此际无以为食，有一敬神之人昔日尊礼此像，此时秘密为其供食。阿罗汉将去之时向此人预言，作为报应，此城将在7日之内被沙土淹没，城中人尽皆丧生。

受此警告后，此人于是将要发生厄运之事告诉其亲友，但受到了众人的耻笑。第二天，突然刮起大风，"吹去秽壤，雨杂宝（满衢路）"。此人于是又遭到辱骂，便"窃开孔道，出城外而穴之。第七日夜，宵分之后，雨沙土满城中。其人从孔道出，东趣此国，止媲摩。其人才至，其像亦来，即此供养，不敢迁移。闻诸先记曰：释迦法尽，像入龙宫。今曷劳落迦城为大堆阜，诸国君王，异方豪右，多欲发掘，取其宝物，适至其侧，猛风暴发，烟云四合，道路迷失"。

玄奘所载"于阗王城东三百三十里"清楚表明媲摩的位置可

能在附近绿洲策勒、固拉合玛和达玛沟的某个地方，因为从约特干三日行可到它们中的任何一处。《大唐西域记》中关于玄奘下一站旅程的记述也与此相符。书中告诉我们，自媲摩川东入沙碛，行200多里，至泥壤城，即尼雅。所记述的距离和地理特征与从克里雅河至尼雅的路程完全一致，那段路线通常仍以两站记。但这里的媲摩城与媲摩川明显有别，我认为，媲摩城不可能位于今克里雅附近。

比尔最先验证的宋云的游记，为媲摩提供了一个早期的参考，不过《宋云行纪》中是另外一个名称，并且乍一看，记载的地理特征不如《大唐西域记》准确。不过我们将看到，对于遗址的确认而言这本书是多么重要。宋云自左末西行1 275里至末城，见城旁花果似洛阳，唯土屋平顶，与其不同。如前文所见，左末相当于玄奘与《唐书》记载的"沮末"（且末），而且位于现在的车尔臣绿洲。

从末城西行二十二里至捍麿城。南十五里有一大寺，三百余众僧。有金像一躯，举高丈六，仪容超绝，相好炳然，面恒东立，不肯西顾。父老传云："此像本从南方腾空而来，于阗国王亲见礼拜，载像归。中路夜宿，忽然不见。遣人寻之，还来本处。（王）即起塔，封四百户，以供洒扫户。人有患，以金箔贴像所患处，即得阴愈。"后人于像旁造丈六像者，及诸宫塔，乃至数千……

宋云接着记述道："悬彩幡盖亦有万计，魏国之幡过半矣。"幡上隶书多记载有年代，在公元495—513年；只有一幅，年代在姚秦时期（公元384—417年）。

这里我们不涉及这段记载最后部分的历史学意义。它清楚表明了中原王朝对塔里木盆地的治理结束的那段时期里，这里与中原地区仍保持密切的交往。对我们而言，重要的是要注意，宋云描述的那尊受到广泛崇拜的神像，无疑与玄奘在媲摩看到的是同一尊，相应地，宋云所说的捍麼与媲摩是同一个地方。鉴于现在从车尔臣到达玛沟（固拉合玛）仍为13站，因此从左末到捍麼的总距离为1275+22里，也大致为13站，与这一推论完全相符。与此形成鲜明对照的，是紧随其后提到的古代和田都城的位置，书中记载它位于捍麼以西870里处。这个距离数明显是错误的，遗憾的是，在现存《宋云行纪》各版本中，这种错误绝不在少数。

"马可·波罗的旅行路线必定与玄奘的大致一致"，基于这一认识，亨利·于尔爵士推断，马可·波罗记载的培因就是玄奘记载的媲摩。这一推论本质上并不是以名称的相似为基础，而是建立在地理事实的完全相符这一基础之上。因为马可·波罗记载他向东旅行时，在于阗（和田）之后接着提到的就是培因省，并且他关于培因与车尔臣之间沙漠道的描述，证明培因位于尼雅以西。因此，亨利·于尔爵士根据约翰逊旅行时获得的地理信息而得出培因（媲摩）"不可能离克里雅很远"这一推断证明是正确的。

关于我所获得的，以及使亨利·于尔爵士关于培因即媲摩的推论得到更加充分证明的考古学证据，我们以后再作详细分析。这里指出如下事实就够了：马可·波罗写道，培因是"一个长五日行的省，位于东和东北之间。那里有许多城镇，但最繁华的是培因，它是该国的都城"。这里没有指明培因的位置，但提到该省长度为五日行程，这与尼雅至最西部策勒绿洲间的距离完全一致。至于其人民，他们是"穆罕默德的信徒，大汗的臣民"。他接着告诉我们，他们"拥有各种物产，包括棉花。他们以产品制造与贸易为生"。他们的婚俗已成为和田地区自古以来流行松散的婚姻关系的一个例证。

第三节　乌尊塔提和乌鲁克吉亚拉特遗址

以前得到的信息表明，我要寻找的遗址位于拉庆阿塔麻扎附近。我仔细询问过马拉卡拉干人，他们并不否认知道这个普通的沙漠圣陵，但没有一个人愿意承认曾到过它附近的阔那协尔（古城——译者）。开始两天的漫游并没使我对两个可敬的向导寄予厚望。不过由于没有找到更好的向导，加之时间正变得愈发宝贵，我于是决定于25日早上与他们一起出发。老吐尔迪从未到过这些遗址，在他"寻宝人"的眼光看来，它们没有多少价值。他认为它们离耕种区太近了，不可能保留下太多的"宝物"。不过他非常聪明，知道我对这些遗址感兴趣。而我也可以仰仗他天生的沙漠经验，来给拥有当地知识的达玛沟向导以帮助。我带着足够多的民工，以备对将来可能碰到的任何建筑遗迹进行发掘。沙漠中白天已热得难受，但我出发前将所有的水箱都装满了水，以防进行长期沙漠调查时可能遇到的危险。

向西北方向走2英里，我们来到新灌溉地的边缘，这时我惊奇地发现，灌溉地之外明显是早期的耕地。长满红柳与多刺的矮树的古田地可以从将它们分割成块的小土堤，以及从曾引水过来的阿里克（渠道——译者）线清楚分辨出来。那里只有极少量的流沙，而且主要是在未长成的红柳林中，最初，我几乎把它们当成以前常提到的红柳包了。从达玛沟雇来的民工解释说，这些都是老波拉克村的田地，在他们祖父时代时废弃，即废弃于四五十年前。现在仍有人时常光顾这个废弃村子的墓地。我沿着他们所行的路线，又向西北方向走了约3英里，来到一个叫科不札吉拉姆沙的地方。

我们从这里来到老达玛沟的南缘，那里有一个村落遗址。土筑住宅遗址的结构和布局与该地区现今有人居住的村子完全相同，住宅遗址成组分布，从东向西延伸约3英里，其间还散布着果园、墓地和田地。我们在村子中沿西北方向走了近3英里。住宅土墙中插有芦苇束以增加强度，芦苇束为竖直放置。土墙高度一般仍有4~5英尺，巨大的壁炉甚至在较高处部位都保存完整，如这些住宅遗址的照片中所见（图71为其中之一）。这处废弃的家园中，所有可用的材料，如梁、木门柱等，均已被拆走。由于几乎没有

图 71　科不札吉拉姆沙，被废弃的达玛沟现代住宅遗址

沙子积聚在遗址周围，所以侵蚀一旦产生破坏，它们就将不可避免地迅速衰败。不过，这一区域至今还未出现受到侵蚀的迹象。

可能是由于表层黄土的保护，地上仍可见到极细小的陶片。侵蚀作用可能将不同地层中的陶片大量暴露出来。地面还见有大量其他富有特色的塔提遗迹，如发臭的垃圾、木炭片和从河床中捡来的碎石块。至于果园中的果树，则只剩下低矮的树桩。这些果树在灌溉断绝之后不久就迅速枯死了，然后又被砍下用作木料和燃料。另一方面，废址中正生长出大量幼小的胡杨，表明地下水位比较浅。有趣的是，在不同地方见到有许多大胡杨，村民们说它们十分古老，但仍然旺盛地活着。毫无疑问，这些树比这个废弃的住宅要古老得多。我以前在玛拉卡拉干见到过这一现象，现在它们又出现在这里，表明老达玛沟遗址所在的这个地方，在不久以前曾生长有沙生丛林。而且大多数死果树似乎都很幼小，这一事实也与此出奇的相符。

跟随我的村民和我后来回到绿洲后询问过的人都一致认为，在人们的记忆里，达玛沟绿洲之所以从它原来的位置后移到和田—克里雅大路沿线一带，完全是因为维持足够的灌溉用水已越来越困难。事实上，据当地人称，像达玛沟这种耕种区的前后移动，已经发生了五次，而且接着就要发生第六次。无论这种说法的依据是什么，村民们对这些移动的解释似乎足可信服。他们认为老达玛沟的废弃并不是什么耕地或供水的减少所致，而仅仅只是因为灌溉渠道已不再能够将水输送到这一区域而已。

据我所知，达玛沟的水源在任何时候都依靠达玛沟雅尔这条主要由泉水汇流而成的河。可以推测，努那河与相邻山区小河的河水从上游潜入萨依，然后再涌出地面，从而形成这些泉水。我后来偶然从达玛沟东面的小绿洲喀拉克尔的情况获悉，这种泉水的源头位置最近发生了很大的变化。就在我到访之前约10年，那里沿和田—克里雅大路北侧涌出了大量的新泉，一个新的拓居地随之迅速建立起来，可耕地足以满足七八百户人家开垦利用。据此，可以推测，达玛沟村的位置以前可能也发生过类似的变迁。不过，由灌溉沉积所致的地面高度的逐渐改变，也表明它本身就是所谓移动的一种可能的解释。村民们的解释也没有使我忽略有效水量的减少才是废弃的真正原因的可能性。

很清楚，要得出有关废弃原因的可靠的结论，就有必要对当地的所有情况进行一次长期而细致的调查，特别是有关灌溉供水的情况。但是，不论原因是什么，我毫不怀疑我所见到的废墟具有的考古学意义。正因为它们是现代废墟，所以才提供了有关绿洲衰退过程的最好的例证，西去和田大路沿线和绿洲边缘上所见到阔那协尔（古城——译者）或塔提，就是这样一步步走向衰亡的。由于这样或那样的原因，灌溉断绝了，那些村庄因此也就废弃了。又由于它们比尾闾绿洲丹丹乌里克或尼雅遗址远离沙漠中心，所以不可能有大量流沙适时到达而给废墟提供有效的保护。

我们在这些荒凉的村舍遗迹中走了近3英里，但直到又向西北前行了约2英里，才在一个叫苏普吉麻扎的小木头坟附近进入沙漠。这处小木头坟被想象为拉庆阿塔的一位忠实同伴的安息地，因而受到崇拜。我没有见到拉庆阿塔的麻扎，向导也没有提示我们应该到哪里去寻找前面所述位于其附近地区的古代遗址。在逐渐升高的沙丘之中，我们不久就将最后的老耕地遗迹、死沙枣和白杨树干甩在了后面，而红柳地由于没有受到保护，已开始被侵蚀，正越来越多地呈现出相互孤立的沙包形特征。

我们缓慢地走着，带来准备进行最后发掘的村民们这时变得活跃起来。他们声称从未见过我们正要准备寻找的遗址，但他们熟悉有关这些遗址的传说。这些村民对导致其家园废弃的直接原因都表现出一种相同的认识。更令我吃惊的是，我发现他们现在接着告诉我的有关对面沙漠古城的传说，与1 200多年前玄奘在媲摩听到的沙埋曷劳落迦城的传说本质上是一样的：有一位术士受到当地居民的轻侮并被治罪，于是他诅咒该城，并预言该城将被毁灭。当他们还在嘲笑他的预言时，天上开始下起沙子来，并持续了七天七夜，直到将所有建筑物都掩埋后才停止。只有7个对术士表示尊敬的虔诚之人，通过一个奇怪的装置（只此与玄奘的故事有别）才设法保住了性命。这七个聪明人按旋转木马的方法将绳子固定到一根高杆上，然后借助这根绳子才得以逃命。这是中国新疆仍很流行的转移方法。这种方法就是借助固定在杆顶上的绳子随着狂风不停地旋转，当沙子堆积起来时，他们也随之越升越高，这样就可以逃了出来。

新疆各地无疑都流传着有关塔克拉玛干沙漠中埋藏着遗址之类的传说。但最具意义的是，延续下来的当地传说是如何在这里将玄奘在媲摩听到的关于一个更早遗址的传说转变成媲摩遗址本身的故事的。我能够在这片散布着遗物残迹的大区域里认出这些遗迹。在接下来的两天里，我们设法搜寻到其中的某些部分。第一天晚上，向导们漫无目的地把我们带到很远的沙漠里，最后弄得人困马乏，骆驼队很难在黑暗中翻越高耸的沙丘，我们被迫在没有找到任何古遗址迹象的情况下扎营过夜。就在这天晚上，一个向导逃走了。另一个是个胆小的年轻人，我的沙漠总管吐尔迪一直监视着他。凭着一生"寻宝"的经历，他终于找准了方向，黎明前出发后，在西南约3英里处成功地发现了这处阔那协尔的一部分。

乌尊塔提（意为遥远的塔提）是当地传说给该遗址所起的一个恰如其分的名字。该塔提证明是几个散布着陶片和类似小碎片的大区域。我看到的最北的一处从北到南延伸长约1英里，宽0.25英里多，周围环绕着低沙丘和红柳包。其他散布有小碎片的区域也发育着几个红柳包。各处可见受到长期持续侵蚀的影响。只在极少数几处，小土堤上显出土墙的墙基，但没有一处高逾2英尺。有些土墙中保存有圆木柱的柱桩，柱桩之间竖直置以捆扎好的芦苇，说明建筑模式与在老达玛沟住宅中观察到的极为相似。

未受到侵蚀的建筑遗迹很少见，即便如此，仍有证据表明这里遭到了"寻宝人"的毁坏。这并不奇怪，因为这处遗址离南面几片绿洲比较近。由于很容易进入探掘，这里不可能再有值得发掘的遗址存在。因此，我必须据以证明遗址最后年代的考古证据，只能在从地上捡到的小碎片中去寻找。于是我让所有闲着的人在我的监视下去仔细搜寻这种小遗物，不久就找到具有年代意义的证据。

在发现的青铜小件中有一枚造型优美的扣子、一枚扣形器、一些戒指和少量青铜小残片。此外，小玻璃片和中国瓷器残片也很常见。这些瓷器残片的发现表明，此遗址的废弃要比丹丹乌里克、安迪尔或喀拉墩遗址晚得多。在那些遗址中，没有发现任何这类遗物。我自己在塔提上捡到两枚铜钱，它们具有更加明确的年代意义。其中一枚属于仁宗宝元时期；另一枚承有穆罕默德·阿斯兰汗之名。我们知道穆罕默德·阿斯兰汗曾于公元11世纪统治和田与塔里木盆地其他一些地方。因此，该遗址一直延续到伊斯兰时期这结论无疑是成立的。

　　由于乌尊塔提没有进一步系统发掘的可能，我于是决定继续去寻找向导们所说的第二个阔那协尔，达玛沟人称之为乌鲁克吉亚拉特或乌努格麻扎，即圣陵。虽然我们都知道它位于拉庆阿塔和乌尊塔提之间的某个地方，而且最后证明它就在乌尊塔提的南—南东方向，直线距离只有约3英里，但我们却在沙漠中来回转悠了近两天，才完成对其遗迹的调查。向导先领我们来到东南方向高而密集的沙丘上。离乌尊塔提不到1英里距离之内，有两个地方裸露的地面上又发现了古陶片，这显然是该遗址的延伸部。当我们直线距离走了约5英里时，有几个地方露出大片侵蚀地，地面上又发现了陶片。向导这时说，我们已朝拉庆阿塔麻扎方向走得太远了，他要我同意他返回去重新搜寻那处遗址。我让队伍停下来，自己则带上几个人陪着向导又转悠了几个小时，但最后还是无功而返，乌鲁克吉亚拉特的位置仍然毫无线索。这时供水也开始变得紧张起来，因此我决定前往拉庆阿塔，据说那里有一口咸水井。但在红柳包之间和20~30英尺高的沙丘上向东走了一个半小时后，夜色使我们不得不停了下来。这一夜，派出去继续搜寻的民工终于在我们的营地以南约2英里处发现了拉庆阿塔。

第二天早上，我派听差带上一份申请能干向导的紧急请求信去见固拉合玛的伯克，我们正在他的辖区北面。正当我利用这份空闲对跟随我的民工做人体测量之际，有一位向导午后带来消息说，他发现了乌鲁克吉亚拉特。他是夜间得到我的同意后离开去重新寻找遗址的。这样，我在他与老吐尔迪的陪同下又返回到队伍前一天休息的地方。乌鲁克吉亚拉特位于其北只有不到2英里的地方，不过却被一系列高大的红柳沙包隐藏在后面。这是一块很小的侵蚀平原，南北长约0.5英里，宽度略小一些，一切特征与乌尊塔提遗址类似，地面上也同样散布着大量无装饰但制作得很好的古陶片。平原的中部有一条土堤和（推测有）十五六位圣徒的墓葬。它的顶部积聚着一小堆用红柳制作的粗糙木杆，表明这里仍受到崇拜。我没有时间对这些所谓的墓葬作更详细的考察，因为我急于在日暮前去探访据说就在前面的要塞。向东—北东方向越过直线距离约1.5英里的沙丘后，我来到了这处要塞的面前。要塞位于一片比较开阔的多沙平原中部，平原上生长着红柳丛和无数幼小的胡杨树。

这处要塞是一座保存得较好的小戍堡遗址，呈椭圆形，长轴为南北方向。内部最长约480英尺，最宽约348英尺。堡垒的城墙为夯土砌筑，各夯层之间平铺灯芯草层以增加强度。墙基厚约11

英尺。离现在地面约9英尺高处有一道胸墙，原高约5英尺8英寸，厚3英尺。不过胸墙的多数地方已残毁，其后为一个宽约5英尺的平台，未见望孔。小戍堡的内部尺寸大致与安迪尔戍堡相近，没有露出任何建筑遗迹，虽然里面的沙子厚只有3~6英尺，有几个地方还清楚露出了墙脚。东面有一个缺口，可能是城门，除此之外，全都封闭着，没有一处完全塌毁。我注意到，戍堡内外都没有任何陶片。在没有任何其他遗迹的情况下，我不能就这处圆形城堡的时代问题作出任何明确的评价，只能指出它保存得比较好，它的形状与安迪尔和阿克斯皮尔的古戍堡不同，而且完全不见建筑物，这一切都表明它建于伊斯兰时期。鉴于戍堡所处位置离现在耕种区的西缘较近，而且至今仍保持着较高的地下水位，所以此戍堡不大可能比乌尊塔提废弃得早。我于傍晚离开这处遗址，在返回营地的途中遇到了固拉合玛的伯克。他为我带来了新的向导，经仔细询问，发现我已经调查过的那些遗迹他们都知道。

乌尊塔提和乌鲁克吉亚拉特的这些遗迹很可能标示着玄奘记述的媲摩和宋云记述的捍麼的位置，我相信这能够得到几个有力论据的证明。首先，我们发现它们的位置与《大唐西域记》所示约特干以东三百三十里（即三站略多一点）的媲摩的位置完全相符。我在乌尊塔提发现的钱币和瓷片证明了该遗址在玄奘访问之后还存在了数世纪；另一方面，我们没有道理不相信它在这位僧人访问之前就早已存在。

但是最有力的证据我认为在于有关乌鲁克吉亚拉特遗址的事

实。它位于乌尊塔提以南3英里，这一位置与《宋云行纪》所载捍麽城南15里处有灵异佛像的大寺完全一致。毕竟以前对和田绿洲及其周围圣地的调查，证明了此地区存在着执着的地方崇拜，因而我们可以肯定地认为，"乌鲁克吉亚拉特"这个名称及其神圣的性质是一个明确的迹象，表明那里曾有一座重要的佛寺。孜伊阿拉特虽然被想象为众圣徒的安息处，但并不以其中的任何一位命名就是一个很重要的事实。

我们能够证明乌鲁克吉亚拉特这个名称的年代很古老，这个事实更增加了它在考古研究上的重要性。前面在论及克里雅河道时，我们已经提到穆罕默德·喀拉姆·喀布力的传奇，格热纳德提供了有关这个传奇的有趣的选段。文中包含有可以追溯到公元12世纪的一定的历史事实，比较详细地描述了伊斯兰战士征服位于克里雅河与和田之间的肯汗地区的过程。该地区的统治者叫突尔克·特尔克汗，据说他是位犹太教徒，是特尔萨或基督教徒努墩汗的侍从。努墩汗与他的吉尔吉斯卡尔梅克或喀拉黑太依（黑汗王朝）一道控制着和田。打败突尔克·特尔克汗后，伊斯兰主人据说夺取了富庶的乌鲁克吉亚拉特城，此城靠近他的都城肯汗。后者本身奇迹般消失了，而这位伊斯兰主人接着占领了策勒，并向和田挺进。无论我们要对任何可能与此传说相关的历史回忆作出什么解释，地理范围上已很清楚，肯汗省是指克里雅到策勒一带的绿洲，乌鲁克吉亚拉特城是指乌鲁克吉亚拉特遗址。肯汗城，即据传已消失的突尔克·特尔克汗的都城，可能就埋在乌尊塔提的沙漠底下。它消失的时间不很确切，可能是在《圣徒传》所载传说的成形时期。

根据传说，这两座城的命运有所差别，但这种差别是否意味着乌尊塔提比乌鲁克吉亚拉特较早废弃为沙漠，还不能确定，也不是我们探索的重点。不过有一点很清楚，那就是当地传说认为两个遗址直到公元12世纪，即喀拉黑太依时期，都还有人居住。这比上述考古证据证明的时间更接近于马可·波罗的时代。考虑到玄奘记述的媲摩位于乌尊塔提，古老的伊斯兰传说又表明同一遗址是该地区的都城，我认为得出如下结论是非常可能的：马可·波罗记述的培因，即该国的都城，也位于该遗址或其附近。

在沙漠中的这些天已有力地证明，如果没有合适的向导，要找到隐藏在令人迷惑的沙丘后面的遗址是极其困难的。天气正在迅速变得炎热起来，阳光发出刺眼的光芒，3月27日和28日这两天，中午阴凉处的气温为88华氏度，虽然小温度计显示这两天晚上的气温仍在28华氏度和30华氏度。这使我们在沙漠中行走变得十分难受。随着民工的增多，我们也感到了水箱里的水越来越少。因此，当任务圆满结束，我们可以在3月28日早上向南返回到有人居住的地方时，我与队员们一样感到十分高兴。

途中我们经过荒凉的拉庆阿塔小圣陵（图72）。除常见的装饰有旗幡等的木杆外，那里还有一间简陋的茅舍，保护着那口深约20英尺的咸水井。在高大红柳沙包环绕着的小开阔地上散布着一些陶片，样子看起来很古老。这里崇拜的圣徒据说曾追随着买哈

图 72　拉庆阿塔麻扎，自西面看

默德·喀拉姆·喀布力。从拉庆阿塔出来不到4英里，我们到达一处废弃的耕种区，据村民介绍，以前几代人还在那里耕种。自此前行约3英里，我们来到布局分散的波那克小村庄，此地标志已经到了繁荣的固拉合玛绿洲的北缘。我在那里第一次看到了碧绿的田野和果园。

第四节　吐噶墩和克里雅至和田大道

固拉合玛计有几处村庄，900多户人家，中心部分位于克里雅—和田大道附近，呈现出一派小市镇的繁荣景象。我真想让极需休整的队伍在此休息几天，但时间不允许，我们只能在那停留一天。我自己利用这些时间去考察了一些古代土墩，听说策勒人最近已将它们挖开了。按规定我应由策勒绿洲的伯克领着去探访它们。因此我于3月29日骑马到策勒最东面的村子萨里克，在那里与伯克的队伍会合，然后由他们带着又折向东南，进入连接两大绿洲的大路以南灌木丛生的荒野。走了约3英里后，沙地变成了戈壁。又走了3英里，大约在固拉合玛和策勒之间的中点，我们来到了吐噶墩（即骆驼丘）。

在那里，我发现离卵石萨依的边缘不远处有17个大致呈圆形的土墩，相互之间的间隔不规则，自10至60码不等，总的排列方向为南北向。最大的土墩直径约79英尺，高11英尺。最小的土墩直径约30英尺，高5英尺。它们都已被人从顶部挖到了中心，各侧面通常也已被切去。从暴露出的内部用料不同的腐朽程度看，破坏的时间不尽相同。有迹象表明，还有一些较小的土墩已被完全夷平了。没人承认最近来此挖掘过，只有最北面的那个土墩除外，它直径约48英尺，高12英尺，据说是约两个月前被策勒的农民挖开的。土墩的暴露部分都显示出成层结构，每一层都很薄，由小块胡杨木片、树皮、多刺的灌木，混杂以从周围地面弄来的粗沙和砾石构成。没有一处显示有墙壁遗迹或任何其他常规建筑物的痕迹。这里发现的木块很小，根本不可能用于建筑。其中多处有被烧焦的痕迹。当南起第二个土墩的挖掘到达地面时，碰到一层厚6英寸的木头，它们已呈木炭状。此层之下的地面是一层坚硬的黏土，这里的黏土层通常位于由砾石和卵石构成的萨依之下。

村民们可能得到过伯克的命令（他可能是为了避免按办可能会调查有关发现物的事），拒不承认知道土墩的内容或用途。但当我在最近挖开的土墩北面捡到两根长约17英寸的人股骨时，他们才开始承认别的地方也发现有人的骸骨。我后来在固拉合玛调查到，仅最近这次挖掘中，就至少发现了两具人的骸骨，但由于迷信与恐惧，他们又将骸骨收集起来并埋在了某个地方。我从上述两具骸骨所处土墩散乱的砾石中，捡到一些碎棉布片。其中有一块粗棉织品，颜色类似于裹尸布。另一块做工较细，呈暗黄色，有小菱形花纹。

关于这些坟堆的性质，我不能作出任何明确的评价。不过多种迹象表明，它们是垒做坟堆的，也许有些就垒于焚烧过的尸体之上。它们还包含有其他遗物，可能有些还很贵重，这似乎很可能，否则村民们不会如此持久地坚持去干挖掘每一座土墩这件苦差事。但是，那些直接相关的人，包括这位伯克，无疑出于刚才已讲明的原因，都坚决否认发现过任何真正有价值的发现物，而跟随我的人也只能从固拉合玛的传言中听到一些关于银锭之类的杂乱的故事，料想就是从那里发现的。关于这些土墩的年代，可以断言的是，附近地面在建筑物被毁以前就已经是现在的样子了，没有迹象表明那里的地表土是被风蚀除去的。那些为使土墩变得更加结实而插入其中的木头和小树枝保存得很好。

3月30日，我先送走露营队的主要人马，让测量员照管着从容前往和田，然后我自己带上少量行李赶回克里雅，去向和蔼的按办辞行。春天已悄然而至，到处都是春意盎然的景象，行走在这片生机勃勃的春色中，我的心里感到无比畅快。4月1日，我拜访了黄大老爷，对他所给予的鼎力相助，我深表感激。唯有在他的帮助下，最后这一个月的探险才可能成功。我也向他表达了我对精力充沛的听差伊布拉音所给予的出色服务的感激之情，并为他获得按办的赞赏，以及将适当晋升他的职位的许诺。

我以前曾请克里雅相识的伯克和毛拉，在我不在时留意"寻宝人"带到巴扎上出售的一切古物。但他们只得到三件不能确定出处的小器物。其中一件是小凹雕器，雕有一个人像和一头奔鹿。一件是青铜尖顶饰，装饰主题与今印度苏尔玛当中所用的尖笔极其相似，年代存疑。获得的古物这么少，表明我曾听到的位于克里雅城西北的喀拉汗、克里雅绿洲西缘附近的托合塔尔与和田大路以南的那些塔提可能规模并不很大或不很重要。我不能再花时间去探访它们。

没有人相信克里雅镇本身是个古老的地方。阿古柏叛乱平息以后，在那里新成立了克里雅县，现在官方称之为于田，克里雅镇遂成为县城，它变得重要起来大概也只是自此以后的事情。克里雅绿洲本身很古老，但没有迹象表明它古时候比仍从策勒至喀拉克尔连成一体、然后与克里雅的可耕地相连的绿洲更大或更重要。我在能够接触到的早期汉文史籍译本中，没有找到任何明确与克里雅相关的参考文献。

扦弥国，《汉书》提到它是和田以东的小国之一，后来在《魏略》与《唐书》中又提到它，只是名称略有不同，即"汗弥"，这一称呼可能更正确一些。一位当代中国作者认为它的确相当于克里雅。但史籍提供的地理证据表明，该国很可能包含策勒和克里雅之间的所有绿洲，因此它大致相当于马可·波罗所述的培因省，而玄奘所说的媲摩就是它的都城。据《汉书》记载，扦弥当时并不隶属于于阗（和田），它位于后者以东390里处。与其他地方一样，假设这个数据是指都城与都城之间的距离，那么这个距离表明汗弥位于固拉合玛—达玛沟一带，而不是靠近克里雅镇。我们已经了解到，《唐书》在提到附属于于阗的小国时提到汗弥，并说它位于建德力河以东。而建德力河位于于阗（和田）以东300里的地方，因此它只能是策勒河。从策勒河到约特干的距离约为60英里，与上述距离基本相符。《唐书》没有特别告诉我们它的都城达尔德力（也称拘弥，更早时称宁弥）的位置在哪里。但考虑到我们上文已经证明宋云称为"捍麼"、玄奘称为"媲摩"的那座城长期以来保持着重要的地位，因此与位于现在的克里雅比起来，达尔德力位于同一个遗址的可能性更大一些。

4月2日，我开始强行军回返和田。第一天，我来到喀拉克尔。这天我有足够的机会去观察了大量的泉流。它们是克里雅绿洲西缘和喀拉克尔河之间大路两侧众多沼泽的水源，最后流进希吾勒达里雅的荒滩及其尾闾湖。我的克里雅朋友中，有一位是细心的按办派来护送我的地方官员，他声称这些泉流常年有水，并且相信通过必要的行政措施，除大路以北数英里最近形成的拉伊苏和阿其玛两片小绿洲外，还可以开垦出大量的新耕地。

喀拉克尔兰干（驿站）一个完全废弃的路边新巴扎使我注意到此地耕种区变迁的奇迹。听说大约10年前，南面数英里的沙生丛林中突然涌出许多泉水来，水源来自努拉河与其他山间小溪，这些小溪每年大部分时间都从上游渗入卵石萨依中。在此之前，那里只有一条小小的溪流。新泉出现后，水量变得丰富起来，以至于自此在喀拉克尔兰干以北2~3英里的沙漠地中新开垦出足够维持700~800户人家的耕地。那里发展起来的拓居地最初五年内不用纳税，现已发展到拥有它自己的伯克了，而旅行者也已完全习惯于称这个新村为阿其玛。虽然离洪水期还很遥远，但喀拉克尔达里雅现已是一条宽约15码、深2英尺的小河了。

第二天我骑马来到早已熟悉的策勒。那是一片繁荣的大绿洲，计有3 500户人家。固拉合玛和达玛沟两片绿洲共计约有居民2 000户，但现已分别有了伯克，而在伊斯兰教兴起之前，据说它们都隶属于策勒的伯克。这一事实表明，由于该地区管理的改进，物质上变得日益繁荣起来，因而得到了充分的发展。在策勒绿洲也并非完全依靠从阿萨流过来的冰川河水，据说由于最近泉水的供应，在北面又开垦出了许多新的土地。这些泉水是大约15年前从固拉合玛修建过来的一条渠道输送来的。4月5日，一路所见是由沙子和小鹅卵石构成的沉闷的戈壁，与策勒生机盎然的田野和鲜花盛开的果园形成鲜明的对比。路边小客栈的深井表明所经之地绝大部分可能从未出现过耕地。从西边吹来的强烈尘暴刮了一整天，漫天的黄沙堵得人透不过气来，多亏路边有树干的指引，我们才不至于迷失方向。这样走了40多英里，傍晚时才再次回到和田绿洲边缘上的大村庄洛浦。

第四章

阿克斯皮尔与热瓦克遗址

第一节　杭桂塔提和塔木乌格勒遗址

　　4月5日，我立即从洛浦的营地出发，前往和田绿洲最东边尚待调查的古遗址，即杭桂塔提。去年11月曾有人从那里带给我许多钱币。来自杭桂附近村子的吐尔迪对它当然十分熟悉。出发前，以及后来在通过杭桂耕种区的途中，我曾有机会一览杭桂以及山普拉或洛浦居民区的繁荣景象。两地在行政上均隶属于克里雅县，可能也是克里雅县最重要的财政来源地。克里雅主管伯克的房子宽敞而漂亮，并且带有优美的花园和果园，使我联想起在尼雅探究过的类似的住宅废墟。他估计这两个居民区的住家数约为9 000户。这个数字虽然是后来提供给我的当时习惯上估计的住户数的将近两倍，但考虑到洛浦巴扎的规模和忙碌的生活，以及杭桂的繁荣景象，我并不感到过分。山普拉拥有众多的人口，主要应归功于以之为中心的兴盛的地毯业，以及我前面已经提及的它早期的重要性。

紧靠洛浦巴扎北面有一小片盐碱地，容易受到地下水的淹没。但离此不远就进入了富饶的耕种区。沿着从耕种区通过的大路走将近5英里，就到了杭桂巴扎的中心。据说这里灌溉用水十分丰富，因为可以通过渠道同时从玉龙喀什河和从洛浦西南涌出的泉流中引水。因此，看到杭桂巴扎北面大片土地最近被重新开垦为耕地，我并不感到惊奇。从杭桂向北—北西方向前行约3英里，就到了低沙丘边缘，那是一片苜蓿地。由于灌溉的作用，这里正缓慢而稳定地变得平坦起来。从此行0.5英里，进入沙漠，沙丘高5~10英尺，一开始还看到多刺的矮树，再往里就完全没有植被覆盖了。

我们在吐尔迪的带领下，沿着人们到玉龙喀什河边砍柴时常走的一条小路，从耕种区的边缘前行约3英里，到达一处地面散布着坚硬红陶片的风蚀地。正如吐尔迪报告的那样，这是一处典型塔提的起始地。据吐尔迪所述，这个塔提远远地向北延伸，直达阿克斯皮尔附近，这似乎很有可能。这里的陶片覆盖区很大，但由于空气中正弥漫着沙尘，我不可能作出哪怕是大概的估计。

距此南缘不远，有一处废弃的建筑物，称为"阿尔卡库都克提木"（即后井墩，该名源自附近一口由伐木人挖掘的井，见图73），吐尔迪曾说它是该遗址唯一的建筑废墟。该建筑物证明是一

图73 杭桂塔提，
阿尔喀库都克梯木，
毁损的佛塔遗迹

处佛塔遗迹，但已完全风蚀毁坏了，不过也可能是被"寻宝人"
挖坏的，关于它原来的形状和尺寸，不可能有一个相近的看法。
现存的建筑物部分残高16英尺，基座东西长约20英尺，南北宽
约8英尺。建筑物的大部分已经垮塌，因为现在废墟所在圆锥形
土墩的斜坡上覆盖着一层厚厚的土坯碎块。废墟原来主要用土坯

砌成，在最下层土坯层之下，有一层看起来像地基的硬黏土堆砌在原地面上。由于土墩周围遭到了严重侵蚀，原地面（如图73中站在较高处的人的足部所示）现在比紧靠佛塔南面的最低点（见图73中的第二个人所在之处）足足高出20英尺。但向南30~40码处，黄土堤复又隆起，其最高点只比废墟底部所示地平面低4~5英尺。流沙旁所有坚实的黄土地上都散布有陶片。佛塔附近的流沙多形成波浪形沙丘，高2~3英尺。

就在佛塔下面，我从杭桂带来的民工捡到了一枚没有铭文的中国钱币和一枚小残铜戒指。我从一个杭桂村民手中购得一些金属、玻璃和石质小器物。吐尔迪知道这个人，并曾与他一块去过遗址。这些文物据说都是从该遗址发现的。其中特别值得一提的是大青铜戒指上有一个奔鹿图案的阳刻设计。早在去年11月，我就在和田购得一套旧钱币和一些小古董，它们据说来自杭桂塔提。这些钱币包含20余枚汉佉二体钱，其中有一枚型制十分罕见。如果它们的确发现于此，那么将证明该遗址十分古老。不过，关于这些钱币出处的说法，如同大多数类似事例一样，并不完全可信。从村民那里获得的古董，还有一件小凹雕器，与可能从约特干得来的那些凹雕器相似。从塔提的规模看，这里显然是一处向北延伸的相当大的古耕种区，但没有迹象证明它大致是什么时候废弃的。考虑到杭桂现在的灌溉区又在稳定地向北推进，估计部分塔提完全有可能再次变成肥沃的田地。

我在温暖但令人讨厌的尘暴中离开遗址，回到杭桂北缘，然后骑马向西南前行，重新回到玉龙喀什的营地。途中在新开垦的耕种区穿行了近3英里。林荫路旁生长着10~15年前才种植的白杨、柳树和沙枣树，田野中到处还留有小片的沙地，这一切都说明这片耕种区是在最近时期才从沙漠中恢复过来。在杭桂西面，我们不得不越过一片叫作阿尔卡里克的宽广沙地，这说明沙漠已经南侵。这里没有常见的沙丘，而渠道痕迹和大量现代陶片表明，这片荒地在不远的过去还是肥沃的耕地。玉龙喀什方向有一些零星的新田地，它们可喜地证明，这里也已开始努力重新征服沙漠。我们在杭桂乌斯塘越过和田与克里雅县的分界线，骑马前往玉龙喀什。不久，我注意到在大路上方平坦的地方、沿大路生长的茂密的树林里，明显有连续的老耕地的痕迹。

4月6日，我在玉龙喀什稍事休整。我必须从那里获得新的供给和劳工，并修补大量设备。天气正一天天地热起来，尘暴正重新开始，这一切都在向我警示，好季节就要结束，此后再开展沙漠探险将变得不可能。我取消了这次大家都觉得很有必要的休息，急于向和田东北沙漠尚待考察的古遗址出发。在此之前，先辞退了伊布拉音阿洪这个可敬的克里雅衙门的听差，慷慨地付给他应得的闪光的金卢布。然后于4月7日早上，探险队又一次上路了。

我的第一个目标是"寻宝人"所称的阿克斯皮尔遗址，它位于和田对面距玉龙喀什河右岸约15英里的高沙丘之中。途中我顺道考察了位于耕种区边缘、统称为"塔木乌格勒"的小遗址。塔木乌格勒因附近一个小村庄而得名。那里文化层的情况与约特干极为相似，但规模要小得多，除古钱币、红陶等外，还出土有一些金叶。向东转至玉龙喀什东北直线距离约2英里处，有一座孤立但显眼的沙山，是苏里塘·哈桑·巴斯里之墓。从这里我来到正在挖掘中的黄土堤跟前。黄土堤陡立于毗邻苜蓿地的南面，呈一条不规则线自西向东延伸约230码。

就像约特干一样，据说这里的文化层完全由为了淘洗其下面的含金层而正在被逐渐铲掉的土壤构成。随地点不同，它的厚度为3~6英尺。而堆积文化层上面的肥土层，厚度在10~18英尺。最顶层显然是由河流沉积的黄土构成，各处显示有明显的地层迹象。考虑到从遗址到现在的玉龙喀什河右岸只有不足3英里的距离，而且胡麻地玉石坑证明附近还有一条较老的河床存在，我认为这些1~1.5英寸的薄地层的形成，很有可能归因于玉龙喀什河异常的洪水。

我从当地种地人那里查明，挖掘的地方叫麻扎奥依力萨依（即麻扎地戈壁），大约20年前，那里形成了一个小雅尔，从黄土下面的文化层中露出金子来，于是挖掘就开始了。对土堤的挖掘据说开始于现堤面以北约150码处，然后才逐渐向南进入隆起的地方。事实上，只有塔木乌格勒的村民在此从事挖掘活动，因为用来洗土的水每年只能维持不过一个半月，而且水量有限。除洗土产生的直接利益外，他们也额外获得能够容易得到现存渠道灌溉的土地。同时，文化层肥沃的腐殖质被村民们当作肥料来改良北边多碎石的田地土质。

　　这些附带的利益很有可能是在这里进行挖掘的一个特别的动因，因为从中淘洗出的金叶的总量据说比约特干少，而从普遍的报告判断，附产品古物和偶尔见到的有价值的小发现物也相应地少得多。无论如何，尽管我在该遗址和以前在玉龙喀什努力地考察，也只获得几件古物标本。从塔木乌格勒一个村民手中获得的唯一一枚钱币是一枚没有铭文的中国小铜钱，而在玉龙喀什购买的其他4枚钱币中，有两枚是元丰时期的铜钱。后者将证明该遗址和约特干一样，在伊斯兰教征服以后至少延续了一个世纪。其余就只有两件怪异的小陶塑：它们表现的猴子形象，样式和制作与约特干类似的陶俑完全相当。至于曾位于这层古垃圾堆显示的遗址居址特征及其向南延伸的范围，我不能明断。

第二节　阿克斯皮尔和克格里克遗迹

　　从塔木乌格勒挖掘点继续向东北方向的阿克斯皮尔前进，不到0.5英里，就到了耕种区的边缘。在坚硬的黄土地之外不远处，地面上散布着侵蚀严重的古陶片。类似的遗物又断断续续地延续了5英里。由于地面各处遭到严重侵蚀，因此很难说这些遗迹是属于同时存在的多处村庄，还是属于先后建立于不同地点的聚落。再往前，我们遇到了大沙丘，沙丘又高又陡，厚厚的粗沙表明沙丘源于河流的淤泥沉积。虽然每座沙丘的方向明显相同，但它们所属沙地的方向却略有不同。大沙丘之间的洼地里生长着矮树丛和芦苇，这表明地下水很浅。据说从吉牙来此放牧的牧羊人只掘4~5英尺深就挖出了井水。

沙丘绵延4英里，越过这片沙丘，阿克斯皮尔遗址便出现在眼前。遗址位于一处满布侵蚀痕迹的高沙地上。当我走近其荒废的墙垣（阿克斯皮尔遗址以此而得名），我想，我能够分辨得出那里有少许堤防遗迹，它们将古田地分隔开来。沿堤防还分布有渠道遗迹。对废墙附近开阔地所做的彻底考察证实了这一印象，并使我倾向于相信，吐尔迪和我从玉龙喀什带来的其他向导所述在从杭桂到阿克斯皮尔通常走的那条路上见到一条古渠道这一说法可能是有事实根据的。

杜特瑞尔·莱茵和格热纳德分别于1891年和1892年访问过阿克斯皮尔遗址，而根据前者笔记出版的报告证明在地形细节与总体特征方面描述得相当精确，与这位谨慎的旅行者所预期的一样。报告中几乎没有说到霍格伯克先生旅行记中的数据。霍格伯克先生是喀什噶尔的一位瑞典传教士，1897年曾匆匆访问过该遗址，目的是去寻找伊斯拉木·阿洪所说的某个古书的发现地。该遗址还未进行过详细考古调查。在阿克斯皮尔有两天（4月8—9日）停留的时间，我将利用其中的一天来完成这项工作。

最显眼的遗迹当属一处古戍堡坍毁的城墙和胸墙，它们位于低沙丘之间，自原地平面起高8~15英尺，一眼就能看出是一座环形或椭圆形城堡。图74显示的是城堡保存最好的外廓部分，而图

图 74　阿克斯反尔，毁损的厚土墙北段的一部分，自外向里看

75 则是从城内一定距离观看时的大致情况。由于没有足够的沙子
覆盖，目前该城堡最大的部分已因侵蚀而完全消失了，侵蚀已远
远地深入到曾是戍堡所在的南部。我所做的详细测量（图67）表
明，现存的废墟是环形城墙的最北段，弧长约360英尺。环形城
墙的直径为800英尺略多一点。就像安迪尔一样，这里城墙的下
部由夯筑土墙构成。新疆各地的要塞仍然使用这种土墙，俗称黑

图 75　阿克斯皮尔，毁损的厚土墙北段的一部分，自里向外看

太依里克色格孜，即中国土城。土墙基宽约50英尺，自墙外原始地面起高约11英尺。在没有沙子和未被风蚀的地方，这种原始地面仍清楚可见。

城墙上有一个高约2英尺的土坯筑支撑平台，平台上接砌一道土坯筑胸墙。胸墙底部厚8英尺，其下面的平台再向外突出3英尺、向内突出2英尺。胸墙的顶部或多或少已被破坏，不过其他部位保存得很好，高度不超过7英尺。土坯较硬，尺寸约为20英寸×15英寸，平均厚度为4英寸。大尺寸的土坯和坚固的结构表明该建筑物相当古老。胸墙保存完整的部分有两层高度一致的望孔，自基部算起，一层高16英尺，另一层高5英尺。望孔间距不规则，自5至10英尺不等。下排望孔约3英寸见方，上排望孔宽约6英寸，高8英寸。似乎只有上排望孔曾用来射箭。城墙内侧顶部沿胸墙基形成一条约4英尺宽的射击壕道，显然是防卫者之间的通道。现存胸墙段有两处以结实的土坯平台加固，平台向基两侧各突出约3英尺，可能曾建有相当于瞭望塔的建筑物。西边那处（平面图中的b）附近，可见自内侧通往顶部的阶梯遗迹。阶梯与相邻东墙之间形成的夹角内见有一些红土坯，表明那处掩体曾一度生过火，也许是站岗人生的。

　　正如霍格伯克推想的那样，图74中见到的那个缺口并不是门的位置，因为城墙没有任何切断的迹象。由于某种原因，这里的胸墙已经坍塌。城墙内地面被严重风蚀达8英尺深。正是这个侵蚀坑，被霍格伯克误以为是一条沟渠的遗迹，结果在他的描述中，戍堡内部的空地被当成了外部。现存城墙残断的北边，原地面保存得很好，可能是流沙保护所致，流沙是由强烈的北风在靠近城墙的地方堆积起来的。现在没有流沙覆盖的地方，可以清楚辨认出呈直角的小堤防，将今天的田地分隔开来以便灌溉。跟随我的民工立即就认出了它们。就像老达玛沟遗址一样，过去是田地的地方，现在地面就相对较为坚硬。曾被城堡围起来的区域内，陶片十分稀少。正如杜特瑞尔·莱茵所假定的，这也许是侵蚀地上堆积起了流沙的缘故。城堡外面距城墙线一定距离内，裸露的地面上布满了陶片。

除在西边那段孤立的残城墙上捡到一枚中国五铢铜钱外，废墟附近再未发现任何古物。不过后者本身也许提供了某种表明其年代的迹象，那就是大多数散落的土坯上显现出的印记。这种有印记的土坯或多或少已经破碎，其中有些已拍成照片，印在图76中。标记由约0.5英寸宽、0.25英寸深的散乱粗凹痕组成。其中有几个有点像佉卢文字，尤其是 ka 和 ga，而其他的则与通用佉卢文手迹体相似。由于这种砖匠标记可能在通用佉卢文手迹终止之后很久仍在使用，因而不大可能从中得出明确的年代序列，即使它们确然源于佉卢文。不过我从将要讨论的城墙的结构和相邻遗址克格里克的雕塑废墟得到的总的印象是，其年代应该比较早。

阿克斯皮尔是玉龙喀什和杭桂以北所有散布陶片地区的总称。因此我从和田购得的所谓得自阿克斯皮尔的钱币和古董，几乎根本不能证明这个废墟的年代。在所谓从阿克斯皮尔带来的13枚铜钱中，有一枚小型汉佉二体钱和一枚五铢钱，4枚乾元时期的铜钱，两枚公元11世纪的宋代铜钱，以及3枚早期伊斯兰钱币，其中一枚上面还有穆罕默德·阿斯兰汗的名字。这些钱币涵盖的年代范围因此类似于约特干，不过当地的属性这里并不十分肯定。其他就是一些奇形怪状的陶塑，与约特干类型的那种极其相似，只是带有侵蚀痕迹。其中也有许多古代石印和青铜印，目前难以

图 76　带印记的土坯

确定其年代，因为它们没有铭文，而图案又不足以判断其性质。值得一提的是石印 A.006.a，两面雕刻，其中一面刻一头有肉峰的公牛，另一面刻一个火祭坛（图77）。约特干以及尼雅遗址出土有类似的印章。

　　我推测阿克斯皮尔西面与西南面高沙丘中可能藏着更多的废

OBv   A006.a   REV

图 77　古代石印

弃建筑物。4月8日，当吐尔迪领我来到他以前说过的阿克斯皮尔寺庙时，这一推测就得到了证实。废弃建筑物位于废弃戍堡西南约1英里处的河谷形洼地中。洼地两侧是约60英尺高的沙脊，大致呈北西—南东走向。洼地长约170码，底部多沙而平坦，平均宽约80英尺。因为存在一座由畜粪和其他废弃物堆成的大型粪堆，"寻宝人"遂称此地为克格里克，即粪丘。靠近洼地南端有一座小土墩，直径约24英尺，由黄土与散木块混杂而成。这表明此地原有一处建筑物，只是建筑物本来面貌与尺寸已无法说明。土墩仅高出近旁散布有陶片的地面2~3英尺。

　　吐尔迪很清楚这个废弃物堆已被"寻宝人"搜寻了无数次。流沙、石膏碎块、散乱的木块和小块灰泥浮雕相互混杂，一片狼藉，这也表明废弃物堆早已被翻了个透。经仔细搜寻，在小土墩中心及其周围几码范围内共发现近60块灰泥浮雕残片。我立即就注意到，这些小浮雕块质地异常坚硬，表面已经褪色并有奇特的裂纹，有些地方明显有被烧焦的痕迹。这使我很自然地想到，灰泥块表面呈现的这些特征，可能源于一场大火，那场大火烧掉了那处建筑。当后来安德鲁斯先生更仔细地考证这些灰泥块后，这一推测得到了证实。他发现，每一块残片上的灰泥不是呈玻璃状就是被烧焦。而浮雕块异常坚硬的质地是不是由那场火灾所致，仍是一个值得怀疑的问题，并且有赖对加工浮雕所用材料的测定。

乔奇教授对这些浮雕标本进行了化学分析，其结果明确地解决了这些问题。他的分析结果表明浮雕材料本质上是"烧石膏"，与丹丹乌里克的灰泥浮雕相似，"通常以自然石膏适度预热（称为'烧'），然后加水制成，就像现在制作石膏像时所做的那样"。但据化学分析，克格里克浮雕中的烧石膏有三个特征，证明它"在完成后又经高温还原处理"。关于这三个特征（其中特别值得一提的是水的比率低这一特征），乔奇教授后来又在1904年11月23日的信中陈述了他的观点："一场由植物引燃的意外火灾就很有可能导致这种结果。似乎不大可能是由灰泥制造者所采用的化学反应法所致。"因此现在我可以确定，这些灰泥浮雕装饰的寺庙毁于一次火灾。

浮雕本身表明，这处建筑是一座佛寺，装饰风格有点类似于丹丹乌里克的小寺庙。尽管已经如此破碎，但还是可以看出它们是壁饰的组成部分，壁饰由一个大光轮及布置于其间的一系列小浮雕佛像组成。光轮的边沿是重叠的浮雕莲叶，莲叶外边排列着

图 78 克格里克立佛浮雕残块

数排重叠火焰。可以肯定地认为，固定于寺壁上的这个平雕光轮曾环绕着一尊大佛像。但是，这尊佛像没有残存任何可辨痕迹，它很可能是用软灰泥雕塑的，就像丹丹乌里克和安迪尔寺庙中的塑像一样。

尽管装饰图案和布局总体上与上述遗址一致，但在风格和工艺上，克格里克浮雕残块显示出了明显的差别，它的年代明显要早一些。部分小佛像已被复原，它们无疑是立佛像，右手上抬作施无畏印，左手下垂持袍，如图78中的浮雕残块 A.01 所示。此手印与图79中所示丹丹乌里克光轮浮雕残块 D.II.34、74中的手印相同，但尺寸要大许多，接近于热瓦克同类光轮浮雕的尺寸（图80、

图 79 丹丹乌里克光轮浮雕残块

图 80 热瓦克光轮浮雕残块

图81 热瓦克佛
塔寺院，坐佛塑
像R.xi，位于巨
大的浮雕之间

81、82）。与后者相关的另一个要点是，克格里克浮雕中的佛像
没有一处显示有脚或下部衣饰。我们将看到，在热瓦克，被重叠
排列于身光之中的同类浮雕像没有一处露出下半部。克格里克壁
饰中可能出现了相同的布局。在丹丹乌里克的光轮中，与之相当
的佛像分开站立，因而全身被显示出来。

　　遗憾的是，克格里克浮雕块残碎得很严重，以至于我们只能

图 82　热瓦克佛塔寺院，巨型塑像 R.xiii 上带浮雕的光环，位于南面内角落

从细节上来判断其风格和塑造方面的一般特征。不过这些作品都
明显比丹丹乌里克的好，而且我认为，就手法的精细而言，也优
于热瓦克的雕塑。但与后者相比，其质材的优越性肯定不会被忽
视，那是一种烧石膏与十分易碎的黏土的对比。因此，克格里克
与热瓦克佛塔浮雕之间的年代关系目前几乎不可能明确地解决。
不过，克格里克遗迹的风格，与我们将要看到的更具体的热瓦克佛塔浮雕证据都同样完全清楚地证明，二者的年代比丹丹乌里克寺庙的要早得多。

　　大多数克格里克浮雕残块都属于小立佛像的身体部分。土墩中心附近靠近原始地面，发现一些毁坏的木料，除表面腐烂部分外，尚保留有红色残迹。这里也发现有一小片金叶，可能是从某种镀金雕像上剥落下来的，这一发现对我前文关于从约特干文物层洗出金叶原因的解释提供了有力支持。这里发现有一小片云母，作何用途尚不能确定。寺庙周围和洼地平坦的底部布满了古陶片，其中许多饰有细密的布纹，而且比在和田绿洲以北塔提上常见的陶片制作得更好。

　　寺庙以北约70英尺的地方，有一个主要由干马粪组成的大垃圾堆。垃圾堆中还混杂有骨头、木炭和少量砍碎的柴禾。大垃圾堆裸露部分长逾70英尺，宽约50英尺，高11英尺，位于东西走向的沙丘底部，尽管如此，它也没有逃脱"寻宝人"的眼睛。他们在那里挖出整齐的走道，其中两条长18~20英尺，直达垃圾堆的底部，使我得以轻易就确定它的范围。这个垃圾堆表明，无论其性质如何，这里肯定是一个经常活动的场所。附近的沙丘可能覆盖了其他一些遗迹，但沙丘太高，任何试图在小洼地一侧发掘的想法都不现实。

第三节　热瓦克佛塔

4月10日早上，我离开阿克斯皮尔前往吐尔迪及其同伙11月份报告给我的名叫热瓦克的"大房子"废墟。这个名称，加上关于托库孜哈坎（即九个哈坎）图像的含糊传说，足以令人心动。但他们并没有讲到更多的细节，只是提到一个叫穆罕默德·沙力甫的年轻"寻宝人"不久前曾在遗址附近发现一大罐中国钱币。我检查过其中许多枚，结果发现它们全都是五铢钱，绝大部分保存得很好。这表明那是一个早期的遗址。

从阿克斯皮尔出来，先翻过直线距离约3英里的高沙丘。沙子略呈灰色，较粗，显然是从一条早期的河道中沉积下来的。当我们走到广阔的卵石萨依上，就能看出这条河道向北—北东方向蜿蜒而去。据说再往南，它就与塔木乌格勒和库马特附近的萨依相连了。虽然河水据说从未到达过这里，但生长的红柳和其他矮树丛显示河道一直向北延伸到很远，我后来在朱拜库木遗址附近又见到这条河道。在炎热与刺眼的阳光下走了约6英里后，就来到了旁边长有一些红柳的井旁，去沙漠砍柴的吉牙人常在这里休息。从此转向西北，不久就又走进了巨大的河边沙丘。约2英里后，经过一片开阔的小洼地，光秃秃的黄土地上露出一些古陶片。就在这里，穆罕默德·沙力甫领我看到的一个破碎大红陶罐，是从一所被完全侵蚀掉的住宅地底下挖掘出来的。住宅废墟上没有木料和其他建筑残块。穆罕默德·沙力甫声称从这里找到的中国铜钱总共换得约300和田坦加（约合100卢比）。除这次的发现外，我购得的87枚铜钱全都是五铢钱，它们中绝大多数几乎没有磨损的痕迹，表明它们在贮藏之前并没有流通过多长时间。

往前约1英里，我们来到热瓦克，一个出乎意料的、最令人兴奋的发现正等着我。诚实的老向导吐尔迪曾说，在那里只见到过"一所老房子"，被沙半埋着。但我第一眼就看到了一座大佛塔连同其高大的塔基和围绕着的四方院，它是我到目前为止见过的和田地区现存最壮观的建筑废墟。方院和佛塔宏伟的方形塔基的西南和东北面被高约25英尺的大沙丘覆盖着。南边的流沙较低，可以轻易辨认出大部分塔基和环绕佛塔的院墙。南边附近围墙外的沙子中见有粉饰灰泥块，显然是从巨型雕像的头部及其上方脱落下来的。后面墙上有一部分浮雕也显露了出来。这一切都表明"寻宝人"最近在这里挖掘过。我后来得知，有6个吉牙人在我到达的前一天早上才从这里撤走，所幸他们只清空了几英尺沙子，没有对废墟造成太大的损害。

我立即意识到，这里有大规模发掘的机会。当然，写封信给玉龙喀什的伯克请求紧急增补民工并不耽误时间。幸运的是，废墟的位置离绿洲不到一天的路程，这使我得以从吉牙乡最近的村子迅速不断地到得自愿的劳动力。更可喜的是，这么多人的供水问题也轻易就解决了。虽然我们四周的沙丘看起来比以前探险过的任何古遗址处的都巨大都贫瘠，但可以在离佛塔不到2英里的一片洼地中挖出一口井来，于是我便将民工的营地就近设在那里。看一下地图就会发现，从热瓦克遗址到玉龙喀什河岸仅约7英里。事实上，遗址离现在河床如此近应归功于高耸的沙丘和较浅的地下水。早期沙丘的堆积无疑是废墟没有遭到侵蚀或人为破坏的主要原因。另一方面我们将看到，地下水所致的潮湿使所有材料都受到了影响。

除水的问题外，这里的工作条件证明比我调查过的任何其他古遗址的条件都艰苦。流行布冷风（中亚、西伯利亚一种冬带冰雪、夏带风沙的东北向暴风——译者）的季节现在已经到来。狂风虽然方向不定，猛烈程度不同，但每天都在刮着，夹带着水沫般的细沙粒渗透到每一个地方。我注意到连续几天风向频繁地改变成几乎是相反的方向，有时甚至是在早晚之间，这是在塔克拉玛干附近生活着的所有当地人熟知的布冷风的一个特点，以前的旅行者也观察到了这一现象。当我们进行发掘时，自然感到了沙子的不断流动带来的不便。白天气温的炎热和刺眼的阳光也使人感到难受。甚至当淡黄色的尘雾厚到不能拍照时，强烈的阳光仍能穿透照射下来，洒落在闪闪发亮的沙粒上，形成刺眼的反射光，使热度变得比实际的要高得多。但当太阳一下山，热量便迅速散失了。所以一天中不同时段气温会迅速发生明显的变化。气温的这些急剧变化使我们所有人从玉龙喀什出发后即开始患上了冷热病。我也没能逃脱这些不利气候的影响，但大量服用奎宁药片后，便成功地止住了病情的发作，直到在这些废墟的工作结束。

　　4月11日早上，发掘工作从方院的南角开始，不久即发现，围墙的内外两面都装饰着一排排巨大的灰泥雕像，这使方院与犍陀罗及其他地方佛寺的礼拜堂很相似。围墙内侧的那些有希望保存得很好，因为那里的积沙极深，即使在佛塔院最暴露的地方（门和南角之间），也没有一处积沙低于5英尺，西角和东角还要厚很多。我们必须先清除掉大量的沙子，之后这些雕像才能被系统地发掘出来，并进行安全地检视。繁重的清沙工作需等到新招来的民工到达以后才能进行。此时，我可以利用身边的12个民工做一些清理，以对建筑遗迹做一必要的初步测量。

　　调查显示，寺院呈长方形，西南面和东北面内侧长163英尺，西北面和东南面宽141英尺。方院外面围着一道厚约3英尺6英寸的结实的土坯墙。南角未完全被沙子掩埋的部分保存得最好，土坯墙高11英尺。此墙及佛塔所用的土坯规格与阿克斯皮尔的土坯规格相当。方院长边的围墙除靠近南角的那一部分外，都被高于原地面20多英尺的沙子覆盖着，难以细察。不过在较短的东南面，墙顶绝大部分暴露在沙子上面。这里中心部还有一个缺口，说明那是门的位置。后来的发掘证实，它宽8.5英尺。而西北面不经发掘难以确定是否有门存在，因为在那一面的中部，正好看到墙顶在沙子上面形成一条连线。这里的积沙足有10英尺高，不可能试图对其进行发掘。因此，东南面的门有可能是唯一通往寺院的入口。

　　方院的中心是壮观的佛塔基座（如图83中的剖面图所示），分为三层，总高22.5英尺。塔基最下面一层为78英尺见方，高7.5英尺，建在一个四级方形底座上，四级底座总高3英尺。第二层45.5英尺见方，高9英尺。它的上面是圆形塔身，高3英尺，顶部缩进，用作另一形成佛塔穹隆顶的圆形塔身的底座。但穹隆顶只保存约8.5英尺高（图84），因此不能确定穹隆顶是从塔身的什么高度上出现的，也不能确定穹隆顶的原状。

　　从塔基最顶部发现的小块遗物判断，我怀疑覆钵部是否会很高。如前文的尺寸所示，其现存部分只高出寺院地面约31英尺。形成覆钵顶的圆形塔身的直径证明是32英尺略多一点。它里面似乎有一个直径约7.5英尺的内室，但已不能准确确定，因为在我访问之前就有"寻宝人"从西面向里挖出一个大坑洞，一直挖到覆钵顶的里面。为"寻宝"而进行的挖掘无疑也说明了覆钵顶遭受破坏的严重程度。那个坑洞表明覆钵顶像此建筑物的其余部分一

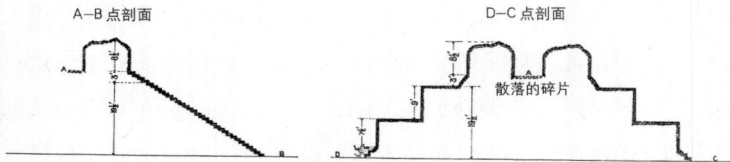

A-B点剖面　　　　　　　　　　　D-C点剖面

散落的碎片

图83　热瓦克佛塔剖面图

图 84 热瓦克毁损的佛塔，自庭院南面看

样，是用与方院墙壁中同一种规格的土坯牢固地砌筑而成。基座也因"寻宝人"的一再破坏而暴露出来，在东南面上、下方形层中见到的他们挖出的那些短坑道（图84）可以证明。

到目前为止，我只提到佛塔基座的主要特征，即典型传统的

三层布局。但从平面图上看，却显示出很大的变化和创意，基座
的每一面都大胆突出，修有均衡的阶梯。这些突出部使基座平面
图看起来就像一个对称的十字，十字的四臂自佛塔中心线量起，
最底层均伸出约52英尺。宽大的阶梯位于基座四面每一面的中间，
并向外突出来，自佛塔院一直通达覆钵顶的脚部（图84），气势十
分宏伟。只有东南面对着方院大门的阶梯能够完整清理出来。通
到第一层塔基顶部的第一段阶梯足有14英尺宽，其上面第二段宽
9英尺，靠近覆钵顶的第三段宽6英尺。阶梯首先是用来方便可能
在每一层上进行的连续绕行的。

　　阶梯两侧最下部塔基由于沙子的保护，涂有白色颜料的灰泥
层被保存下来，厚且结实，因而可以推断，整座佛塔都曾粉刷
有这样一层灰泥层。最下面一层塔基的顶部和底部明显装饰有
约1英尺高的灰泥塑檐口，如图84所示。就在檐口的底下，在东
南面最下层塔基阶梯突出部南面形成的角落中，我发现灰泥涂层
上紧挨着粘有4枚保存完好的五铢铜钱，铜钱只略有磨损。与后
来发现的大量此类钱币一样，它们明显是作为祭品存放的，也是
我所见表明此建筑大致年代的第一个证据。

　　佛塔的建筑特点和宏伟的规模已经很引人注目了，但最具考
古意义的远不在此，而在于环绕着寺院的墙壁上装饰的大量浮
雕。玉龙喀什的伯克迅速为我召集并派来了增补的民工，他们于
4月12日早上陆续抵达营地。他们一到我就开始进行系统的发掘，
并很快就发现这些浮雕。为了避免给脆弱的灰泥雕塑造成直接损

害，并腾出足够的空间以便给它们拍照，有必要从离墙壁一定距离处向墙壁方向开挖较宽的探沟，然后小心地清除沙子。这项工作从南角附近开始，就在这初步清理过程中，一座小佛塔塔基及其有趣地存放着的钱币首先被发掘出来。发掘工作从这个位置沿着西南和东南壁逐渐展开，一直发掘到高沙丘覆盖的西南角和东角的最远点，其余部分因时间及手段的限制，不能进行。

清理工作继续进行，不久我就发现，墙两面的主要装饰整个由一排排超过原物大小的灰泥浮雕像组成。所有大型浮雕都是佛或菩萨，但从尚可辨别的姿态的变化、附属装饰品等可以看出，它们显然依照某种对称布局而分成许多组。相隔一定间距的巨型雕像之间，是较小的天神或圣徒像。许多处墙壁上还装饰着精心制作的灰泥饰板，构成人像头上的光轮，地方宽余时，甚至有完整的浮雕身光。雕像之间的小壁画也保存了下来，但总的来讲，由于雕像太过密集，大多没有绘小壁画的余地，至少现存下部墙体是如此。整个浮雕作品保持着原色，但大部分地方的涂层已脱落，仅装饰折层中的有些保存完好。这样，绝大部分灰泥像的背景为红色，即用来塑造背景的黏土的颜色。

一开始我就发现，对这么多雕像进行发掘非常困难，即便是在积沙不多的有限方院内进行。可能由于附近地下水的影响，结实的木构架已完全腐朽，它们曾从内部支撑起灰泥，并将其固定到插入后面墙体的木梁上。木梁留下的柱洞为5英寸见方，一律距佛塔院的地面约8英尺高。发掘过的所有墙壁都能找到它们在

图 85　热瓦克佛塔寺院，浮雕 R.i~R.v，位于西南面墙的内侧

图 86　热瓦克佛塔寺院，浮雕 R.iii~R.xii，位于西南面墙的内侧

相应高度留下的这种柱洞。木梁插入墙体达一定深度，以便在其外侧抹上一层1~2英寸厚的灰泥，与其余墙面齐平。西南壁清理过的部分有一段距离保存有这层灰泥墙面，正因这层灰泥面的存在，墙面才没有出现腐朽木梁留下的柱洞。在这里及其他一些地方，我仍能找到腐朽木梁的残块。巨型雕像的木架曾与后面的木梁相连，连接处通常在头部或肩部的高度。内部构架的木头都已完全朽蚀，但其位置通常仍可从留下的柱洞看出来，如巨型雕像右臂中所见（图85、86）。

当保护沙清走以后，失去支撑的沉重灰泥雕像，特别是仍然保留着其大部分上体的那些，就有倒塌的可能。大风日复一日地刮着，更增加了危险的程度。大风将填在浮雕边沿与后面墙体之间空隙中的河边黄土沙尘吹走，这使易碎的泥块由于其自身重量而易于滑落毁坏。西南和东南内壁上的一些雕像就发生了这样的事情。我很快就发现，只要在清理浮雕时极其小心，并在调查和拍照结束时重新回填沙子保护雕像的下部，就能避免发生这些危险。让轻风吹几小时通常比用刷子刷去装饰折层中的尘土要来得安全。即便如此，损害仍不能完全避免。有时，必须用绳子固定好仍然完整的雕像头部等部位才能开始拍照。图87显示了在处理西南墙内壁过程中，发掘一些小雕像时所采取的这种安全措施。比较一下站在旁边的民工，将有助于判明最右边巨型雕像的真正大小。

上面简要介绍的这些给工作带来如此困难和危险的情况，解

图 87 热瓦克佛塔寺院，浮雕 R.i~R.iv，位于东南墙的内侧

释了为什么许多巨型雕像的上半部发现时已严重毁坏，而且他们全都没有头部。其上半部如图 81、82 中所见大光轮残断的顶部一样，由于很久没有受到沙子的保护，自然也就从形成其衬背和支

撑的墙上消失了。在不同深度的沙层中，特别是在南角附近，我找到了很久以前就这样脱落的许多巨型雕像的头部残块。它们极其松脆，稍微一动就碎了，这表明它们曾长期暴露在大气的变迁之中。小雕像的头部也许甚至在有屋顶掩蔽时即已被积沙覆盖，因而发现时大多数都保存完整。这里我可以提一下，就所发掘部分而言，寺院所有的雕塑装饰中，我没有见到任何表明受到人为破坏的证据，因为它们与"寻宝人"间歇性的发掘在暴露得更明显的围墙上所引起的偶然的毁坏不同。这一观察为如下观点提供了支持：这座寺院已经废弃数个世纪，到伊斯兰教在和田盛行时，方院废墟已为流沙所埋。

我认为原来很有可能从围墙的顶部伸出一道木走廊或类似的遮护设施，为墙壁两面的雕像提供保护。但这一设施被有计划地拆走了，甚至是在流沙完全侵入寺院之前。因为我只在一处，即东南面的内侧附近且离大门不远处，发掘出一些腐朽得很厉害的约4英寸厚的小木块，它们很可能曾是这种建筑的构件。考虑到今天在附近大城镇中建筑木料有多么昂贵，我们就不会对早期拆走遗址废弃后可能提供的这种最有用的木料感到吃惊。似乎不可能作出这样的推测：沿墙壁布置的雕像和墙壁的装饰壁画，原来就应完全暴露在外而受到各种环境的影响。因为一场倾盆大雨，例如即使是在此干旱地区都绝不会不知道的那种大雨（我离开热瓦克营地后不久即于4月19日经历过这样一场大雨），就足以对雕像脆泥和同样松软的墙壁的抹泥造成极大的破坏。我们在南角外发现一堵薄灰泥墙的墙基，有一些灰泥雕像面对着此墙，它也表明存在着某种围廊或走廊。

第四节　热瓦克寺院的雕塑

发掘工作每天从清晨持续到傍晚，这样从 4 月 12 日干到 17 日，清理了寺院东南壁内外的大部、西南壁的一部分，总长度约 155 英尺。虽然这个距离只有寺院周长的约四分之一，但从已清理墙壁上显露出的单个浮雕的总数达到 91 个，其中大部分尺寸比真人还大。除此之外，还发现大量的小浮雕，它们是雕塑光轮等的组成部分，或是作为还愿物存放在主像前的。

我在平面图上仔细标出了所有雕像的位置，连同其所处墙间的最大宽度，在时间与条件许可的情况下，尽量详细地对每块雕塑都作了描述。此外，我还利用宝贵的时间（通常是在清晨，那时风还没有起来，也没有浓厚的尘雾或流动的尘土），去对已发掘墙面上出现的无论什么雕塑作品拍摄一套完整的照片。在令人难受的环境中一面指挥发掘，一面精确地记录所有发现，并不是件容易的事。虽然测量员拉姆·辛格和吐尔迪都以他自己的方式给了我非常有力的帮助，但我自己还是从太阳升起一直到黄昏都留在探沟里，可以说是感到周围始终都弥漫着由风和挖掘扬起来的云一样的细沙。

我拍摄的照片比我在这种不利条件下所希望的更成功。从中挑选一组反映整个已清理墙面实际情况的照片刊布出来，我认为是说明发掘出的大量和田古代艺术研究的有趣资料的最好方法。这里我想给如此介绍的浮雕补充一些现场记录的考古或艺术细节与评论，这些评论是在对这些浮雕进行总的研究，以及将它们与从和田其他遗址发现的雕塑进行对比之后得出的。我们可以从东南墙内壁发掘开始处着手，然后按单个雕塑位置的数字顺序详加注解。

从西角高沙丘下清理出的第一尊雕像是一尊巨型立佛 R.i（图85、87）。立佛除右手残失外，肩部以下保存完整。但由于立佛现存上部的重量，它随时都有坍塌的危险，我认为完全清理掉左边支撑着的沙层是不安全的，因此照片中没有出现左手。毫无疑问，立佛左手下垂并置于垂衣的边沿，同雕像 R.v、ix、x（图85、86）一样，它们是相同雕像的复制品。立佛的右前臂挽着多褶的垂衣，姿势是施无畏印，热瓦克大光轮 R.xii 和 R.xiii 中的许多小佛像也使用与它相同的姿势（图81、82）。这也是东南墙内壁上许多大于真人尺寸的雕像使用的姿势，它们全都属于同一类型，虽然其中只有几尊保存着足够的右臂，但由此可以确定其余雕像右臂的位置。东南墙外壁上的巨型雕像中，大多数保存有右臂或其痕迹的那些雕像，同样使用这种姿势。至于雕像 R.i 的尺寸，从它双足到弯曲的肘部高度为5英尺3英寸，肘与腕大致等高。双足立于很扁的半圆形灰泥基座上，基座宽约3英尺，边沿上有莲瓣形浅浮雕痕迹。从残存的颜色痕迹判断，长袍原来涂成白色，但颜料几乎全部脱落了，因此现在表面一律呈黏土红色。

R.i 及其复制品中最明显的特征是垂衣的处理，我们在其余的热瓦克雕像中也注意到这些特征，但有一些小小的不同。与犍陀罗雕塑中的立佛像一样，它们几乎是希腊式的，并且每一个细节都有源自犍陀罗雕像的迹象。披在双肩上的长袍将身体裹住，透出清晰的轮廓。用大突棱表示的衣褶处理得十分优美，自然地垂下。西南墙内壁上的这些雕像，以及东南墙内壁上的巨型雕像中，长袍底下的躯干比犍陀罗雕塑表现得更明显。但垂衣完全相同的处理绝非抄袭。比较一下二者向外伸出的左臂上，以及弯曲的右臂下的衣褶将说明这一点。我们发掘到的雕像和犍陀雕像中，都存在这类衣褶。格伦威德尔强调："古代中国和日本的佛像以一种特殊的方式不可思议地保持着犍陀罗雕像式的衣褶。"当我们看到古代和田艺术（与在其他许多方面一样）在这方面是如何忠实地秉承了犍陀罗的风格，对此就不会再感到惊奇了。

R.i 的右边是小雕像 R.ii（图85、87），完好无损，高4英尺2英寸。由于风力很大，使得小雕像的头部很不安全，因此不得不取下来。虽然小雕像内部因木构架腐烂而变空了，但这个头像运到伦敦后仍然保存完好。小雕像从下颏到小顶髻长为10英寸，除保存了大量原有白色颜料外，还保存有表示睫毛的黑色痕迹和一个红色蒂噶（点于两眉之间的红色眉心点——译者）的痕迹。垂衣上也涂有许多白色颜料。垂衣巧妙地雕有几条传统式的竖直波形饰带，与相邻巨型雕像的希腊式垂衣形成鲜明的对照。菩萨像R.iv 的下部衣服和 Rviii 的垂衣衣边处理方式与此相同。这使我想起典型中国式的乌仗那佛像上见到的衣褶的波浪线，以及一位吐蕃史学家引证的关于邬陀衍那佛像的解释性传说。他叙述了故事中佛为减轻被他的光环弄花了眼睛的艺术家的工作，是如何将自己的影像投射到水中的。该画家将此投射的影像画下来，这便是长袍上波浪纹的来历。较之于犍陀罗式古典垂衣的这种奇怪的变化，悬垂于左臂的垂衣衣边的处理手法总的来说仍然是旧式的，这更值得注意。奇怪的是，中国邬陀衍那佛像上一样反映出相同的手法。

与大多数热瓦克佛像一样，R.ii 的长袍为通肩式，由于没有装饰物，我们可以假设，这尊塑像表示的是一尊佛。右臂下垂，表示不是与愿印，就是触地印姿势，两者唯一的区别就是手印，即掌心是向外还是向内。这尊塑像的双手已残失，头发卷曲，明显仿照犍陀罗的样式。R.ii 头后面浮雕装饰构成的椭圆形光轮完好无损。由于它各方面都与 R.iv 头后所见光轮一致，所以可作为一个典型实例，表明那些大型雕像也曾有着同样的头光，但现已完全脱落了。两侧椭圆形曲线镶以卷云纹边。两朵卷云纹顶部在一尊小贴塑佛像之下相交，佛像坐在一个莲瓣光轮之中（R.ii.3.c，如图 88 所示）。此贴塑佛像的上方和侧面有一束束火焰。卷云纹的顶部之下是个一百合花形装饰。光轮内两侧有两个与前者十分相似的更小的坐佛像，其间是代表一个金刚杵（金刚）的一朵双百

图 88　莲瓣光轮

图 89　双百合花形装饰的光轮

合花形装饰，如图89中光轮部所见。此装饰上下靠近卷云边的地方也有小莲花。由于整个贴塑有从墙上脱落的危险，我试图将它移走，但由于土质十分松脆而弄破了，仅有部分（R.ii.2）幸免于长途运输的毁坏。

　　R.iii 是一尊巨型雕像，发掘过程中倒塌了。从各方面看，它都是 R.i 的复制品。R.iii 的右边立有一尊保存较好的菩萨像（R.iv），如图87所示，菩萨像的头部还在原来的位置上。此头像（Riv.1）

图90 菩萨头像

发现时后背已残。尽管已受到损坏，但它仍被运到伦敦而未受到
进一步毁坏。图90显示的是其全貌。像高逾6英尺，从头部造型
来看，它是用来从下往上看的。其双眼周围和唇上残留有着色痕
迹。鼻、口和下颏较小，双耳加长但塑造得很优美。一串三排式
摩尼珠串装饰着胸部，在犍陀罗发现的悉达多王子像中经常见到
这种摩尼珠。胸部似穿一件紧身衣。细长的腰部扎一条由椭圆形
珠宝饰物组成的宽腰带，系着一件裙子形的下身衣服，显出精细
的传统式波纹衣饰。发现时它的双臂肘下部分已残，上臂饰有臂

图 91　佛头像

钏。臂钏的中心有一块八边形的宝石，两侧是长方形的宝石。照片中可见的光轮与 R.ii 中的十分相近，但两侧各有两个金刚杵。下部可见的带饰可能是珠带的两头，如右耳上方的一块残块所示，这条珠带环绕着雕像的头部。

　　紧挨着 R.iii 的巨型雕像 R.v 完全是 R.i 的复制品，但只保存腰部以下部分。暴露才一天，它就倒塌了。下一尊雕像 R.vi 在尺寸、姿势和垂衣方面与佛像 R.ii 完全相同。它是被从旁边掉下的碎块砸碎的。不过，由于它的头部已先行被移走，从而躲过了此劫。如图91所示，它的表情与 R.ii 不同，双眼几乎是闭着的，头发也是卷曲的，眉毛周围保存有着色的痕迹和粉红色蒂噶的痕迹。R.vii 是一尊巨像，且明显是 R.i 的复制品，发掘前就已破碎，无法抢救出来。所幸这种毁坏没有影响到它旁边的 R.viii（图86），这是一尊身穿华丽长袍的塑像，原高约5英尺6英寸，发现时头部与前臂已失。长袍袒右肩，往下形成大量衣褶，衣褶布置成传统的波浪形，与 R.ii 的相似。残存的光轮与 R.ii 和 R.iv 的相似。整个塑像保存有大量白色粉饰。

雕像 R.ix 和 R.x 如图86所示，是 R.i 的翻版，保存到腰部的上方。二者之间的墙面约有1.5英尺宽的空间，原有的灰泥粉饰面上保存有已褪色的湿壁画装饰残迹。从图86中可看出其中有一个身穿红袍的人像，位于中心部位，高约2.5英尺，带有圆形光轮。可依稀辨出它的右边立着一位侍者，左边有一竖行4朵红色的莲花。它的上方保存有一尊严重褪色的小坐佛的轮廓线，坐佛位于一个椭圆形身光之中，旁边还有一些更小的带光轮的佛像。R.x 右边相应墙壁上原来绘有小的湿壁画，布局与左边的那些完全相同，但除严重褪色外，显然在沙子将它们覆盖之前还曾被乱涂乱画过。在最右边，靠近 R.xii 的大光轮的边沿，原来的装饰被涂掉了，因为其中一朵莲花的一部分现已被一幅代表坐佛的小湿壁画覆盖。此坐佛高约6英寸，从图81中坐佛的左肩上方依稀可见那朵莲花。画像的双眼向下看向坐佛的头部，这表明后者本身也可能是后画上去。

　　坐佛 R.xi 有几方面都特别有趣。雕像并拢的双膝宽3英尺，自其坐处至头顶高2英尺10英寸，塑造得非常完美，并且样子看起来是独此一尊，别无类同，我在大量雕像中，没有找到一尊与此相似的佛像。特别值得注意的是其仔细塑造的脸部特征，表现出一种顺从知足的笑意。这与手臂的姿势是相一致的，手臂虽然发现时前臂已残失，但显然是作禅定印，即思维的姿势。头上有一个低平顶发髻。没有任何种类的衣袍痕迹，表明雕塑家的意图可能并非在表现修行的乔达摩，那时他还是一位菩萨。但是，由于缺乏任何憔悴的迹象——比如众所周知的犍陀罗雕塑中表示成佛以前乔达摩像所表现的那种，这一推测不能得到证实。

　　上述整个塑像好像用石灰水刷白过。没有头光或身光，但发现时左肩上放着一块头光装饰（R.xi.1）的残部，无疑是最后访问这所寺院的信徒放上去的。残光轮类型与 R.ii 的相似，但卷云纹不同。同样，靠右臂也放着一尊小残佛像，这尊佛像与 R.xii 和 R.xiii 大型身光中的浮雕像相同。在废寺院别处也观察到从其他雕像的身光中脱落的雕塑残块被信徒用作装饰，这表明其易碎的黏土浮雕装饰的毁坏在寺庙完全废弃以前很久就开始了。更重要的是，就在 R.xi 基座之下的地面上，发现了3枚中国钱币。它们全都是五铢钱，它们的位置，从后来同类钱币的发现看，无疑表明它们是作为还愿的供物而放于此的。

　　紧靠寺院的南角，立有两尊巨型雕像（R.xii 和 R.xiii），雕像环绕着很大的装饰性光轮，并且二者完全相似。雕像本身毁坏严重，腰以下部分，发掘后发现倒塌到接近膝部，如图81、82所示。仔细处理的长袍的褶子上有深红色颜料的痕迹。椭圆形的身光最宽处足有7.5英尺，轮边带有菱花装饰。光轮中装饰以相互连接的倾斜排列的小佛像。这些小佛像的姿势、大小和工艺都相似，但因空间所限，长度有所变化。表现到大腿部的那些约有14英寸长，其余的短些。光轮两边成行排列的单个小佛像并不是处处都很对称。这些小佛像被粘在墙壁上，全都相同，显然出于同一个模子。绝大多数此类小浮雕都是如此，在角落里的填沙中发现有许多这种小浮雕，它们显然是以前从较高处的光轮上脱落的。

图92中的标本 R.xii.1 显示是一尊立佛像，右手上举作施无畏印，如从其他标本所见，左手置于胸前，抓着宽松的垂衣。头后有一个圆形头光，头发简单卷曲并有顶髻。所有小佛像都在红底上覆有白色颜料。除此之外，在南角的碎块中还发现一些小灰泥头，显然也是佛头，但表情和造型与 R.xii.1 及其复制品不同。可分两种类型，一种亦即那些单独的小浮雕，我发现它们放在 R.lxx 附近。目前很难确定这些头像所属的灰泥像是现已不存的光轮的组成部分，还是仅从其他某组雕塑移走后放在那里的。这个角落很可能成为堆放从寺院其他处神像拆散下的这种残体的地方，并且在南角外侧雕像 R.lxx~lxxiv 附近发现大量这种拆散的残块这一点也许很重要。

东南墙内墙面上的雕塑装饰很一致，主要由一系列巨型雕像组成，这些雕像是同一类型的，如果不是完全复制而成的话。

图92　立佛像

图93　坐佛像

它们全都遭到了严重毁坏，这显然是由于没有足够的沙子覆盖造成的，沿这道墙壁积聚的沙子只有5~7英尺高。有几尊雕像在发掘后倒塌了。现存雕像与沿同一墙面大门北段发现的巨型佛像极为类似，而且多少保存得好一些。从后者判断，我们可以推断，所有这些雕像的姿势都是施无畏印。它们与西南壁上的巨型佛像只有一点小差别，例如左边下面的衣褶醒目地外摆，左手的姿势，可能与长袍分得略开一些。雕像脐高约5英尺。在它们旁边发现有大量较小的浮雕，可能是后来加上去的，也许是个别朝拜者的捐赠物。R.xxii 是一个男性小塑像，发现时头部已失，上面有一个头光装饰，样子与 R.ii 的相同。R.xxiv.a 是一尊有丰富衣褶的雕像，亦无头，颈高约 3 英尺，可能是一尊菩萨雕像，内袍的褶痕呈波浪线形，同时颈和手臂上残存有饰物。

与前文提到的 R.xxv 附近放置的类似装饰物一样，这里有几尊巨型雕像双足之间或附近也发现放有残破的小佛像，显然是 R.xii、xiii 身光中那些佛像的复制品。除此之外，R.xxv 附近还发现三个表示坐佛的小装饰。其中两个是 R.ii 和 R.iv 头光中相应贴塑浮雕的复制品。第三个（R.xxv.3）尺寸约 7 英寸 ×5 英寸，是 R.2（图 93）的复制品，一个较小但做工很好的浮雕，发现于南角残块之中，显示有一个坐佛，作禅定印，右肩后有一小棵印度榕树。这两种装饰浮雕对于说明垂衣和坐佛像的处理与犍陀罗相应雕塑是多么相似这一点特别有意义。与犍陀罗同类浮雕作一比较就不难看出，佛像匀称的比例可与其最好的雕塑媲美。

大门两侧内壁各有一对立像，几乎塑成圆形，真人大小。特别值得注意的是，在寺院墙壁上，这种类型的雕像仅此四尊，传统的佛像或菩萨像中不曾见过这种装扮。虽然其上体已残失，并且只找到一些碎块，但仍可看出它们无疑是金刚神——门神。热瓦克寺院大门旁的这四个守护神，很可能与印度佛寺门口的许多雕塑一样，表示的是夜叉，特别是四个夜叉王——北方多闻天王俱肥罗天、南方增长天王、西方广目天王和东方持国天王，作为天王（护世天王）或世界守护者，他们在印度、中国西藏和远东的佛教神话中扮演着重要的角色。他们的佛教图式始终是完整的人形，不过是半圆形，与我们在鉴定丹丹乌里克小佛殿 D.II 中主像旁边的那尊武士像为北方多闻天王时注意到的一样。因此，热瓦克寺院门边这些塑像展示的，显然是当时当地惯常的服装，这是一致的。而这又使它们具有了特别的考古意义。

大门南面那组塑像中，左边的那尊（R.xxvii）腰部以下部分保存完好，着双层衣，脚蹬高而尖的靴子。后者部分地方还残留有深红色的色彩。内衣仅褶边依然可见。外衣衣边装饰以表示波纹装饰的突边，两腿间的中部有一条宽三角褶线。腰的中部挂一把刀，装在窄长的刀鞘中。离门最近的塑像略微转向门口，着双层衣，衣边较宽，达于红靴顶部。衣服上没有留下任何色彩，衣褶用轻微的凹线表示。在这尊像的前面，发现一尊斜靠着的残塑像，只保存下半部分，且部分嵌入地下，另有毁坏严重的残块和一个头部残块。头已面目全非，但从中仍能辨别出与神像头明显不同的特征，例如，宽而突出的双唇和扁平的鼻子。这似乎可以提出这样一个问题，即这尊似乎置于第二个门神足上的塑像，是否可能不是北方多闻天王的典型形象——而是"鬼"。

门北侧的金刚神所穿衣服与其他塑像不同，主要在于其裤子鼓起，卷入靴子之中，像今天所穿的靴子一样，靴子顶部较宽，靴筒沿上有饰边。靴子原为深红色。裤子大部分被两层衣服遮住，两层衣服自腰部垂下，一层叠在另一层之上。沿衣边布置的浮雕刺绣带上，有带小圆圈和勾边的精细花纹，在原照片上仍清楚可辨。门旁那尊雕像外层衣服的衣沿下，保存有淡棕色的痕迹。

　　离大门再远一点的两尊塑像中，每尊塑像双足间各发现了一尊较小的女性胸像，它们显然一模一样。其中一件毫不费劲就了取下来，不过在运往伦敦的途中破碎了，好在不列颠博物馆的雷迪先生将其破碎的残块又成功地黏合起来。图94所示是此胸像的头部和胸部的正面和侧面，不仅轮廓优美，造型也很好。尤其值得注意的是侧面的头发，处理得仔细又大方。同样值得注意的是胸部比例匀称。它们的头上抬，这表明这些小雕像本来就是要放置在发现它们的地方，而并非纯粹是从寺庙其他某处带过来的。

图94　女性胸像

它们的外貌，与表现乔达摩最后离开王宫时的场景的犍陀罗著名浮雕中马足之间的那个女性像竟出奇地相似。不管这尊塑像是按照格伦威德尔教授具有创意地推测解释为土地女神，还是另外解释成别的什么神，有一点很清楚，那就是这些小雕像只能与它有非常遥远的联系。也许它们表示的是小夜叉，放在那里的目的是要表明踩在它们上面的那些守护神是夜叉王。

在前文已提到过的大门北侧墙壁上的巨型雕像中，离门神最近的一尊的膝上黏着几小块金叶。其中最大一块约1英寸见方。我认为，玄奘关于他在媲摩见到的一尊灵应雕檀佛像的记载，是对此奇异习俗最好的解释。"凡有疾病，随其痛处，金薄贴像，即时痊复。"热瓦克的这尊雕像上还残留着大量贴金箔"膏药"的痕迹，我们是否可以据此推断它曾以能治膝疾而享有盛誉？

在R.xxx的双足附近，发现一尊无头平雕小塑像，可能是佛，原本属于某个类似R.xii、xiii的那种大光轮装饰，后被移到了这里。其姿势与R.xii.1及其复制品相似，但并不完全相同。东墙内壁巨型雕像之间的空处，也有四尊较小的塑像，头部均已失。最后那一尊与R.xxxv完全相同，是菩萨，半裸的胸前华丽地饰以念珠串。R.xxxvii也是一尊菩萨像，胸部饰一大珠宝装饰，腰上扎一条装饰富丽的腰带，腰带中心打有缨结。R.xxxv只残存少量垂衣，残失的双足处嵌有一大块不明来源的灰泥块：显然是寺院最后的侍从为防止雕像塌落而放于此的。

刚才所述东南墙外壁上的那些雕塑，遭到的毁坏比其内壁上的那些严重得多。其中两尊巨型雕像残存有精美的垂衣。衣褶上保存着大量白色颜料，R.xlii 后面还可看出部分彩色身光的轮廓。紧挨着的雕像 R.xliv 发现时膝部以上部分已残，其身侧的一尊小立像也已严重毁坏。由于担心大雕像 R.xlv 坍塌而没有把它完全清理出来，但其比例与暴露出来的身体上的垂衣样式表明，它与东南墙外壁其他部位上的大多数巨型雕像很可能属于同一类型。雕像 R.xlvii 表现出了左手的姿势，生硬的竖线是从下肢垂下的衣褶，这是这一组塑像的特点。R.xliv 发掘前即已坍塌。包括大门在内，剩下的地方没有保存下任何雕塑装饰。大门内及其附近严重毁坏的墙面表明，那里原来可能曾装有护木，因而才没有完全抹平并刷上灰泥。在门右侧两块小土坯之间离地面高约 1.5 英尺的地方，发现了一枚五铢钱，几无磨损，显系许愿供物。

门左边的浮雕发现除一尊小塑像外已完全破碎，这尊小塑像可能是佛，站立，右胸坦露。由于担心坍塌，我们不得不将它的头部取下来。它的头部是 R.lxxii 的复制品。R.xlix 是一尊巨型雕像，腰部以上残，垂衣聚集形成大量衣褶，与此墙面上的其余雕像不同。其旁立一小尊菩萨像，发现时头部已失，胸前饰以华丽的摩尼珠串。头后马蹄铁形头光与 R.ii 的完全相同，只是比例小一些。另一尊雕像 R.li 是一尊巨型菩萨像，腰部以上部分已残，但其头部的大部分发现时就躺在其双足附近。从下颔到扎好的发髻长 13 英寸。右手垂于身侧，造型优美，保存完好。宽大的长袍展开成裙子形，底部有褶，以浅线表示，垂衣风格与内壁佛像所示半古典式布局明显不同。红色灰泥面上残存有深色的颜料斑点。接着是一尊菩萨像 R.lii，原高约 5 英尺，发现时双足已从原位滑落下来，但保存得很好。胸部饰有一双串念珠，手臂上则饰以星形装饰。细窄的腰下露出多褶的长袍，用波浪线表示衣褶。头发扎平，呈缕状悬垂于耳后。头部上方是一个小圆形或椭圆形的头光，光轮里面显出莲花，轮边由卷云纹与其外侧的花环组成。胸与手臂上的红色灰泥面上，有某种深色颜料涂成的小点。

雕像 R.liii 只残存下膝部以下的垂衣，与 R.xlix 的有点相似。另一尊雕像 R.liv 膝上部分也已残失，但保存有足够的垂衣，表明它就是相邻的巨型雕像的复制品。这些雕像构成相同的一大组立佛像，它们的右臂上举作施无畏印。这些雕像的造型，连同它们的细腰、突唇、造型极差的左手等，比西南和东南墙内壁上的那些巨型佛像差得多。传统的衣褶线一样悬于上身，向下在腿上方变成生硬的平行线，表明与犍陀罗原型一样已经退化了。整个效果与中国式乌仗那佛像上的垂衣差了一大截。然而这里我们也看到，自左臂悬垂下来的衣褶边沿仍处理成旧式风格。尽管它们的风格和工艺完全一致，但单个雕像还是表现出一定差别。例如，R.lxi 和 R.lix 袒右胸，而 R.lvii 中左手的姿势又略有变化。这些，以及其他的变化，可能是由不同时期进行维修时导致的。长袍的色彩上可能也有一些变化，在 R.lv、lvii 的垂衣上可见部分深红色的颜料，而其他地方则是白色。

小塑像 R.lvi、lviii、lxii 都是佛像，样式相同，表明它们是设计成一组的。它们立于高约1英尺的莲花座上，高2英尺3英寸。它们的头部都相同，但衣服与姿势有所变化。

在 R.lxiv 的脚部发现一枚保存完好的五铢钱。R.lxiv 是一尊大雕像，毁坏严重。旁边是小雕像 R.lxv 严重受损的躯干，从垂衣的波浪线判断，可能是一尊菩萨像。相邻的两尊巨型雕像 R.lxvi、lxvii，残存颈部以下部分，从地面起高约8英尺，但不能完全发掘出来，因为沉重的灰泥块有塌落的危险。二者均袒右胸，右臂自肘部上举。长袍残存有大量的原色，R.lxvi 上的为白色，R.lxvii 上的为淡红色。这些颜色，再加上被保存下来的部分高度又比较高，说明这些雕像很可能比这面墙壁上的其他雕像被保护得好。流沙堆积起来，使雕像有色的灰泥面得到保护，从而躲开了大气的影响。

巨型雕像 R.lxviii 和 R.lxix 只保存腰部以下部分。垂衣和右手的姿势表明，它们是按照上一组的样子塑造的。这些雕像的双足间发现有小佛像浮雕斜靠在它们的身侧，自完全破碎的腰部起高约1英尺。它们显然是从其他某个位置移过来的，并且与相邻大塑像 R.lxx 双脚附近成组的同类这种大小的其他3尊小塑像完全相似。这种大塑像虽然膝部以上部分已严重受损，仅残存鲜红色的长袍。其双足部小佛像的头部发掘后已残，但移走时并未毁坏。它们塑造得十分合乎比例，如图95所示，而且保存有清晰的原色痕迹。外壁的南角有一尊巨型雕像 R.lxxi，除双足和膝部以下的垂衣外，只发现一只手。

图 95　灰泥浮雕头像

　　西南墙外壁上还有一尊小佛像 R.lxxii，高约 2 英尺 6 英寸。由于巨型雕像将其部分遮掩，从而为它提供了有效的保护。这尊小雕塑长袍上的红色保存良好，上面还横隔有白色的条纹。小雕像的头部在发掘前即已毁坏，如图 96 所示。后面的头光与 R.ii 的相似。头光之下延伸出由卷云纹和百合花形装饰组成的身光。巨型雕像 R.lxxiii 大腿以上部分残失，其垂衣只用很浅的轮廓表示，而

图 96　小佛像头像

其他雕像则有很深的衣褶，因此值得注意。R.lxxiv 是一尊小佛像，大小与 R.lxxii 相同，似乎与之形成一对。它的头部在清理时脱落了，头型有些与众不同，如图 95 所示。它的比例很匀称，发型奇怪地梳成辫子，从一耳通达另一耳。除头后马蹄铁形的头光外，靠 R.lxxxiv 的身侧还有一个类似在 R.xxv 附近发现的那种坐佛的小饰板。

　　由于西边高沙丘的阻挡，发掘工作不可能往前开展。沙丘前能够清理出的其余雕像中，R.lxxv 是 R.lxxiii 的复制品，像后者一样，这尊雕像的长袍上也保存有本来的深红色。R.lxxvi 发现时膝以上部分已残失，双足旁边放着一尊小佛像，与 R.lxx 附近类似位置发现的小佛像相似。R.lxxvii 是一尊大立像，肩高约6英尺3英寸，表面灰泥连同它全部的垂衣均已脱落。R.llxxviii 是本系列的最后一尊雕像，它是一尊小佛像，头部已失，保存不佳，不过可明显看出是 R.lxxiv 的复制品。

对从方院墙壁上发掘出的雕塑装饰的观察至此结束。不过我还要提到另外一些浮雕作品，它们是从南角附近一道薄灰泥墙上发现的。这道灰泥墙现存部分的走向分别与方院的东南和西南墙平行，长度分别约为20英尺和32英尺，与上述二墙相距9英尺。这道外墙的厚度只有约0.5英尺，因此只残存很少的灰泥雕塑装饰。无论是向西还是向东，都没有找到该墙的延伸痕迹，因而，它是否曾延伸成环绕整个方院的外廊，这个问题我不能肯定。不过可以推断，它通过一种屋顶与主墙相连，虽然后者没有留下任何直接的证据。

此墙的西南段原来两面都装饰有浮雕，不过外壁上的雕塑残存的很少。内壁上也只保存有大型立像 R.lxxix、lxxxi、lxxxiii 膝部以下的最下部分。每一尊雕像的垂衣均与 R.lxxxv 的极其相似。R.lxxxv 是西南墙尚存的两尊大型浮雕之一。长袍的样子有点类似裙子，带有大量波浪线形衣褶，表明这些塑像表现的是菩萨。最有艺术意味的是这些雕像周围环绕着的身光，它们只是细节上少许变化。它们每一个身光都有一条由卷云纹构成的边，边内有一条宽带，带上雕有小坐佛或菩萨饰板，饰板两侧是十分优美的珠饰花环。后者每隔一定距离即合成一束，上面置一朵百合花。

图 97 墙壁上装饰性的灰泥浮雕像

在装饰边和垂衣衣边之间的空处，还有第二条由小坐佛组成的宽带。由于其质料很脆而且很薄，运输途中几乎全都受到了毁坏。图97中显示的是其中有特色的一块。

至于内壁上的两尊小雕塑 R.lxxx、lxxxii，只发现有双足和基座。R.lxxxv 那边的浮雕残迹也已毁坏难辨。东南墙外壁上能够找到的塑像只有 R.xci，也只保存了一小部分光轮，不过从中却可看出其装饰设计与内壁上的浮雕相同。

第五节　热瓦克遗址的年代和朱拜库木遗址

前面描述的热瓦克遗址，比该地区至今发现的任何其他遗址都更好地使我们认识到古代和田大型佛寺的布局与装饰。热瓦克浮雕在风格与大部分工艺细节上，都与犍陀罗希腊式佛教雕塑存在联系，而且比我们在其他地方发现的雕塑遗迹中偶尔观察到的要密切得多。这些认识使热瓦克寺院所属年代的确定变得十分重要，即使是大致的年代。热瓦克雕塑比丹丹乌里克和安迪尔的更接近于其犍陀罗原型，它们之中也完全没有后来北方大乘佛教万神殿引以为特征的任何多臂人像。这些可以立刻视为证明它比较古老的可接受的证据。但仅此而已，鉴于我们有关犍陀罗本身希腊式佛教雕塑年代的资料是多么欠缺，以及我们至今所知它传入新疆分支的历史脉络又是多么少，因而通过它残存的艺术遗迹几乎不可能可靠地得出任何更进一步的年代学结论。

很难说如果热瓦克雕塑是用石头或其他更耐久的材料而不是用易碎的灰泥制作，我们就能比较容易地确定其年代顺序问题。如若那样，我们也许能够更容易地探索出当地这种艺术不同阶段的发展情况。但另一方面，我们却不能作出像对灰泥浮雕那样可靠的推断，即这许多的雕塑作品大致属于同一时期。用易碎的黏土制成的大型雕像不可能持续存在数十年，因此可以有理由推测，它们被按照当时流行的风格进行过必要的修补或修复。这样，雕塑装饰就维持了某种一致性，即使各雕像或雕像组塑造于不同时期。

我们没有发掘到任何种类的碑铭之类的古物，也没有听到过从该遗址发现过什么手稿。我们已经看到，由于离地下水很近，这里特别潮湿，雕塑等的木构架已完全腐朽，所以任何手稿或类似的许愿供物根本不可能保存下来，不管是木质的、皮质的、纸质的还是织物的。所以，我们能在原位置找到具有明确年代意义的钱币真是万幸。我前文曾叙述过，在清理雕像 R.xi、xxviii、lxiv 的基座、门侧的墙壁和佛塔基座底部的塑像时，我们曾一次次地碰到带有五铢铭文的中国铜钱。

但直到4月17日，我们在方院南角内侧附近发现一座小佛塔，在系统清理其基座时，才发现了更具决定性的钱币证据。那里有一座8英尺见方、1英尺高的平台，上面耸立着一座土坯建筑物，建筑物上面涂抹着一层厚厚的灰泥，现存部分为6英尺见方，高约3英尺，顶部已完全残失。从北向南挖有一条小沟，表明早先可能曾有"寻宝人"在此挖掘过。平台的顶部以及塔基本身四面的下部曾盖有木料，可能是白杨木，出土时木料已完全腐朽。在塔基四面灰泥和朽木板之间，离地高1.5~2英尺，发现大量铜钱，能够分辨出是五铢钱。在南侧发现12枚完整的钱币，还有其他许多残片。在东面发现14枚完整钱币，还有一些粘连在一起的钱币，在我试图将其分开时破碎了。从西面发现20枚完整钱币和更多的残币，北面发现12枚。毫无疑问，它们是从木板的小裂缝中滑落到所发现的这个位置的，显然是许愿供物，就像以前在雕像下面的小洞和灰泥雕塑下面发现的那些钱币一样。

大多数钱币保存状况良好，只是略被氧化，没有迹象表明它们在存放于此之前曾长期流通过。似乎只有流通的钱币才被用作这种低等的许愿物，而且据我所知，这里不曾发现更晚时期的钱币，所以我们可以推断，这些钱币显示的最后年代，就是该寺院废弃的年代下限。这一结论还得到其他18枚钱币的证明，它们是民工们在废墟附近沙丘间捡到的，其中10枚有铭文，为五铢钱，其余的是无铭文的小方孔钱。前文提到，在东南面约1英里处的侵蚀地上，发现有一满罐五铢钱，也同样证明了这一结论的正确性。

五铢钱大致属于两汉时期。东汉王朝自公元25年延续到公元220年，但其发行的钱币在中国延续到公元4世纪末，甚至延续到唐初。因此很难确定五铢钱（不管是从中国内地输入的，还是当地铸造的）在和田终止使用的时间。有两个反证给我们提供了一些线索。其一，热瓦克寺院发现的大量钱币中，没有一枚是后期的，这个事实表明，这些许愿供物的年代不可能与东汉相隔数世纪，只有那时，五铢钱才是公认的中央帝国的货币。其二，汉佉二体钱的完全缺乏表明，该寺院存在于纪元初期几个世纪的假设是不能成立的。许愿供物中没有无铭文的早期中国钱币，也同样说明了这一点。也许当该寺院被完全发掘完后，可能会找到更明确的年代证据。但结合现有的钱币、雕塑风格、建筑物布局和建筑材料这类次要的证据，我们最多只能推断，现存的这处寺院废弃于公元3—7世纪。

在发掘之初我就认识到，由于灰泥极度易碎，再加上运输困难，取走那些大型雕塑是极不现实的。那些巨型雕像被发现时即已分开，如手臂、衣边等，无论如何小心，只要一动就会破碎。没有精心制作的器械就想移走完整的雕像或者其躯干，只能意味着是汪达尔人式的对文化艺术的摧残，而临时准备这些器械我又没有时间，技术上也做不到。装载着这种雕塑无论如何是不可能安全运过欧洲和印度的大山的。对这些大型雕塑唯一能做的，就是在拍完照片、做好记录后，将它们重新用沙子填埋好，并确保它们在沙子的保护下安然无恙。至于那些雕塑残块和较小的浮雕饰板，我则带回了不少。当我到达喀什噶尔，以及后来在伦敦，发现包装这些极易破碎的东西时所付出的极大耐心和辛劳得到的应有报偿——它们在历经长途旅行之后，没有造成任何严重的损坏，这时我才松了一口气。

到 4 月 18 日，寺院未被沙丘覆盖的部分已调查完毕。在其周围也没有发现任何其他建筑遗迹。在隆起的沙丘之间，到处见到破碎的陶片，它们是唯一能够表明寺院附近可能存在简陋宅地的遗物。沙暴每天都袭扰我们，天气越来越炎热，阳光也变得更加变得刺眼，这一切使我们的工作变得十分艰难。很显然，到了从沙漠撤退的时候了。不过在离开之前，我还要仔细地将挖开的探沟重新回填好，以保护由此暴露出来的方院和佛塔基座底下的雕塑。这是最令人伤感的工作，使我莫名其妙地想起真正的葬礼。

就在回填进行当中，我趁机访问了和田东北面仅存的沙漠遗址朱拜库木，吐尔迪和其他一些人向我报告说曾偶然从那里发现过一些东西。我从热瓦克向东北走了约 4 英里后，来到朱拜库木的南缘。只走了 1 英里，就走出了废墟周围高大的沙丘，其余路程都在低沙丘间行进，只见红柳和胡杨正吐露出鲜嫩的新芽。遗址本身证明是一处散布着陶片的塔提，只有极少建筑遗迹。距其南缘不远，我看到了吐尔迪以前所说的炮台。那是一座由坚硬夯土垒成的土堆，高约 6 英尺，长 15 英尺。土堆上面是一座土坯建筑物的基座，基座高约 2 英尺，大多已残。确定其原来的形状与建于此的目的已完全不可能。周围约 0.5 英里地大量散布着粗陶片，从中也捡到 3 枚磨损严重的无铭文小铜钱。

从小土堆往东北约 0.5 英里陶片就不见了，并且不再出现，接着又向前走约 2 英里，才走近吐尔迪所说的第二个炮台。这段路中，大部分地段紧靠我们右手边就是长有芦苇的萨依，一直延伸到塔木乌格勒附近。后者无疑是一条老河床。大概在半途中，一个民工捡到一枚五铢钱。唯一显眼的废墟就是朱拜库木，据吐尔迪的说法，该遗址也称作"朱比卡尔玛克"，是一堆高约8英尺的破建筑物，原来可能是方形，约24英尺见方。中心附近有一个竖坑，直径约3英尺，一直通达原地面，无疑是"寻宝人"所为。由于周围地面受到侵蚀，废墟现在看起来就像立于一座高7~8英尺的土墩上。从散布在土墩斜坡及其附近地面上的大量残碎土坯看，这个方形建筑物有可能曾是一座小佛塔的塔基。土坯由黄土制成，晒干后非常坚硬，一般尺寸与第一处小废墟所用土坯相同。其中没有一块有记号。

我得到的总的印象是，这个受到侵蚀的遗址相当古老，据说其范围止于此建筑以北不远处。由于正当玉龙喀什和邻近地区伐木人的必经之路，因此常有人前来寻找某些被风吹出来的小器物。我在玉龙喀什获得的、据说是从这里捡到的唯一一件小古董，是一件塑有精美叶形装饰的陶器耳，质地和侵蚀状况与据说从阿克斯皮尔捡到的某些陶片很相似，不过它所谓的出处并不十分可信。

对朱拜库木的探访足以使我确信那里没有值得发掘的遗迹，于是我便于4月19日从热瓦克营地启程返回和田。途中天空刮着猛烈的沙暴，不久又下起了倾盆大雨。不过我心里感到特别满足，因为我知道，我的沙漠探险计划圆满结束了。

第五章

离开和田

第一节　伊斯拉木·阿洪及其伪造物

由于我在沙漠的最后几个星期得了支气管炎，回到和田后的8天里的大部分时间我都待在室内，闭门不出，有时甚至是在床上度过。但是，考察期间收集到的文物需要整理，其中有些还要重新包装。长期的野外生活留下了干不完的琐碎杂务，它们也等着我去处理，结果我竟忙碌到连正常的病休都顾不上了。抵达和田后的第二天上午，我感觉身体状况还行，就去拜访潘大人。潘大人像老朋友一样在衙门里接待我，正如我想象的那样，他看上去多少有点像位学者。我向他介绍了许多有关发掘及出土文物的情况。第二天我准备了一个典型古物展来接待这位老按办的回访，以满足他的好奇心。我知道这位清朝官员学识渊博，尤其精通中国历史。但当他向我问及发现的各种古文书的年代、含义和性质等问题时，我对他在历史和考据学方面的直感还是感到吃惊。我觉得他几乎就是我的一位同事，他对我有关古物学和考古学上的观点表现出本能的理解，这也使我在相当一段时间里，几乎忘却了要用令人厌烦的婉转语气来与他对话，忘记了通过非专业翻译谈话所带来的语言上的混淆。

探险的成功，多亏这位博学的按办的帮助。尽管现在探险结束了，但我仍需要他的合作，因为在离开和田之前，我还要进行一次重要的半古物学、半司法调查。调查的成功曾令欧洲同行大为快慰，当时也令我感到极为高兴。它使我得以消除关于写有"不明文字"的奇怪手稿和木板印刷品的最后疑虑。自1895年以来，从和田购得的这种手稿和木板印刷品数量越来越多，它们不仅堂而皇之地出现在加尔各答的"大英中亚古物收藏"中，而且在伦敦、巴黎、圣彼得堡以及其他地方可能也有所见。考虑到首次公布的调查结果足以终止对那些伪造物进行的无谓研究，因而对由于地点、时间，以及我离所述收藏品的距离的限制，而不能对这些值得注意的获得物作一参考目录，或对曾致力于其分析与译解的学术上的努力作一回顾，我几乎不必感到遗憾。但对导致这一结果的调查本身却值得一记，即使它只能以不多的细节来对其他公布的事实作一补充。

秋天，在前往和田的途中，我曾努力寻找过那些写有多种所谓的"不明文字"的手稿与木板印刷品的出土地点，结果却是白白浪费了时间。霍恩雷博士在1897—1899年还出版了关于这些手稿的描述性著作。这类物品从和田售出的数量仍在稳定地增长。一些住在喀什噶尔的欧洲人，以及资深的学者以前已经怀疑它们是伪造的，但是缺乏证据去证实。与此同时，这类奇怪的文本却还在不断地制造出来，并且成为学术调查的理由。我第一次来到和田时，自然就开始搜寻这种"老书"，但那时提供者却出人意料地少。不过，仅当时给我看的第一本"老书"上，就有足够的证据证明是伪造品。听说我来到了和田，一位来自浩罕的俄籍美国人带来一份桦树皮手稿让我检视。这份手稿由大约10片参差不齐的树叶折叠而成。树叶上写着一种"不明文字"的手迹。他花了40卢布才买下这份手稿，无疑是为了做一次商业投资，现在希望我给他这件"宝物"一个恰当的评价。

我立刻看出，桦树皮从未经过处理。而我从喀什噶尔获知，所有古桦树皮抄本都表明，为使这种材料适于持久记录，对桦树皮进行处理是必要的。伪造者也不曾尝试生产在桦树皮上书写所必需的特制墨水。所以当我按照从喀什噶尔学到的经验进行"水检"时，那些奇怪的"不明文字"，不管是书写的还是木板印刷的，湿手指一触及便都被擦掉了。重要的是，这件显然是伪造的印刷品，页边留有充分的空白，格式竟与霍恩雷博士出版的那些"木板印刷品"极为相似。当时所做的调查表明，卖给美国人这些树叶的伊布拉音·毛拉与"寻宝人"伊斯拉木·阿洪联系密切。伊斯拉木·阿洪所说的发现地，我曾认为位于固马（皮山）附近，这当然是不可能的。事实上，当地传闻伊斯拉木·阿洪经营着一家生产"老书"的小工厂。不过那时他并不在和田，而我又有别的事要做，所以不得不推迟对他的调查。

在当地所做的调查，令我对所有这些用"不明文字"书写的"老书"深感怀疑。而这年冬天的探险更使这怀疑加重了，甚至于可以确定地说，它们都是伪造的。由于在探险中我发现了大量手稿材料，而且不论这些手稿中出现的各种各样的语言和文字（佉卢文、印度婆罗米文、中亚婆罗米文、吐蕃文、汉文和希伯来文），这使我没有精力再去追踪写以"不明文字"的小纸片。遗址的实际情况与所谓发现那些可疑"老书"的地方也完全不同。所以完全有理由相信，伊斯拉木·阿洪与这些伪造物直接相关，因为1895—1898年代表印度政府购买的那些手稿和木板印刷品，可能大多数会追踪到他的头上。我第一次访问和田时，他正好外出，不在和田。他以前曾因别的欺诈行为受到过惩罚，迪亚斯上尉和马继业先生还将此通告了和田衙门。因此他非常明白，试图再欺骗我是不明智的。我在和田周围和沙漠古遗址进行考古工作时，伊斯拉木·阿洪对我敬而远之，对此我没有理由感到遗憾。但现在，当关于那些值得注意的、用"不明文字"写成的文学性文物的真正性质的考古证据收集得差不多了，我又离去在即的时候，我便急于对这个胆大妄为的人做一番调查，因为他的产品曾在欧洲与印度学术界引起了很大关注。

我明确向潘大人表示，希望抓住伊斯拉木·阿洪。潘大人当

图98　"寻宝人"吐尔
迪·哈瓦加，塔瓦库人

图99　"古文书"伪造者
伊斯拉木·阿洪

即允诺予以帮助。由于伊斯拉木·阿洪绝会试图逃跑，加之我的时间有限，因此我提醒潘大人必须快速谨慎。潘大人果然没有令我失望。4月25日早上，伊斯拉木·阿洪（图98）被及时从策勒抓了回来。去年冬，伊斯拉木·阿洪一直在策勒行医，他绝对想不到现在自己正是我要缉拿的人，因为大约三个星期前我路过策勒时，还曾故意忍住未对他做任何调查。押送他的伯克还带来一些杂乱的纸张，其中部分是从伊斯拉木·阿洪私人物品中没收的，部分是在他和田的家中找到的。经考证，这些纸张相当古怪，它们是一种人工褪色的纸张，上面有"不明文字"的字迹，设计的格式与在喀什噶尔出售的最后一批"古木板印刷品"中的一些相同。有一页写有"不明文字"的手稿显然是从这个手稿仿造者早期产品中保留下来的。

对这个"多才多艺"的人的审问进展缓慢。通过两天的审问，我感觉到某种印度法院的气氛。第一次在我临时组建的"法院"中提讯他时，伊斯拉木·阿洪就马上后悔地承认，1898年他曾假冒迪亚斯上尉的笔迹伪造了一份便笺，凭此从阿富汗阿克萨喀勒巴德鲁丁汗处赚得一些钱，但在"老书"这件事上死不认账。他称自己不过只是和田某些人在喀什噶尔的代理商而已，他们告诉他这些"老书"是从沙漠中捡到的，而这些人现在不是死了就是逃匿了，所以不知道是真是假。当他发现这种"老书"是特别被欧洲人赏识时，便要求那些人再多找一些。他们去找"老书"，而他则将他们的发现物带往喀什噶尔等地。现在他感到很后悔，愿意一个人留下来承担这诈骗之责——如果的确如此的话。穆罕默德·塔力是"老书"提供者之一，他此前已潜逃到叶尔羌（莎车）；穆罕默德·斯迪克是一位毛拉，已逃往阿克苏；另外一个同伙则企图以已故去这种借口来逃避麻烦。

这是一道设计得非常聪明的防线。伊斯拉木·阿洪带着一个具有法律经验之人的谨慎，决心坚守这道防线。我认为从一开始就告诉他，我并不打算就这些结局不错的伪造物向按办的衙门起诉他是正确的，因为我知道，根据中国的法律程序，那样就会导致使用某些有效的招供方法，即拷问。我当然不会赞同这种做法，而且那样得来的招供对我也毫无意义。不论是因为伊斯拉木·阿洪对我这些考虑（不告官府）的明了，还是因为他丰富的见识，在我离开前的短时间里不大容易从他那里得到直接的证据。两次严密的审问都没有结果。审问间隙，我让我手下的人照看伊斯拉木·阿洪。无论如何，在他的抵赖中，他还是给了让我抓住这个机警的被告的某种机会。

我对他所述事实故意表现出毫不在意的样子。结果第三次提审时，很容易就诱使他用更强的语气重复他的大量证据。他以为已取得成功，不管是受此鼓舞，还是受我对他忍耐的鼓舞，很显然，这个狡猾的、样子疲倦的家伙暂时放松了警惕。于是我迅速从霍恩雷博士报告中的详细说明开始，用他在向马继业先生作证有关出售的不同"老书"时所说的、关于他所谓1895—1898年在塔克拉玛干沙漠旅行和发现的完全相同的故事来与他对质。

这一招果然奏效，伊斯拉木·阿洪完全没料到他数年前所说的谎言，一切细节都已被永久记录在提供给官方的科学报告中。听到我现在用重新翻译过来的语言将它们读出来，他完全惊呆了，显得十分慌乱。借助于霍恩雷博士据马继业先生和戈弗雷上尉的报告记录的准确情况，我说出了他在喀什噶尔什么场合下出售了什么"老书"，他对自己的发现作了怎样引人注目的陈述。他对此感到很震惊。他意识到，他已落入了自己设计的陷阱，继续抵赖已毫无用处，于是他承认曾见过他上述雇主（即同谋）在山普拉附近的一个废弃麻扎伪造手稿。渐渐地，他的招认变得详细起来，最后当确信不会进一步处罚他时，他把一切都讲了出来。

伊斯拉木·阿洪后来的招供，据霍恩雷博士的记录以及许多独立证据证实，许多事例完全属实。他记忆力很好，轻易就在霍恩雷博士的报告中所附凹版照相图版中，认出了他自己制作的写有"不明文字"的"刻版印刷"书页。1894年以前，他有时能从和田乡村收集到古钱币、印章和类似的古物。就在那时，他从巴德鲁丁汗和其他阿富汗商人处听说印度来的"夏赫布"（先生、绅士——译者）们高价收购手稿之事。吐尔迪和其他一些"寻宝人"的确在丹丹乌里克找到过真正的手稿残页。但去如此险恶的沙漠遗址寻找是件异常艰苦的事，而发现手稿的机会又很有限，因此这种想法对于像伊斯拉木·阿洪这样的人毫无吸引力。于是他首先想出仿造手稿的计划来，并将仿造出的手稿提供给那些"夏赫布"。

伊斯拉木·阿洪有几个同伙，其中一个叫伊布拉音·毛拉，他是头目。此人是专为俄国人制作"老书"，伊斯拉木·阿洪则主要"照应"英国官员和其他收藏家的要求。据悉，伊布拉音·毛拉懂得一些俄语，这解释了我以前注意到的有些"刻版印刷品"中所用字母与希腊语（或俄语）字母为什么竟出奇的相似。我第一次到达和田时碰到的俄籍美国人就是从他那里购得仿造的桦树皮手稿。伊布拉音·毛拉很狡猾，一听到伊斯拉木·阿洪被拘捕的消息就迅速从和田消失了，因而无法与他对质。不过这也证明了他是一个同谋。

1895年，以此方式仿造的第一本"老书"被伊斯拉木·阿洪卖给了门士阿哈买提·丁，他在马继业先生临时不在时，掌管驻喀什噶尔助理代表处。这些"老书"是手写的，与此工厂其他最早的仿冒品一样，字体试图仿冒真手稿残页中的草体婆罗米字母，伊布拉音听说那些手稿是从丹丹乌里克获得的。虽然仿造者从未成功仿冒出一篇连续有已知手迹上的文字的原文，但其仿制品仿冒得极为精心，因此一时竟使欧洲的专家都大上其当。这些信件现与伊斯拉木·阿洪工厂仿造的其他许多手稿一起，存放在大英博物馆手稿部的伪品区。

鉴于这种仿制品能够在喀什噶尔，以及通过巴德鲁丁做中介也从拉达克和克什米尔获得合适的价钱，仿造者因此大受鼓舞。由于伊斯拉木·阿洪很快意识到，虽然购书的欧洲人中没有一个能够读懂其文字或分辨出它们与古手迹的差别，他的"老书"依然很轻易就能售出，因此没有必要去费劲仿冒真正文书的字迹。所以很明显，每一个工厂都任意发明自己的"不明文字"。这说明了这些可疑手迹为什么存在明显的差异。据同时收藏于"大英收藏"的这种手迹的正文分析，不同手稿至少有12份。

由于手写的速度太慢，于是工厂开始使用更便捷的技术来生产"老书"，即用一系列木刻版反复印刷。准备这样的木刻版并不难，因为木刻版印刷在中国新疆使用非常广泛。这种"老书"的印刷始于1896年，霍恩雷博士的报告中详细描述的45本"刻版印刷"书，部分地表明了这一生产的成果。这些"老书"总是反复出现同一格式，手迹表现出明显的变化，并且尺寸常都十分可观。

防线一旦崩溃，伊斯拉木·阿洪也就不再拒谈仿制手稿的技术细节。关于手稿或"刻版印刷品"所用纸张的准备过程，以及为了让纸看来显得古老而对其进行的处理，他都详细作了说明。和田是新疆造纸业的中心，这一前提为仿冒者提供了极大的便利，因为他们很容易就能获得所需的任何种类和规格的纸张。首先是用胡杨树脂将现代和田纸染成黄或淡棕色。这种树脂用水溶解后，就成为一种着色剂。当染过的纸张写上字或印刷好后，再将它们挂在火炉上方熏烤，就能得到合适的古纸色。然后，他们将这些纸张装订成册。无论如何，这个处理部门是最无足轻重的，因为欧洲人购得的粗糙的赝品册子，以及通常用铜钉或仅用纸捻成的线捆扎这种完全不合适的装订方法，事先就否定了其真实性。欧洲人得到的那些册子显然大多数属于后期产品。最后，再对装订好的"手稿"或"老书"做最后处理，即在书页之间随意混进沙漠中的细沙，以使其与所谓曾长期埋于沙漠的故事相吻合。

伊斯拉木·阿洪的供述，真相大白。不过，即使没有伊斯拉木·阿洪的招认，我探险取得的成果也足以揭露他的全部谎言。由于我在丹丹乌里克和安迪尔的发现，以及由于在沙漠探险获得的一般经验，辨别真正的古手稿和伊斯拉木·阿洪的仿制手稿，与戳穿他关于谎称出土"手稿"的古遗址的奇异故事一样变得很容易。不仅在纸张的颜色和质料上，而且也在格式、保存状况以及其他各方面，所有真手稿所表现出的特征，从未在伊斯拉木·阿洪的"老书"中发现过。但除此之外，还有一个明显的事实，那就是仿制者从未想过要在正文中写上连续的任何已知的文字，而我探险所得所有古代文书却一无例外地显示有我们从其他地方早已熟悉的字迹。因此我敢肯定，不管用什么样的手段，伊斯拉木·阿洪仿制的"老书"今后都将不能再骗人了。

出于这个原因，以及由于仿制"老书"的工作大约三年前就已结束这一事实，我决定不再追究伊斯拉木·阿洪的欺诈行为。对此，潘大人也很赞赏。事实上，在我们上次面谈时，当我告诉他我认为对伊斯拉木·阿洪的古物仿制行为提起诉讼不是我的事情，我注意到，这位老按办听后看起来竟感到是多么宽慰！中国的刑律对此罪的看法可能与我们大为不同。将伊斯拉木·阿洪的其他同伙缉拿归案也显然存在困难，更不用说他还"情有可原"，因为南来北往的购买者不加辨别的争购促使了他的欺诈行为。尽管如此，当我想起伊斯拉木·阿洪及其同伙仿冒的手稿使著名学者们浪费了大量时间和精力，听说这个聪明的恶棍曾受到过（不管因何罪状）其应得的惩罚，我还是感到大为快意——因冒充迪亚斯上尉的命令而从巴德鲁丁汗处骗得总值约 12 卢比一事，他曾被判戴很长时间的木枷锁；因冒充马继业先生的代表一事，他曾受过体罚并坐过一段时间的监牢。

在此漫长的"面谈"过程中，我发现伊斯拉木·阿洪是个特殊的人，他具有敏捷的头脑和幽默感，与普通和田人不同。他身材修长，面部表情冷峻而狡黠。我觉得他的面容有某种让人想起属于克什米尔人血统的东西，不过我无法把它准确地描绘出来。与诚实的老吐尔迪不同，他诙谐、机智的妙语常引得我大笑不已。他诙谐地取笑吐尔迪"除了沙漠一无所获"就是一个活的例子。看到自己的"作品"复制成凹版照片，插录在霍恩雷博士的报告中，并且以前还在《孟加拉亚洲学会学报》中出版，他大感兴奋，并急着想知道这个壮举是如何能够实现的。我毫不怀疑，他完全认识到了这种外国（Wilāyatī，维拉亚特，天地、专区——译者）的艺术可能提供的新的行骗的大好机会。我不想告诉他出版他的这些"老书"浪费了多少钱，也不想告诉他对这些"老书"所进行的分析与研究是多么艰辛。如果他能够像我几个月以后那样，看到他的许多"刻版印刷书"被用精美的摩洛哥皮革装订起来，收藏于欧洲大图书馆，还不知道该有多自豪呢！

我向伊斯拉木·阿洪表示，我相信他的记忆力很可靠，也相信他所述工厂中所采用的方法和材料，但很希望能够再得到一些实际的纪念物。他于是自愿立即提供一块或更多用来印刷那些宝贵"书本"的刻版。由于那时一切情况均已做了充分记录，我便有条件地同意恢复他的自由，将他从衙门放了出来。第二天早上，他准时出现，从家中带来了一块刻版。当然，他被捕的消息早已传遍全城，所以很难到以前同伙家中去取更多的这种材料。

他现已完全结束了所扮演的角色，不管是出于觉悟，还是因为他觉得审讯过程中不光彩的崩溃使他在老朋友面前感到羞愧，总之，伊斯拉木·阿洪最后比第一次作为犯人传讯时显得老实多了。我以前曾和他开玩笑说，像他这样聪明的人，不应该留在和田这种地方。在我离开前不久，伊斯拉木·阿洪提出一个要求，恳求我带他到欧洲去。他提出这个奇怪的要求，一定是希望到遥远的"维拉亚特"找一个更能施展其仿制才华的空间！因此，我也许无须为自己表现出的冷酷感到歉疚。

第二节　在和田绿洲最后的日子

4月28日，我离开和田城。此前一天我已到衙门向潘大人辞行。无论从哪一方面讲，他都是一位真正的朋友，我的探险也多亏了他的帮助。他完全是一位老派人，不好西学。不过第一次拜访他时我就敢肯定，他懂得我的科学目的并准备促进这一工作。我常在我们的会见中说，唐僧是我的保护神。在中国佛教徒的记忆里，他显然仍像被美化了的阿罗汉或菩萨一样活着。但唐僧对我在古瞿萨旦那国工作的帮助，并不比这个博学而和蔼的临时老长官所给予的多。

我希望在离开和田绿洲前再访问一次古代都城遗址约特干。旅程不长，在那里我有足够的时间从包含有古遗迹的不同地层和从覆盖这些地层的河流沉积中收集土壤标本。那天，我还另外获得一些上次访问时不曾找到的钱币、印章和赤陶器等。4月29日，从约特干继续前行，来到喀拉喀什城。以前我没机会访问和田绿洲西部这个重要而繁荣的中心，今天，在离开前，终于另有机会前往访问。我在喀让古塔格和丹丹乌里克的忠实办事员伊斯拉木伯克已被任命为喀拉喀什的伯克之一。不管是对还是错，他把这个好运气归功于我向按办大人的推荐。因此他渴望我去他的出生地和他现在管辖的喀拉喀什去看一看，而我也可以利用这个机会直接从官方获取有关当地行政、税务等方面的情况。

途中，我看到南方大雪山罕见地露出了清楚的面容，6个月前我曾在那里做过调查。出现这个难得的景观，是因为最近山上又是下雨又是下雪，将所有的阴霾冲洗得无影无踪。清晰可见的雪山一直延伸到近百英里远的喀拉喀什河上游分水岭上的冰河覆盖的主峰。塔斯马奇和罕阿里克村之间是一大片开阔的沙地，这为我提供了极大的便利。那里已荒废很久，但正开始重新开垦。在我们到达库姆恰卡尔村附近喀拉喀什河大河床右岸的那个地方时，我发现耕种区正在发生着一些变化。这里有一片狭长地带显然已弃耕了很长时间，展现出初始塔提所具备的一切特征。乡村附近正受到侵蚀的黄土地上散布大量的陶器，它们的外观并不古老。

喀拉喀什是个充满活力、建设得比较好的城市。4月30日，在和田的最后一天，我从喀拉喀什远行，去看远在沙漠西缘、被称为"喀拉堆拜"的塔提。喀拉堆拜的意思是黑土墩，伊斯拉木得到过一些关于它的消息。为了到那里去，我不得不穿过肥沃的巴赫拉木苏、喀亚希、马库亚和库牙地区，它们都是深度开垦的地区，沿着各自从喀拉喀什引出的渠道相互连成一片，果园优美繁茂，街道纵横交错。和田农村再没有比这更令人心怡的景象了，只是那常见的阴霾已经抹去其南面远山的背景。从源于扎瓦下游泉水与沼泽的喀拉萨依河，我们离开耕种区，然后穿过约4英里长满沙生植物的平原，来到亚瓦乌斯唐。这是一条永久性的小河，主要水源来自扎瓦库尔干北部有众多泉水流入的沼泽，但洪水季节喀拉喀什河的河水也直接流到这里。我们渡河的地方宽30英尺，深约4英尺，水流湍急。这么大的水量，表明在北部沙漠开垦新的耕种区不可能缺水。

向西走约2英里，便来到了喀拉堆拜塔提。塔提位于低矮的沙丘之间，临近一座大红柳包，塔提因此而得名。一片风蚀地从北向南延伸约1英里，没有流沙的地上，散布着一层厚厚的古陶。由于它的东、西缘都是高峻的沙丘，因而短时间里不能确定陶片分布区总宽有多大。塔提中间立有一座小土墩，有几处挖有盗洞，已破败不堪。该土墩被称为"梯木"，高9英尺，基座约8英尺见方。我的同伴在附近捡到中国小铜钱残片，可能没有铭文。在南面约100码处，我隐约见到一些土墙基，呈长方形，东西长约32英尺，南北宽约25英尺。在这个围墙区内，发现有7块坚硬的白色灰泥块，其中有些带有浮雕装饰。乔奇教授对带有浮雕装饰的标本做过分析，证明其所用材料是一种烧石膏，与克格里克的灰泥浮雕完全相同。从表面上看，它们与后者一样，遭到破坏后又意外地被火烧过。其中有两块模制装饰图案，明显是一种边饰；另一件有类似发缕的表面，背部显示有细帆布印痕，石膏原先固定在它的上面。这些碎块很可能曾是某座小寺庙的灰泥装饰，而这座小寺庙却与克格里克的一样，没有任何建筑遗迹幸存下来。这些灰泥块的发现地附近，有大量的古陶片，其中还有器表磨光的赤陶片。

向扎瓦方向前行，经过几处散布有老陶片的小地方，距前文提到的那个土墩约有1英里的距离。这以后又翻过由粗沙构成的大沙丘，可把我们的马给累坏了。大约走了4英里，才到达一片多沼泽的大洼地的西岸。从这里起，亚瓦河在生长着芦苇的众多小湖泊之间逐渐壮大。这些小湖泊使我联想起了古和田地区最东面尼雅附近的那些沼泽。当夜幕降临，我到达设在扎瓦库尔干附近的营地，便深深感到，这些富饶的村庄、田野、沙生丛林、高沙丘和沼泽，就像是佛国和田的守护神毗沙天王有意让我再看一次我曾在他统辖地区注意到的每一种景色，以为离别之礼。

5月1日黎明，我向西进发，又一次开始了长途旅行。想到通往欧洲之路现已清楚摆在眼前，我顿感无比愉悦。但要对这迷人的工作地和我最后的忠实助手告别，一股离愁竟不禁涌上心头。在扎瓦，我告别了我忠实的老向导吐尔迪。他的经验和对当地的了解从未使我在沙漠中失误过。对他的服务，我用比他曾从塔克拉玛干游荡得来的更多"宝物"即现金作为报酬。我还通过潘大人的函件为他获得一个允诺，即他将被任命为玉龙喀什附近他本村的米拉布（即水官）。我们的塔克拉玛干"阿克萨喀勒"（我过去常常这样叫他）非常渴望得到这个普通却很舒适的职位，因为他认为自己老了，不能再进沙漠。当我们互致临别祝福时，我根本没想到，致命的沙漠的吸引使这位年迈的"寻宝人"安享这平静退隐生活的时间会是如此短暂。他多少有点悲惨的结局我还不很清楚，但可以肯定的是，将近1903年底，一个曾为我牵马的叶尔羌（莎车）人，名叫穆罕麦德朱，在陪克罗斯比先生的旅行队途经和田时，发现老吐尔迪已被拘禁起来，原因是在没有得到潘大人继任者批准的情况下，他为了热爱的冒险与"宝物"而试图带某个旅行者进入沙漠。此后不久，他的好日子就结束了，据我所知，他至今仍被关押在和田的监狱里。

伊斯拉木伯克和巴德鲁丁汗有理由感到满意，他们非常能干，也获得了相应的报酬。当我们到达塔尔布加孜时，他们才离开我。那是沙漠边缘上一个孤零零的驿站，我曾在那里度过来到和田后的第一个夜晚。也许是习惯使然，这里仿佛成了迎来送往的场所：西来和田的人们，总是从这里进入和离去。当我也告别这里，只身骑马沿沙漠道前往鸽子寺时，我的思绪不由自主地转到一个更令人高兴的主题——我正从和田带回的成果。

第三节　从和田到伦敦

关于这次旅程，这里我最简要地说明一下就够了。旅行自和田开始，最后回到喀什噶尔，再经俄国到英国，前后历时不到两个月。经过6天急行，我来到叶尔羌（莎车），车队早已先我安全到达。这6天的经历可谓丰富多彩，先见识了夹带飞沙的布冷风，接着又看到罕见的积雨云。幸运的是，由于我不得不在叶尔羌稍作停留，以结清跟随我的叶尔羌人的账目与债务，结果我的收集品因此躲过了被一场罕见的暴雨严重毁坏的危险。两昼夜的倾盆大雨将所有道路变成了沼泽，并使城乡大量泥筑房屋倒塌。

5月12日，经过三天的骑行，我赶在车队之前到达喀什噶尔，并在马继业先生家中受到了最热烈的欢迎。这位朋友一直在遥远的地方关心着我的探险，正是由于他的影响和关心，我才能够在当地得到诸多的便利。对我而言，向他展示我获得的丰富成果，以及向他表示有多少成果应归功于他的影响和关心，正是我最大的心愿。他的盛情款待，使我在喀什噶尔得到了必要的休整，尽管两个星期里我一直在做着各项准备工作。

我已通过印度外交部从圣彼得堡当局获得许可，可以旅经俄国，利用外高加索—里海铁路返回欧洲。我获得批准将收集品作为临时寄存物带回英国，只有在那里，才能方便地安排严格检查。

因此，为了这次长途旅行中的运输安全，有必要在喀什噶尔对获得的全部古物进行重新特别包装。同时，所有测量仪器和其他装备，以及我们的测量记录，将在助理测量员的看管下全部送回印度。除了由于路线不同而必须作出新的运输安排，老车队的"遣散"工作也使我忙得不可开交。与后者有关的事务中，骆驼和马匹得到满意的处理是一件大事。它们在过去8个月的旅程中为我们提供了很好的服务，在沙漠中历经艰难跋涉与野营之后，我仍能以略低于原价将它们卖掉，从这一点就可以证明我们对这些牲口照顾得有多好。

由于俄国驻喀什噶尔总领事彼得罗夫斯基的热情帮助，我即将进行的旅行很容易就安排好了。我就是通过这个偶然的原因而有幸认识他的。在他长驻新疆的为官生涯中，彼得罗夫斯基曾热情地投身于该地区历史与古物的研究，为了确保我的考古发现物安全运抵英国，并使我得到俄国当局的友好协助，他已做了能做的一切。

对我来说，有机会再次见到和蔼的喀什噶尔老道台黄广达，并向他表达谢意，真是大为快慰。在他的辖区内，无论我在何处探险，都曾得到中国官员最为有效的合作。这位和蔼可亲的老长官不否认对我工作的浓厚兴趣和善意关注。但他很客气地坚持认为，我从他及他的按办们那里得到的全部同情和支持，应归功于我的保护神——伟大的玄奘。就在忙于解散我的野营队和其他有经验的民工之时，在马继业先生的帮助下，我又从孙师爷这位博学的中国门士处成功获得一份关于从丹丹乌里克、尼雅和安迪尔遗址发现的汉文文书的初步分析。从这些记载得出的年代，与我从发现这些文书的遗址得出的考古学结论完全一致。当时我对此充满信心。

忙碌了两个星期才完成旅行的准备工作，所有的古物都已安全打包，装进了12只大箱里。这些箱子按时运到俄国领事馆进行海关检查，然后盖上带有帝国之鹰的大印章。尽管经过一个又一个陆上海关，但我还是成功地将它们完好无损地运到了不列颠博物馆。

我还记得，由于马继业先生的不倦帮助与盛情款待，我在喀什噶尔的日子虽然有各种工作要做，但那是我结束沙漠探险后的第一次，事实上也是唯一的一次休整。沙漠探险结束的那天早上，我目送忠实的旅伴、测量员拉姆·辛格启程返回印度。他曾出色地对我旅经的所有地区进行了精确测量。除此之外，他还始终热心于在我的考古工作中发挥作用。他乐于忍受艰难旅行（常常是在十分恶劣的气候条件下）所带来的疲劳，也总是乐意帮我管理营帐。我的确有理由感谢印度测量局为我提供如此任劳任怨、训练有素的助手。这里，我也不会忘记米安·贾斯旺·辛格这个瘦长结实的山区拉其普特人。他曾怀着无比的关爱之情照顾这个测量员身体的安康。现在，他留在测量员身边。值得高兴和欣慰的是，无论路途有多么漫长，我们的营地有多么寒冷，事实证明，贾斯旺·辛格是个理想的随从。

1901年5月29日，离开斯利那加一年后，我从喀什噶尔动身前往费尔干那最近的俄国城市奥什。多次渡过克孜勒苏河后，来到俄国边防站伊尔克什坦。由于以前几个星期下过罕见的暴雨，加上冰雪迅速融化，克孜勒苏河的支流都爆发了洪水。带着大量古物横穿暴涨的河流成了我每天最担心的事，但所幸没有造成什么损失。通过铁列克山口的道路被又深又软的积雪封死了，因此我不得不迂回取道阿拉依。虽然塔木伦和塔尔迪克山口上的积雪仍很深，但我们还是安全通过了。每天从清晨到黄昏，我们不停地骑马、步行、骑马，就这样，终于从喀什噶尔跋涉到了奥什。屈指算来，10天里我们共走完了18站路程。

6月7日，我到达奥什，受到该区长官扎特舍夫上校的亲切接待。他是一位功勋卓著的军官。两天后，我来到外高加索—里海铁路的终点安集延。从这里，我将带着我的古物，乘坐舒适而又安全的火车前往欧洲。这段时间虽然短促（在我离开喀什噶尔时，准予的时间即已到期），却使我得以饱览部分中亚风光。无论是在历史联系还是在古代文化方面，中亚对我始终有着特别的吸引力。我在马尔格兰和撒马尔罕的省城做过短暂停留，分别受到两地总督柴可夫斯基将军和缅丁斯基将军的优待，同时还得到特别的准许：参观当地博物馆收藏的重要古物。

撒马尔罕有粟特的德里之称。在那里虽没待几天，却令人愉快，主要是参观帖木儿时期有纪念意义的大建筑物。遗憾的是时间太短，不能多看一眼重要的古遗址阿福拉斯亚布，它是前伊斯兰时期的都城。这里的冲积层下发现有古陶片和类似的硬碎片，令我清楚回忆起在约特干的调查。这里没有常见的金器，古文化层的发育不像约特干那样完全，虽然范围可能要大得多。我从该遗址采集到一些有趣的赤陶片，上面饰有装饰纹样，其中一件大型模制浮雕饰品表现出引人注目的美术设计思想，而且贴花女性头像则具有古典风格。小陶俑西塔尔琴表演者和怪兽残片在阿福拉斯亚布的赤陶器与约特干的赤陶器之间建立了某种联系，因为它们的主题出奇的相似。我在撒马尔罕博物馆看到的大量风格奇异的赤陶器证明了这一点，同时也表明二者在处理上存在一定差异。

在梅尔瓦停留的一天中，我充分领略了古伊朗文物的魅力。虽然没有机会去访问摩尔瓦遗迹，但能站在自东方学家研究之初我即已感兴趣的这片土地上，我还是深表感激。摩尔瓦是正统马尔格兰的都城，摩尔瓦遗迹是从绿洲淤积层之下发掘出来的。之后经过科克堆拜古城，这是个较近代的历史遗址。接着火车将我带到了克拉斯诺沃茨克。从那里越过里海到巴库，最后，经过几天漫长的旅行之后，我于1901年7月2日到达伦敦。

在伦敦，我可以将从沙漠发掘出的古物临时安全存放在不列颠博物馆。我发现，将近6 000英里的长途运输（其中部分路途还十分艰险），只有最易碎的物品灰泥浮雕有轻微损伤，放在玻璃板上的反映我旅行情况的800多张底片也保存得相当完好，这使我深感安慰。但我立刻意识到，虽然我的探险活动取得了圆满成功，而且获得的成果远远超出想象，但这不过是另一段更为艰辛工作的开始，因为将来不得不面对的情况与我曾经历的是如此不同。

根据印度政府的提议，国务大臣批准我在伦敦待6个星期，以便对我的考古发现做初步整理，制作详细目录。大英博物馆根据拉普森教授为我递交的申请，同意为收集品提供方便，而不决定它们在不列颠博物馆与加尔各答和拉合尔博物馆之间的最后分配。这是我还在从事探险时即已决定的方案。他们还在清洗和保存更为精致的器物方面给予了我必要的帮助。由于我带回的收集品数量太多，对其进行整理和编目又是一项需要付出极大耐心的工作，6个星期的时间根本不够。考虑到这些情况，印度国务大臣将期限又延长了6个星期。我为能在规定时间里完成这件最急迫的繁重任务和初步报告的准备付出了最大努力。此外，我还得到了弗雷德·安德鲁斯先生不遗余力的帮助。

那时我必须回到印度从事完全与科研无关的教育工作，这看起来对我希望完全投入到我从新疆探险得来的发现物的整理是个极大矛盾。但在不列颠博物馆地下室长期忙碌工作数个星期之后，我感觉就像是为了科学而被禁锢了一样，因此我甚至不得不接受这个机会，以暂时离开这里。无论当时还是以后，我都认为，从我生活的真正目的中如此抽身出来是多么自在啊！我只感到，为了现在暂告一段落的工作的完成，需要休息！为了新的探险，需要自由！